FACES DO
VAREJO

HISTÓRIAS E CASES DE PESSOAS APAIXONADAS PELA EXPANSÃO DO VAREJO, FRANCHISING E SHOPPING CENTERS

Alberto Oyama, Alexandre Luercio, Claudia Bittencourt, Luis Felipe Salles, Marcos Hirai, Marcos Saad, Marcos Tadeu de P. Marques, Marilene Araújo, Mauricio Andrade de Paula, Mônica Barboza Paes de Barros, Paulo Matos, Renata Rouchou, Robinson Shiba e Sérgio Iunis

DVS EDITORA

www.dvseditora.com.br
São Paulo, 2017

FACES DO
VAREJO

HISTÓRIAS E CASES DE PESSOAS APAIXONADAS PELA EXPANSÃO DO VAREJO, FRANCHISING E SHOPPING CENTERS

Alberto Oyama, Alexandre Luercio, Claudia Bittencourt, Luis Felipe Salles, Marcos Hirai, Marcos Saad, Marcos Tadeu de P. Marques, Marilene Araújo, Mauricio Andrade de Paula, Mônica Barboza Paes de Barros, Paulo Matos, Renata Rouchou, Robinson Shiba e Sérgio Iunis

DVS EDITORA

www.dvseditora.com.br

FACES **DO VAREJO**
HISTÓRIAS E CASES DE PESSOAS APAIXONADAS PELA EXPANSÃO
DO VAREJO, FRANCHISING E SHOPPING CENTERS

DVS Editora 2017 - todos os direitos para a língua portuguesa reservados pela editora.

Nenhuma parte deste livro poderá ser reproduzida, armazenada em sistema de recuperação, ou transmitida por qualquer meio, seja na forma eletrônica, mecânica, fotocopiada, gravada ou qualquer outra, sem a autorização por escrito do autor.

Diagramação: Schäffer Editorial
Capa: Otto Schmidt Junior
Colaboração: Daniela Politi Provazzi

```
Dados Internacionais de Catalogação na Publicação (CIP)
        (Câmara Brasileira do Livro, SP, Brasil)

   Faces do varejo : histórias e cases de pessoas
      apaixonadas pela expansão do varejo,
      Franchising e Shopping Centers / [prefácio
      Alberto Saraiva]. -- São Paulo : DVS Editora,
      2017.

      Vários autores.
      ISBN: 978-85-8289-155-1

      1. Administração 2. Comércio varejista - Gestão
   3. Comércio varejista - Administração 4. Franchising
   (Comércio varejista) 5. Relatos de experiências
   6. Shopping centers 7. Varejo - Empresas -
   Administração I. Saraiva, Alberto.

17-07346                                    CDD-658.87
           Índices para catálogo sistemático:

      1. Comércio varejista : Administração   658.87
```

Sumário

PREFÁCIO
VII

INTRODUÇÃO
XVII

VAREJO DE MODA

Marcas Internacionais e o Brasil –
"Idas e Vindas de um Relacionamento Apaixonante"........................3
Paulo Matos

A Importância das Marcas Premium para o
Sucesso do Mix dos Shopping Centers..................................19
Marilene Araújo

Fast Fashion Brasil...35
Marcos Tadeu

VAREJO ALIMENTAR

Expansão com Paixão e Propósito.......................................55
Renata Rouchou

Uma Ideia "Dentro" da Caixa..75
Robinson Shiba

GESTÃO E TECNOLOGIA

A Simbiótica (e Valiosa) Relação entre Varejo e Tecnologia............83
Mauricio Andrade de Paula

VI - FACES DO **VAREJO**

FRANQUIAS E EMPREENDEDORISMO

A Força do Franchising 97
Claudia Bittencourt

Como o Multifranqueado Contribui para o Fortalecimento de Toda a Cadeia 111
Alberto Oyama

Empreendedorismo, Desenvolvimento, Inovação e Gestão 127
Sérgio Iunis

SHOPPING CENTERS

Novos Mercados, Grandes Emoções 143
Luis Felipe Salles

Shopping Centers, da Euforia à Reinvenção: Uma Visão dos Bastidores 167
Alexandre Luercio

CENTROS COMERCIAIS E VAREJO DE RUA

Expansão de Redes de Varejo e o Desenvolvimento de Strip Centers 181
Marcos Saad

Localização, Localização, Localização X Recepção, Interação, Recordação 201
Mônica Barboza Paes de Barros

VAREJO, FRANQUIAS E SHOPPING CENTERS

A Simbiose entre Varejo, Franquias e Shopping Centers e sua Interdependência 227
Marcos Hirai

QUEM SOMOS

NDEV - Núcleo de Desenvolvimento de Expansões Varejistas 239
Membros NDEV 242

Prefácio Alberto Saraiva

14 AUTORES QUE FAZEM A DIFERENÇA

Felizes as pessoas que têm a crença em seu coração porque a elas é dado o poder de ver e enxergar aquilo que os descrentes não veem.

Felizes as pessoas que se alegram e não se contaminam com os choros provocados por uma classe governante que a nada governa, a não ser seus próprios interesses.

Felizes as pessoas que no seu espírito construtivo e criativo buscam soluções inovadoras que mudam o rumo desagregado que é imposto a todos nós.

Felizes as pessoas que se desenvolvem, se aprimoram e buscam realizar os desejos de todos.

Os autores deste livro fazem parte dessas pessoas.

Nosso Brasil é a terra das oportunidades e das pessoas que se reinventam a todo momento. Nós – varejistas – aprimoramos nosso DNA ao longo dos anos, nas mazelas da mentira e da corrupção a que somos submetidos. Aprendemos a sobreviver e a nos adaptar às piores circunstâncias. Tornamo-nos hábeis na arte de comercializar.

Como em toda evolução, há pessoas que se destacam e fazem a diferença. Os autores deste livro fazem parte deste grupo. Carregam a crença, a alegria, o espírito construtivo e criativo; são provedores de soluções inovadoras; carregam o conhecimento dos anos.

A experiência dos homens é do tempo que passam e não da pouca vivência. O acesso a essa experiência é na leitura dos livros que ocorre. Não perca esta oportunidade. Inspire-se neste livro e nele encontre o que buscas. Boa leitura!

A. Alberto Saraiva
Fundador presidente das redes Habib's e Ragazzo

Prefácio Flávio Rocha

EM BUSCA DE UM VAREJO DE PRIMEIRO MUNDO

Ao receber os originais deste livro, naveguei com imenso prazer pela coleção de depoimentos saborosos. Sobretudo por aqueles que partem do viés pessoal para desembocar em uma análise econômica panorâmica, sempre revelando o importantíssimo papel do varejo na nossa história recente. Devo confessar que me identifiquei com vários desses *cases* — alguns bastante similares aos que vivi bem de perto. Com especial apreço, claro, pelo ótimo texto de Marcos Tadeu, narrando com agudez as mudanças não só na nossa Riachuelo como do próprio varejo, em geral, nas últimas três décadas.

Para entrar no clima, ouso contar, também, uma breve história pessoal. Pois bem, no final da década de 1990, um velho conhecido me telefonou. Depois dos cumprimentos de praxe, passou a relatar a quantas andava a vida de seus três filhos. Disse ele que o primogênito, engenheiro, estava muito bem encaminhado na Petrobras, assim como o filho do meio, economista, na Caixa Econômica Federal. O problema era o caçula — ele confessou queixoso.

O rapaz, muito inconstante, não conseguira se enquadrar em nenhum dos empregos que lhe abriram as portas. Culminou seu diagnóstico com uma frase que foi como uma punhalada: "um bom menino, mas não deu para nada. Não tem jeito, vou ter que abrir uma loja para ele". Encerrou com um pedido para que conseguisse um ponto no futuro Midway Mall, que seria inaugurado em breve. Acho que foi nesse momento que começou a ganhar contornos, pelo menos na minha cabeça, o futuro Instituto pelo Desenvolvimento do Varejo do qual seria o presidente fundador dois anos mais tarde.

Na época, o preconceito com relação ao varejo não era uma exclusividade desse meu conhecido. Em absoluto. O varejo era, então, visto como um coadjuvante - com entrada em cena apenas no finalzinho da cadeia produtiva. O papel de protagonista estava, desde os idos da Revolução Industrial, reservado à indústria. Sem concorrência. Como tal, a indústria se gabava dos saltos de produtividade alicerçado nas inovações: da máquina a vapor ao motor à explosão; da linha de montagem à automação. Graças a essa posição hegemônica, era para esse setor que vertia toda a informação de pesquisas de mercado, novos processos produtivos, economia de escala, custos e distribuição. E informação é poder, como bem sabemos.

O ponto de partida para a mudança radical nesse panorama se deve a uma inovação tecnológica que poucas vezes mereceu o devido crédito. Ela não apenas reposicionou o varejo na linha de frente como delineou, a meu ver, a maior transformação das relações econômicas desde a Revolução Industrial. Não, não se trata da internet – que tem, é claro, um papel muito relevante nesse mister. Mas, sim, do leitor do código de barras.

Reiteremos: informação é poder. Nesse sentido, o leitor de código de barras começou a agir com uma eficiência e rapidez que nem mesmo a mais poderosa pesquisa de mercado poderia alimentar – e tampouco supor. Com precisão sem precedentes, esses, digamos, "narizes eletrônicos" passaram a farejar em tempo real e à velocidade da luz as mais sutis sinalizações dos padrões de consumo, dos desejos e dos humores de consumidores em todo o planeta. Para melhorar ainda mais o poder dessa informação em tempo real, o leitor de código de barras foi integrado a todos os elos da cadeia produtiva. Eis aí a nova Revolução.

A partir desse ponto, os cronômetros das fábricas foram deixando de reger a economia, agora liderada cada vez mais pela vontade do consumidor, fielmente capturada por esses milagrosos feixes de luz vermelha, capazes de aferir até mesmo os desejos de compra mais secretos. Assim, de modo gradual, o poder da indústria foi migrando para o varejo, detentor da mais valiosa das informações. Empresas varejistas se tornaram gigantes. Implantaram poderosas redes de distribuição física ou virtual, alavancadas pelas mágicas pistolas a laser. Não à toa, hoje, a maior empresa do mundo é uma varejista — como aquele meu velho conhecido, pai de três filhos, nem sequer poderia imaginar.

O setor de moda é revelador de toda essa transformação. Quem foi adolescente como eu no início desse processo, haverá de lembrar que as grandes marcas eram, sem exceção, todas concebidas e produzidas pela indústria, sem participação direta do varejo. Entre elas, Lee, Levi's, Wrangler, Arrow, Topper, Staroup e Joker. Na nova era, pós integração eletrônica, as marcas são do varejo: Zara, H&M, Louis Vuitton, Prada, Gucci, Gap, Abercrombie e muitas outras. Uma mudança emblemática.

Desde 2003, nós, do setor de varejo e alta performance — empresas que vendem com nota fiscal e registram funcionários —, nos reunimos no Instituto para Desenvolvimento do Varejo (IDV), órgão que, como o nome antecipa, procura acompanhar os avanços de vanguarda tecnológica e estrutural do setor nos países do Primeiro Mundo. Estamos otimistas. Há inovações que prometem lançar a área de varejo e serviço ainda mais adiante. A começar pela RFID, ou identificação por rádio frequência, que, ao que tudo leva a crer, fará a revolução do leitor de código de barras parecer brincadeira de criança.

No entanto, para que o nosso setor se fortaleça cada vez mais no país como força econômica, geradora de empregos e fonte de riqueza, é preciso, ainda, estabelecer regras modernizantes por aqui. É bem verdade que uma nova legislação trabalhista, mais arejada e flexível, capaz de compreender as mudanças ocorridas nos últimos 80 anos, à revelia de um sindicalismo anacrônico que não representa mais a massa dos trabalhadores, começará a funcionar. É muito bem-vinda. Ainda assim, em que pesem as ilhas de excelência – honrosas exceções –, a precariedade e a informalidade têm sido a tônica no ambiente de negócios do comércio brasileiro.

Este livro é uma valiosa contribuição para colocarmos em prática um varejo empresarial, ético, formal, estruturado e tecnologicamente equipado. Cabe lembrar: não existe país de Primeiro Mundo sem varejo de Primeiro Mundo.

Flávio Rocha
Presidente da Riachuelo

Prefácio Marcelo Carvalho

É uma honra ser convidado para prefaciar um livro sobre um dos pilares da nossa economia, contado pela voz de grandes especialistas e pelas histórias de vida de protagonistas do varejo.

Embora faça parte de uma família que é referência na indústria de *shopping centers* por seu pioneirismo, foi no setor do varejo que dei os meus primeiros passos profissionais. Tive uma experiência extremamente rica, que me mostrou a beleza e a complexidade desta atividade altamente dinâmica, regulada por princípios do livre comércio e que demanda a capacidade de se reinventar a cada dia.

Ao longo destes anos, cresci, aprimorei-me e passei para o outro lado do balcão. Hoje, sou um observador da dinâmica do varejo através dos mais de quatro mil lojistas parceiros que compõem o mix dos 22 *shoppings* da rede Ancar Ivanhoe, empreendedora que lidero há 10 anos como copresidente.

Essencialmente varejista, o *shopping center* também possui alto grau de complexidade, onde a mudança e a adaptabilidade aliadas aos pilares de entretenimento, lazer, serviços e – mais recentemente – tecnologia, exigem do negócio criatividade e resiliência.

Recomendo a todos ler as histórias vividas pelos principais executivos que ajudaram a formatar a indústria varejista brasileira com os seus sucessos, desafios e até mesmo fracassos. Este livro é leitura obrigatória para todos que querem sobreviver em um mundo em constante transformação. O varejo que conhecemos hoje não será o do futuro e o Brasil é um país que não perdoa amadores.

Boa leitura!

Marcelo Carvalho
Copresidente da Ancar Ivanhoe

Prefácio Marcos Gouvêa de Souza

É UM COMPROMISSO QUE SE RENOVA E AMPLIA

Desde o início da GS&MD – Gouvêa de Souza, hoje Grupo GS&, nos propusemos a contribuir de forma decisiva para o desenvolvimento amadurecimento, formalização e profissionalização dos setores em que atuamos. Com o tempo, ampliaram-se estes mercados e também os sócios dirigentes e profissionais, que estão conosco compartilhando essa missão, num ecossistema que se torna cada vez mais relevante pela integração de profissionais muito bem preparados e que são referência em seus setores de negócios.

Integrados no NDEV, um núcleo permanente de estudos sobre expansão do varejo, coordenado por Marcos Hirai, sócio-diretor da GS&BGH, profissionais destacados desse setor no Brasil reúnem e oferecem aqui uma experiência única, plural, atual e abrangente nos mercados em que atuam, conciliando visão teórica e prática.

Este livro aborda, analisa e discute, de forma magnânima, os temas mais relevantes para a expansão do varejo. São pessoas que reúnem uma experiência única, plural, atual e abrangente, e que se dispõem a compartilhar com você o seu aprendizado, conquistado por muitos anos de trabalho, pesquisa e estudo, com o mesmo espírito que nos motivou no passado quando criamos nossa empresa: contribuir para o desenvolvimento do nosso setor.

É também um exemplo vivo de pessoas tocadas por esse espírito maior de servir e contribuir para o desenvolvimento da sociedade e do setor empresarial, e que fazem a diferença e promovem uma evolução técnica e profissional constante.

Mais do que os reconhecer e agradecer por dividir informações e aprendizados, é preciso destacar o exemplo que deve se multiplicar, que a sociedade que idealizamos e desejamos só se concretizará quando cada um se tornar parte efetiva do processo de transformação, entre outras coisas, compartilhando conhecimento.

Marcos Gouvêa de Souza
CEO do Grupo GS& - Gouvêa de Souza

Introdução

A história para a concretização deste livro é comparável a uma saga. Foram quase 2 anos de preparação, de convencimento, de muitos conselhos, de inúmeras reuniões, milhões de telefonemas e trocas de *e-mails* e *WhatsApps*, mas também de perrengues, de angústias, de vontade de desistir e jogar tudo para o alto, de aporrinhações... Afinal, coordenar 14 autores marinheiros de primeira viagem, marmanjões indisciplinados, executivos com agendas malucas e impossíveis, empolgados mas perdidos por não saberem como começar a escrever um livro... Mas, enfim, o filho nasceu!!! Nesta hora, tudo vale a pena e acabamos relevando o que aconteceu no passado em prol da empolgação do legado que este livro deixará na memória de cada um dos autores e de cada leitor que se deixar levar pelos textos com muito conteúdo e muitas histórias marcadas por emoções, além de um pouco de sangue suor e lágrimas.

Para os autores, reconheço que mais do que escrever parte das suas memórias, ele representa a concretização da maturidade profissional, de mudança de patamar, de expor para o mundo suas experiências, e de ser reconhecido por isto. Observo que os textos possuem muita autenticidade, pois foram escritos por gente que fez, que participou, que vivenciou, que estava lá e que, somados, compõe um belo retrato dos anos dourados dos mercados retratados neste livro – do *boom* do *franchising* e dos *shopping centers*, do crescimento das grandes redes de varejo, da profissionalização, da passagem do informal para o formal, do *"feeling"* para as ferramentas de gestão, da informatização, da introdução dos kpi´s, da disrupção do *e-commerce*, da vinda das marcas internacionais, dos *strip centers* e muito mais. São muitas passagens, fatos marcantes, *cases*, casos, causos e, ao final, a sensação de que certamente muita coisa ainda ficou de fora. Um livro de quase 300 páginas é muito pouco frente ao que os autores passaram de experiências nas suas vidas profissionais, mas suficiente para empolgar os jovens em seguir carreira nesta área, e de passar uma certa afinidade com os mais velhos, que se recordarão de fases de suas vidas que foram influenciadas por muitos dos nossos relatos. Mercado que amamos e que jamais deixaremos de amar – a expansão do varejo.

Este livro também marca a concretização de um sonho. Sonho de reunir amigos, mestres, pessoas que admiro, e que sempre admirei, tangibilizado através de uma obra que promete ser uma referência no setor. É um privilégio ter tanta gente boa embarcando nessa ideia. Dedicar seus preciosos tempos livres para organizar os mosaicos de suas vidas, e compor tudo isto dentro de uma obra como esta.

Aos leitores, peço uma leitura entremeada por um olhar individualizado. Cada capítulo retrata uma vivência, um estilo, uma história de vida e uma personalidade. Mas faço um convite para a imaginação, entendendo o ponto de vista de cada autor, fechando os olhos e imaginando o autor naquela cena, naquela história retratada. Vai ser como uma viagem no tempo.

Boa leitura e divirta-se!

Marcos Hirai
Membro fundador da NDEV

VAREJO DE MODA

Marcas Internacionais e o Brasil
"Idas e Vindas de um Relacionamento Apaixonante"

PAULO MATOS

O Brasil sempre foi alvo de marcas internacionais. Isso se deve, em grande parte, ao nosso turismo de consumo, que invade as principais capitais do mundo em busca das últimas novidades e lançamentos ou, na sua grande maioria, por marcas conhecidas/famosas e desejadas a preços indiscutivelmente melhores.

Durante minha experiência profissional trabalhando para marcas internacionais, já presenciei o Brasil transitar muitas vezes entre os "Top 5" de vendas para clientes estrangeiros. Por que, então, não levar a marca até o Brasil? Como podemos fazer isso?

Antes de responder, contando um pouco do que conheço sobre os diferentes tipos de relacionamento e negócio entre marcas internacionais e o Brasil, quero passar resumidamente minha trajetória profissional no mercado de moda, para criar um *link* entre minha experiência e este capítulo.

O ATAQUE DO JACARÉ

Antes de iniciar o capitulo, preciso fazer uma pequena autocorreção, o logotipo da Lacoste na verdade é um crocodilo e não um jacaré. Esse símbolo/logotipo vem do apelido dado ao jogador de tênis Rene Lacoste, por sua característica em quadra de focar no adversário como um crocodilo faz ao ver uma possível presa. Porém, no brasil ele ficou conhecido como jacaré.

Entrei no segmento de vestuário/moda há 20 anos, pela Lacoste, que na época era licenciada, produzida e distribuída pela Paramount Têxteis. Foram mais de seis anos de muito aprendizado até descobrir que a dona da marca tem o poder de tirá-la do operador. Foi exatamente isso que presenciei: uma decisão unilateral da matriz de trocar o parceiro de 25 anos do Brasil por uma *joint venture* com um grupo argentino chamado Vesúvio.

Depois de muito litígio judicial entre as duas partes e a definição de que realmente a marca seria distribuída por essa nova empresa, aceitei o convite dos franceses para ajudar a montar essa nova Lacoste. Foi criada uma *joint venture* chamada Devanlay Ventures do Brasil, entre a Devanlay, dona da marca Lacoste, e o grupo argentino Vesúvio, que já operava a marca na Argentina, Uruguai e Paraguai.

Foram dois anos de muito aprendizado. Além de participar do *startup* da companhia, vivenciei a diferença entre ser um licenciado e uma *joint venture*. Basicamente, em uma licença, a marca cria uma distância e uma posição "soberana" de não querer saber muito das peculiaridades do seu país, mas, sim, passar todo o direcionamento global, mesmo se não fizer sentido. Já na *joint venture*, o direcionamento existe, mas como a conta é paga pelos dois, existe também um quesito financeiro que pode ajudar a ajustar o direcionamento. Tudo é muito mais discutido e, mais importante, ouvido.

VEIA EMPREENDEDORA

Após esse aprendizado, parti para o empreendedorismo. Abri três empresas: uma produtora chamada Studio 46; uma franquia de calçados femininos da City Shoes, em São Paulo; e uma consultoria, a Elliott & Matos Consultoria de Negócios. Na consultoria, o foco era criar a ponte entre marcas interessadas no Brasil e operadores locais. Um ponto interessante foi que, ao oferecer a americana Joseph Aboud para o empresário Alexandre Brett, acabei voltando ao mercado por convite dele e aceitei gerenciar o canal de atacado da sua marca, a VR Menswear. Fui deixando as empresas de lado e lembrei o porque gostava tanto desse trabalho! A experiência de voltar a fazer o que se gosta é algo muito similar a voltar com uma namorada que você nunca deixou de amar – momento filosófico.

DESSE PONTO DA MINHA VIDA EM DIANTE A ÚNICA CERTEZA QUE TENHO É QUE AS COISAS VÃO MUDAR

Seis meses após minha entrada, Alexandre Brett vende a VR para a Inbrands, e lá vamos nós! Conhecer essa nova proposta de companhia, como plataforma de marcas, criando sinergia de grupo grande, mas mantendo a identidade das grifes. A experiência na Inbrands foi muito rica, mas eu vi tanto diretor que queria também ser um. Como lá não havia espaço, aceitei uma proposta para ser diretor comercial para América Latina da Levi's, na parte de calçados e acessórios, oportunidade em que conheci o outro lado. Agora meu papel era o de cuidar da distribuição em um território, entendendo o potencial de cada país e negociar contratos de longo prazo com operadores locais. O dia a dia estava muito mais relacionado a absorver e repassar as diretrizes da matriz para os diversos parceiros, licenciados e distribuidores do que à distribuição da marca propriamente dita.

Um ano depois, Alexandre Brett acabou vendendo suas outras marcas para Inbrands e assumiu o cargo de diretor Corporativo de Marcas da Inbrands. Nesse interim, uma negociação com a Tommy Hilfiger começou a tomar corpo e ele lembrou de mim. Foi assim que eu voltei para a Inbrands, como o diretor da Tommy Hilfiger Brasil, que é uma *joint venture* entre Tommy Hilfiger e Inbrands e aqui estou até iniciar este livro.

Destaquei minhas experiências com licença de uso de marca, distribuição, *joint venture*, filial e representante, pois, ao longo desse capítulo, quero exemplificar ao máximo essas modalidades nos diferentes momentos econômicos do nosso País. Para estruturar o capítulo, me apoiarei no gráfico a seguir, realizado pelo BTG Pactual na pesquisa *Equity Research*, de 4 de abril de 2014. Nele, conseguimos ver a entrada, ou melhor, a abertura de uma loja física de novas marcas/*players* por ano/década no Brasil.

Linha do tempo de abertura de lojas no Brasil de marcas internacionais

Relatório da "BTG Pactual", "Brazil Retail", "Equity Research". (4 de abril de 2014)

POR QUE UMA MARCA ENTRAVA NO BRASIL NOS ANOS 70 E 80?

> Marcas que entraram no Brasil nos anos 1970 e 1980: C&A, Lacoste, Hugo Boss, Benetton e Louis Vuitton

O que, pela minha idade, ouvi foi que as marcas vinham ao Brasil por intermédio de algum empresário brasileiro que, por uma empatia grande com elas, acreditava no potencial do negócio e ia até a matriz se apresentar como candidato a distribuidor.

A Lacoste foi um exemplo disso, há mais de 35 anos, quando Fuad Mattar, presidente do Conselho Administrativo da Paramount Têxteis e pai do jogador de tênis Luiz Mattar, ao acompanhar o filho em alguns torneios de tênis, se identificou com a marca e, anos depois, conseguiu a licença para produzir e distribuir Lacoste no Brasil.

Benetton e Hugo Boss também entraram no Brasil pela primeira vez via empresário brasileiro que viu uma oportunidade e buscou a matriz, mas que, muitas vezes, não estava preparada para apoiar adequadamente uma operação internacional.

Uma vez que a grife entrava no Brasil, sempre recebia *feedbacks* de que era um negócio rentável, pois havia poucas marcas internacionais e elas eram muito desejadas pelo consumidor brasileiro que culturalmente sempre teve a mensagem de que o importado era melhor e mais "bacana".

As primeiras marcas entraram no Brasil por meio de contrato de licença de uso e distribuição, no qual o operador tem o direito de uso da marca seguindo apólice global. Falando-se de 1980, o acesso à importação ainda era restrito, muitas vezes também o direito de produção local.

Então o foco era selecionar, dentre os candidatos, um grupo industrial interessado em produzir e distribuir a marca no Brasil e com capacidade financeira para honrar os pagamentos de *royalties*, que é a forma de remuneração mais utilizada até hoje.

A Vila Romana foi outro grande *player* dentro desse perfil, que transitou à época com grifes como Pierre Cardin e Yves Saint Lauren, entre outras. Logo, era um canal de distribuição que quase não tinha custo para a matriz iniciar e manter e também de baixo risco de operação, pois não implicaria em comprar e vender mercadoria, e sim receber *royalties* em cima da performance de cada país. Claro que essa forma de distribuição não cabe às marcas que vieram ao Brasil com operação própria, como C&A e Louis Vuitton.

Grifes de alto luxo, como Louis Vuitton, que trabalham com distribuição criteriosa e seletiva, com poucos pontos de venda nas melhores localizações, acabam optando por desbravar novos territórios com operação direta para garantir maior e melhor controle.

Esse controle custa o *set up* do negócio em outro país, a exposição à sua economia, e o valor do aprendizado que vai desde legislação, tributos, logística, real poder de negociação, até o time local – um ponto importante já que no Brasil falta mão de obra qualificada nesse setor. Impressionante o número de profissionais que ainda hoje não falam nem o inglês. Muitas empresas acabam "despatriando" algumas posições-chave até a operação rodar sozinha e essas posições poderem ser substituídas.

INÍCIO DAS FRANQUIAS DE MODA NO BRASIL

Hoje, muito se discute sobre o que ainda precisa se ajustar para uma franquia se tornar rentável, mas alguns anos atrás esse era tido como um investimento de retorno certo. No segmento da moda, as primeiras franquias de marcas internacionais abriram por volta de 1990 e, depois disso, o operador local descobriu que poderia crescer sem investir. O segredo do sucesso era apostar em uma rede de franquias no Brasil. Assim, marcas como Hugo Boss, Lacoste e Benetton começaram a abrir franquias pelo País e alavancar volume. Isso fazia muito sentido até mesmo porque a maioria das empresas licenciadas tinha vocação industrial e não varejista.

Essa movimentação criou grande demanda para o time global, que precisava oferecer suporte aos operadores nos quesitos: projeto arquitetônico, homologação de fornecedores de móveis, fornecedores elementos de *visual merchandising*, ajuste no tamanho de loja (que, para as franquias, eram menores), entre outros. Com isso, criou-se a necessidade de montar um time internacional para não somente suportar, mas direcionar as operações internacionais. Essa movimentação aproximou as duas partes.

> Marcas que entraram no Brasil nos anos 1990: Fnac, MontBlanc, Giorgio Armani, Tommy Hilfiger, L'Occitane, Walmart, Dior, Cartier, Swatch etc.

Entrando um pouco na história da economia, principalmente no que pauta a comercialização entre países, na década de 1990, após o Plano Collor e sua abertura de mercado, as marcas internacionais começaram a ver o Brasil como uma oportunidade de país emergente. Ainda assim, algumas marcas como Tommy Hilfiger, Swatch e Giorgio Armani optaram por entrar no Brasil com operador local.

A Tommy Hilfiger entrou no Brasil por um grupo do Panamá chamado American Sportswear que tinha a licença da marca em toda a América Latina, menos México. Para alcançar o mercado de atacado no Brasil, a American Sportswear trabalhava com a Nível, empresa que gerenciava a distribuição para eles e assim foi por 12 anos. Outro fato interessante que ocorreu nessa época foram as lojas multimarcas de luxo. Quem não se lembra ou ouviu falar da primeira loja da Daslu na Vila Nova Conceição, bairro nobre de São Paulo? Com a abertura de mercado e o maior interesse em marcas de luxo, apareceu esse conceito de loja nas principais capitais do Brasil. Podemos citar como exemplo: Casa Magrela (Brasília), Conti Freire (Porto Alegre), M Guia (Belo Horizonte), Dona Santa (Recife), Espaço Lundgreen (Rio de Janeiro), entre outras.

Voltando ao nosso Brasil, vale lembrar que a sequência da abertura de mercado de Collor, o confisco de nossas poupanças, seguido por seu *impeachment* e uma retração no mercado, fizeram com que o desempenho do Brasil não atingisse a projeção esperada e represou a entrada de novas marcas nos anos seguintes. Após esse período, qualquer investimento no Brasil se tornou mais tímido e ter um operador local, pelo menos no início, era muito importante.

A DIVISÃO DO PLANETA TERRA NA ÓTICA DA MODA

Mesmo com a retração econômica do Brasil, na década de 1990, a participação dos negócios internacionais ganhava importância e se tornou necessário dividir e criar *cluster* para gerenciar melhor esse novo canal de distribuição.

Seguindo um raciocínio, primeiro geográfico e depois de perfil de consumo, a maioria das empresas divide o planeta Terra em cinco regiões:

- Estados Unidos: Estados Unidos e Canadá (e muitas vezes México).
- Europa: Europa.
- Latam: América Latina (e muitas vezes sem o México).
- IMEA: Índia, Oriente Médio e África.
- Ásia: Ásia e Oceania.

> Marcas que entraram no Brasil em 2000 e 2001: Zara, Tiffany, Zegna e Diesel

Essa época me faz lembrar de quando entrei na Paramount e a polo básica da Lacoste, produzida na fábrica do Brasil, era a mais barata do mundo em dólares. Tínhamos lojas em alguns aeroportos, nas quais o franqueado me contava que havia voos diretos da Espanha, França e Portugal a Fortaleza, Natal e Recife e algumas aeromoças vinham com mala vazia para encher de polo da Lacoste e revender na Europa. Mais ou menos o que escutava das Havaianas, as famosas *brazilians flip flops*. Bons tempos!

Nessa época, ocorreram dois pontos importantes no mercado de moda. O primeiro foi o direcionamento global para padronizar as operações internacionais. Como ficava cada vez mais fácil viajar para o exterior, as marcas perceberam que a distribuição internacional precisava manter um posicionamento adequado. O segundo, a entrada da China na produção têxtil com muito investimento no segmento, melhorando muito sua qualidade e alcançando preços imbatíveis. Com essas duas mudanças, o parceiro local ideal não era mais o industrial com boa capacidade instalada, mas sim empresa de *branding* e varejo que saiba operar marcas.

Caminhando nessa direção, as marcas – em novos e nas renovações de contratos – incorporaram uma lista de exigências que começava com time dedicado à marca, abrangendo todas as áreas, treinamento desse time nas matrizes, aprovação das coleções produzidas localmente, lojas próprias nos principais pontos comerciais do País, e, depois, acrescentaram a obrigação de metragem de loja para acomodar melhor as coleções e suas novas linhas. Eram as famosas *flagships*, lojas conceito que melhor representam e transmitem toda a experiência da marca.

Para ser uma *flagship*, a loja precisa atender alguns quesitos, entre eles: estar no principal corredor comercial formador de opinião (como a Oscar Freire, em São Paulo, ou a Garcia D'Avila, no Rio de Janeiro); acomodar todas as linhas de produto da marca e, principalmente, a linha mais elevada; e ter projeto superior comparado às demais lojas.

Flagship Tommy Hilfiger Oscar Freire, São Paulo.

Claro que uma loja maior tem melhor potencial de apresentar a marca e seus produtos, mas o custo de ocupação e investimento já se mostrava, lá pelos anos 2000, não fazer sentido para o operador local, que tinha um contrato com prazo determinado. Esse ponto gerou as maiores brigas e rupturas de contratos no Brasil. Acredito que, no fundo, quase todos os casos nessa época aconteceram por esse motivo. As exigências não eram compatíveis com o retorno dentro do prazo contratual.

NOVA ESTRATÉGIA DAS MARCAS: "ENCANTAR"!

Na perspectiva das marcas para justificar ou impor, de forma mais elegante, todas as exigências e os novos direcionamentos, foram criados *megashowrooms* nas matrizes, com eventos de lançamento de coleções e apresentações de marketing feitas pelo VP global de marketing, usando e abusando de vídeos, imagens, pesquisas e música, enquanto o CEO global mostrava o crescimento e o direcionamento da marca. Realmente, uma lavagem cerebral de puro encantamento de cliente.

Showroom Tommy Hilfiger em Amsterdam, Holanda.

É exatamente assim que a matriz enxerga o mercado internacional, um cliente de atacado. O *megashowroom* atendia tanto as grandes lojas de departamento, como Saks Fifth Av, Macy's, El Corte Inglês, Palacio de Hiero, Liverpool, entre outras, quanto o mercado internacional. Outro motivo para a criação desse lançamento de coleções e unificação de calendário vem da nova cadeia de fornecimento desenvolvida na Ásia. Para ganhar escala é preciso consolidar o máximo de pedidos, então criou-se esse calendário global de produção, que apresentava de forma quase simultânea a coleção para o mundo e, dentro de um mês, iniciavam as datas de corte de pedidos.

FASE DOS CONTRATOS "PARRUDOS" QUASE "LEONINOS"

Tenho a impressão de que algum *senior vice president* (SVP) de Negócios Internacionais descobriu, nessa época, que se ele repassasse todos os pontos para alcançar seu "bônus" nos contratos de licença e distribuição, ele estaria garantido. Houve um período sério de ajuste para equalizar o que era viável impor nos contratos. Como em todos os períodos de ajuste, aconteceram alguns exageros. O entendimento de que no Brasil a loja não precisava e nem podia ser do tamanho da loja da Quinta Avenida, em Nova York, e que o poder de compra da população era diferente, não foi tão óbvio para algumas marcas.

Em 2006, vi um contrato de licença de uso de marca, no qual a empresa que o recebeu assinou um "NDA" (*non disclousement agreement*), mais conhecido como contrato de sigilo. Logo, não posso dizer qual marca foi, mas a lista de exigências contemplava duas lojas *flagships* acima de 500 metros quadrados cada; toda mobília e elementos de *visual merchandising* deveriam ser importados para assegurar o padrão internacional; abertura de cinco novas lojas por ano, com metragem mínima de 200 metros quadrados; equipe dedicada e treinada na matriz; e, o pior, um GMD (*granted minimum distribution fee*), que quer dizer: mínimo de *royalties* garantido, crescente.

Os *royalties* ou taxa de distribuição normalmente são um percentual sobre as vendas. Mas, nesse caso, era estipulado um valor mínimo e, se o operador (licenciado) enfrentasse algum imprevisto, usual em novos negócios, ele pagaria mesmo assim o valor mínimo estipulado no seu "*Business Plan*". Ou seja, obrigava o operador a bater as metas e se manter crescendo, ajustando assim o valor dos *royalties* sempre em percentual e não no valor mínimo que rouba parte dos lucros. Mesmo racional dos aluguéis mínimos cobrados por alguns *shoppings*.

Realmente, poucos mercados poderiam suportar tais exigências e, como toda negociação, essa era a primeira versão do contrato que sempre é mais dura e sujeita a ajustes. Começar a conversa dessa forma já era desanimador, pois era como um demonstrativo de resultado do exercício que não fica em pé, ou seja, com resultado negativo e por consequência, um fluxo de caixa com necessidade de reserva infinita. Difícil a negociação começar assim.

> Marcas que entraram no Brasil de 2002 a 2006: Salvatore Ferragamo, Puma, Speedo, Calvin Klein, Adidas, Dolce&Gabanna, Oakley, Nespresso e Armani Exchange

Com o passar dos anos e uma certa estabilidade na nossa economia, outras marcas entraram no Brasil. Desta vez, como os brasileiros entenderam que contratos "leoninos" com as marcas não tinham como se sustentar no nosso mercado, surgiu no segmento de moda um novo modelo, com estrutura societária mais refinada, como exemplo a Calvin Klein, que fez uma *joint venture* entre Warnacow e BR Labels.

No modelo *joint venture*, as duas empresas constituem uma terceira empresa, na qual são sócias e essa terceira detém o direito de uso e distribuição da marca no território. Nos contratos mais atuais, os próprios advogados sugerem prazo e fórmula de cálculo de valor de empresa. O modelo tem dois lados positivos muito fortes, no meu ponto de vista: a segurança que gera com operador local que, por investir seu capital, garantirá que a operação funcione e gere a receita necessária nos custos operacionais reais; e, do outro lado, ameniza as imposições da marca em ações e investimentos acima do que seria razoável para o tamanho do empreendimento conjunto e do mercado.

Entendo ser uma boa ferramenta para "tropicalizar" e montar, em comum acordo, o modelo ideal de entrada no País. Após a fase de entrada, algo como cinco anos, acredito que tem início um desgaste entre os diferentes macro-objetivos com a *joint venture* de ter o lado da marca querendo constante investimento e o do sócio local que, além de recuperar o capital investido, busca lucro.

> Marcas que entraram no Brasil entre 2007 e 2011: Prada, Pucci, Longchamp, Hermes, Channel, Rolex, Nike, Bilabong e Vans

Neste momento, aparece um novo modelo de licenciamento de marca, com a abertura de novos *shoppings* de alto luxo no Brasil. Dois grupos iniciam uma briga para ser o melhor nesse segmento. De um lado, o Grupo Jereissati, com o Iguatemi São Paulo e, na época, seu projeto Iguatemi JK; do outro, o recém-lançado Cidade Jardim, da JHSF.

Um ponto muito importante era ter as melhores marcas somente no seu *shopping* e o JHSF optou por trazer e operar algumas marcas de luxo, garantindo, assim, que somente seu centro teria a marca, como fez com Jimmy Choo (que ainda é deles), Hermès (que fizeram o *startup* e hoje mantém a parte administrativa), Valentino (que era uma *joint venture* entre JHSF e Valentino) e a Pucci (que iniciou a operação e depois passou para o mesmo operador da MontBlanc). Assim, pelo menos nos primeiros anos do Shopping Cidade Jardim, a JHSF conseguiu ter marcas exclusivas no seu *mall*.

Nesse modelo de *shopping* operando marcas, uma curiosidade de mercado é o que a Ralph Lauren fez. Ela licenciou a Ralph Lauren, sua linha mais elevada, com a JHSF, montou uma *flagship* de padrão internacional no Cidade Jardim, onde vende sua linha *Purple Label*, e licenciou a Polo Ralph Lauren com o Iguatemi, que montou a primeira loja no Iguatemi São Paulo. Ela conseguiu licenciar para os dois rivais, diferentes "etiquetas" da mesma marca, mas nenhum deles trabalha o atacado, que é onde estaria supostamente o maior potencial para uma marca desse porte e com esse *recall*.

Outra movimentação interessante foi da VF, grupo americano que fez dois contratos de licença com empresas diferentes: a Alpargatas, com Timberland; e a 4Branding, com a Vans. Hoje, existe uma VF do Brasil, iniciando sua operação e que puxou dos licenciados as duas marcas.

> Marcas que entraram no Brasil em 2012: Bvlgari, MiuMiu, Goyard, Sephora, Lanvin, Top Shop, Coach, Tag Hauer e Tods

No gráfico da página 6 fica claro o salto de novas marcas no Brasil a partir de 2012, isso devido à nossa economia estável; governo e bancos incentivando o consumo e aumentando linhas de créditos; Produto Interno Bruto (PIB) positivo; moeda forte; e governo fazendo forte trabalho de marketing do país. Não demorou para chamar a atenção novamente das marcas internacionais.

Abaixo, levantamento da Euromonitor, que traz a evolução dos 20 maiores países em venda de vestuário.

País	Região	Tamanho do mercado (US$ em Bilhões às taxas de câmbio atuais)						CAGR
		2008	2009	2010	2011	2012	2013	08-13
1. EUA	Am N	280	266	281	287	292	299	1%
2. China	Ásia	146	182	182	208	229	247	11%
3. Japão	Asia	85	77	77	77	76	77	-2%
4. Alemanha	EU Oc	68	70	70	71	73	73	1%
5. Reino Unido	EU Oc	59	60	60	61	63	65	2%
6. Rússia	EU Or	39	40	40	45	51	56	8%
7. Itália	EU Oc	57	56	56	54	52	51	-2%
8. França	EU Oc	45	44	44	44	44	43	-1%
9. Índia	Ásia	23	26	29	33	37	42	13%
10. Brasil	Am Lat	26	28	32	35	38	42	10%
11. Canadá	Am N	27	27	27	28	29	30	2%
12. Espanha	EU Oc	28	26	25	24	23	23	-4%
13. Coréia do Sul	Ásia	20	20	21	22	22	23	3%
14. Turquia	OM	13	13	14	15	17	19	8%
15. Austrália	Pac Cir	16	16	16	16	16	17	1%
16. México	Am Lat	12	12	12	13	15	16	6%
17. Argentina	Am Lat	5	6	7	8	11	14	21%
18. Países Baixos	EU Oc	14	14	14	14	13	13	-2%
19. Arábia Saudita	OM	10	10	10	11	12	13	5%
20. Suécia	EU Oc	10	10	11	11	10	10	1%

Relatório da "Goldman Sachs", Retail Without Borders, "Equity Research". (9 de abril de 2014)

Claramente, o Brasil apresentava crescimento acima dos outros e, mais importante, mantendo o crescimento em todos os anos. Lembram da abreviação BRICS? Pois é, hoje a gente não fala muito dela, mas na época era muito usada para os países emergentes Brasil, Rússia, Índia, China e África do Sul. Nessa época, não só as marcas internacionais, mas também os operadores, estavam experimentando um período favorável com novos *shoppings* para abrir lojas próprias ou franquias, novos clientes de *e-commerce* investindo mais em moda, economia ativa e com viés de crescimento e prosperidade.

> Marcas que entraram no Brasil em 2013 e 2014: New Balance, Gap, Desigual, Michael Kors, Guess, Fendi, Apple, Under Armour e Forever 21

Lembro de diversas conversas sobre nosso mercado e como era unânime que as marcas internacionais invadiriam o Brasil e que, em alguns anos, ao entrar em um *shopping* em São Paulo, teríamos o mesmo *mix* de marcas que um centro em Miami. A própria Inbrands, que andava conversando com outras marcas, iniciou um trabalho com a holandesa G Star e tinha claro, em seus planos de crescer, novos negócios, inclusive marcas internacionais.

2015 *"GAME CHANGE"*

Imagine agora uma operação que importa todo seu estoque ao câmbio de R$ 2,4 *vs* US$ 1, receber a R$ 4, enfrentar uma retração na economia e consumo na época em que você precisa aumentar os preços? Uma prática de aumento de custo de ocupação do varejo vinculada ao IGP-M (Índice Geral de Preços do Mercado), frente à mesma retração de consumo? Um mercado de lojas multimarcas nas cidades menores que sofrem ao entrar em um novo *shopping*, trazendo lojas de departamento e novas marcas para seu mercado? Melhor não imaginar. Talvez esse cenário tenha feito com que a H&M desistisse de entrar no Brasil, pois ela estava anunciada para 2015.

DIFERENTES DESFECHOS APÓS DESVALORIZAÇÃO DA NOSSA MOEDA

Diante desse cenário econômico, tivemos alguns desfechos diferentes que valem a menção. De cara, vejo algumas operações que não atingiram escala serem forçadas a sair do Brasil, como Top Shop, Kate Spade, GStar, Nautica, Vilabrequim e Desigual. Sem escala, é difícil manter uma empresa no Brasil que precise gerar seu próprio caixa.

Digo isso porque existe o mercado de luxo que, mesmo sem escala e provavelmente sem grandes lucros, mantém a operação. As marcas de luxo entendem que, nos países emergentes, crises são cíclicas e, após o investimento muito grande em CAPEX para abertura de lojas, vale mais dar fôlego no fluxo de caixa da filial do Brasil do que desmontar e montar novamente.

Voltando a falar do modelo de *joint venture*, como a marca é sócia, se torna muito mais solidária ao momento econômico e acaba dando suporte em ações de contingência, como alguma produção local, para se blindar do câmbio, diminuir o investimento para equilibrar o caixa etc. Quando você tem uma licença de uso de marca fica em uma situação mais frágil para buscar alternativas em um momento de mudança econômica.

E AGORA?

Não tenho dúvidas de que o novo cenário econômico brasileiro voltará a blindar as marcas nacionais, com desenvolvimento e produção locais, protegendo-as do câmbio. Acredito que, não somente as marcas internacionais, mas também as locais, sofrerão reajuste de tamanho que deverá ser a nova realidade do Brasil para esse segmento pelos próximos três anos.

O contraponto será cada vez mais com as mídias sociais quebrando barreiras e informações de coleções, marcas, colaborações, desfiles, chegando ao nosso consumidor de qualquer lugar do mundo. As marcas globais têm poder de fogo muito maior para fazer campanhas, desfiles maravilhosos ou colaborações com nomes de peso. Essa força ou mensagem chegam cada vez mais aos nos nossos consumidores.

Outra fortaleza das marcas globais é o poder de desenvolver produtos mais refinados, uma vez que elas conseguem oferecer essa coleção a grande parte do mundo, melhor, à parte mais rica. Com essa escala, o departamento de criação pode desenvolver produtos que realmente fujam do básico e reflitam o real DNA da marca.

Respondendo à pergunta deste capítulo, "Por que não levar a marca até o Brasil? Como podemos fazer isso?" Sim, o Brasil tem tamanho de mercado para a maioria das marcas internacionais, e o ponto fundamental que faz a diferença para justificar os custos extras de uma operação global, exemplo a cobrança de *royalties*, é a marca já ser conhecida no Brasil. Quanto maior o *recall* positivo da marca, mais faz sentido para todos criar/trazer a operação. E para trazer a marca da forma correta é fundamental contratar um executivo que conheça esse segmento!

A Importância das Marcas Premium para o Sucesso do Mix dos Shopping Centers

MARILENE ARAÚJO

Caro leitor, você já deve ter percebido que nossa missão é ousada: falar sobre varejo de forma apaixonante, revelando dicas e experiências valiosas durante a nossa trajetória nesse mercado tão complexo e desafiador. Por isso, nas próximas páginas, contarei um pouco sobre minha visão de um nicho importante para o mercado, o das marcas *premium* de moda e sua importância para o sucesso do *mix* do bom *shopping center*.

Se dizem por aí que o *shopping center* é a praia de consumo do brasileiro – ou melhor, do paulista – eu, como boa carioca, posso dizer que entendo bem do assunto (praia e *shopping*). Ter trabalhado na área comercial das maiores empresas do setor no país por 14 anos, somados a outros 15 anos dedicados ao varejo, sendo os últimos cinco à frente da área de expansão de um dos maiores grupos de moda do Brasil, o Grupo Soma (com as marcas Animale, Farm, A.brand, FYI e Fábula) e, recentemente, dando suporte e consultoria a outras marcas, me permitiu entender a melhor forma de criar negócios em que ambas as partes (*shopping* e varejo) fiquem satisfeitas. A capacidade de negociação e o olhar treinado para identificar reais oportunidades – mesmo nos cenários mais desafiadores – me ajudaram a blindar meus ouvidos contra o "canto da sereia". Vou explicar isso melhor!

O CENÁRIO

Vamos voltar um pouco na história recente do Brasil. A virada do milênio pareceu despertar o gigante adormecido. Em 2003, um relatório da Goldman Sachs cunhava a sigla BRICS e colocava o Brasil em rota de ascensão entre as maiores economias globais, ao lado de outros países emergentes, como Rússia, Índia, China e África do Sul. Em 2011, o Fundo Monetário Internacional (FMI) classificava o Brasil como a sexta maior economia do planeta, atrás apenas de Estados Unidos, China, Japão, Alemanha e França. Parecíamos ter, enfim, tomado o rumo certo e fincado o pé na rota da prosperidade, do crescimento econômico e da ascensão social. Não demorou muito para que investidores internacionais começassem a enxergar o mercado brasileiro com outros olhos.

Marcas de luxo, como Hermès, Prada, MiuMiu, Dior, Gucci, Versace, Armani, Burberry entre outras, viam o País como novo e promissor mercado e aportaram ou expandiram sua atuação em solo brasileiro, despertando o interesse de outros *players*, considerados marcas de "luxo acessível", como Michael Kors, Kate Spade, Tory Burch, Hugo Boss; e o segmento *"fast fashion"*, particularmente Top Shop e Forever 21. Em pouco tempo, o varejo nacional ficou frente a frente com uma nova e forte concorrência.

Além disso, grandes grupos de *shopping centers* também aportaram no País por meio de aquisição e sociedade com grupos nacionais. Entre eles, podemos destacar Ivanhoe Cambridge, Cadillac Fairview, Westfield e Sonae Sierra. Formou-se a tempestade perfeita que culminaria na chamada "década de ouro do varejo brasileiro", período entre 2003 e 2013, marcado pela forte expansão dos negócios.

Com enorme injeção de capital vinda de fundos de investimentos, somada à demanda reprimida de muitas praças, a indústria reuniu as condições ideais para alavancar seu rápido crescimento, quase dobrando o número de empreendimentos nos últimos 15 anos (veja quadro a seguir). O varejo foi imediatamente impactado, especialmente o segmento moda, que registrou no período desempenho muito superior ao Produto Interno Bruto (PIB), chegando a 20% de incremento em alguns anos.

> **Crescimento do número de *shopping centers* no Brasil**
> Em 2006 – 351 *shoppings* / 56.487 lojas
> Em 2016 (março) – 538 *shoppings* / 98.200 lojas + 30 *shoppings* a inaugurar até dezembro de 2016
>
> *Fonte: Abrasce*

Nesse cenário, as marcas de moda *premium* foram muito disputadas para ancorar diversos empreendimentos, seja pelo seu poder para atrair outros varejistas, como também, para ajudar a chancelar o perfil do novo *shopping* e atrair consumidores.

Como gestora de marcas *premium* nacionais, precisava, naquele momento, abrir o leque de opções e buscar novas praças para manter o frescor, a diferenciação e a rentabilidade do negócio. Com a concorrência cada vez mais acirrada nos grandes centros, o movimento de interiorização, que tanto os *shopping centers* quanto as marcas *premium* fizeram nesse período, refletiu também a necessidade de encontrar novas praças e novos consumidores, que ainda não tinham sido alcançados pelas marcas internacionais.

Por isso, leitor, se você trabalha com uma marca de moda *premium*, acostume-se a sempre se perguntar: como avaliar as oportunidades para evitar cair em falsas promessas, mantendo seus planos sem perder seu poder de exclusividade e atratividade? E como manter a sua atratividade, frente a essa nova concorrência com marcas que são puro desejo dos consumidores?

Pois é, sobre como essa rota de escape tornou-se importante na expansão do varejo de moda *premium* brasileiro que falaremos a seguir, buscando mesclar entre a visão do "*shoppeiro*" e a visão do "*varejista*". Entender esse movimento é o primeiro passo para que possamos adquirir repertório e novos pontos de vista para traçar futuras estratégias expansionistas.

A VISÃO DO *SHOPPING*

Quando uma empresa vai lançar um *shopping center* em determinada região, o primeiro passo é estudar o local, avaliar o terreno e o entorno, estipular o investimento que será feito e definir o público-alvo para o qual o empreendimento será direcionado.

Se falarmos no eixo entre as capitais Rio de Janeiro e São Paulo, essa análise fica muito simples, pois sabemos onde estão as zonas sul e norte;

as classes A e média etc. Mas quando saímos dessa "ponte aérea", tudo fica muito misturado e, na maioria das vezes, as cidades não comportam números tão expressivos de *shoppings* como as grandes metrópoles. Mesmo assim, podemos encontrar cerca de cinco estabelecimentos abastecendo uma região.

Com a concorrência aumentando, os *shoppings* precisam encontrar outros meios para se diferenciar, não apenas na localização. Exemplo: se você estudar os mercados de Salvador (BA), Porto Alegre (RS) e Fortaleza (CE), verá que é comum encontrar por lá empreendimentos com *mix* muito bacana, instalados em regiões populares. Isso acontece porque, hoje, os terrenos disponíveis para grandes empreendimentos estão em áreas afastadas, diferente do que acontecia há 20 anos. Nos anos 1990, ainda era possível escolher fincar seu *mall* em bairros nobres, como o Leblon (Rio de Janeiro) ou o Itaim (São Paulo). Como é necessária uma área muito grande para desenvolver um *shopping* (estamos falando de terrenos, em média, de 30 mil metros quadrados, semelhantes à área do Autódromo de Interlagos, em São Paulo, palco da Fórmula 1), as empresas acabam tendo que optar por regiões mais afastadas. Distantes de seus consumidores, esses empreendimentos têm cada vez mais empecilhos para superar durante seu processo de maturação. Daí a importância vital da escolha do *mix* de lojas para o sucesso do *mall*.

A IMPORTÂNCIA DO *MIX* DE LOJAS

Como definir o público para esse empreendimento? Com o *mix* de lojas. Alguns elementos são essenciais, como alimentação e lojas âncoras. Para se ter ideia, atualmente no Brasil, dentre as mais de 98 mil lojas instaladas nos *shopping centers*, 2.946 são âncoras, segundo dados da Associação Brasileira de Shopping Center (Abrasce). Essa definição está relacionada à área locada e ao fluxo de pessoas que ela atrai para o *mall*. Marcas como C&A e Riachuelo, por exemplo, estão presentes desde o Shopping Iguatemi (empreendimento de luxo em São Paulo) até o Center Norte (*shopping* de perfil democrático também em São Paulo). Por isso dizemos que o que diferenciará o *mall* será o *mix* perfeito de lojas satélites (que, segundo a Abrasce, contabilizam 72.668 unidades no Brasil). E, entre elas, a moda é o segmento principal. Na mente do consumidor: Prada e Armani, Richard e Animale ou Handbook e Gregory? Tais marcas de moda são essenciais não apenas para definição de *mix*, mas também de localização dentro do *shopping*, pois, exceto nas grandes capitais, onde encontramos empreendimentos com perfis bem definidos, geralmente nos depararemos com *shoppings* enormes, que abastecem toda a região, mas que possuem setores bem delimitados dentro do *mall*, ora destinados a marcas mais qualificadas, ora a lojas com perfil "democrático" (com marcas populares). Mais uma vez, podemos afirmar que é justamente a escolha do *mix* de lojas que atrairá o perfil de cliente ideal para aquele *shopping center*.

> **Do AA ao democrático**
>
> Citando alguns exemplos, em São Paulo, temos desde empreendimentos como Shopping Iguatemi (do Grupo Iguatemi) e Shopping Cidade Jardim (do Grupo JHSF), passando por Morumbi Shopping (da Multiplan), que possui excelentes marcas *premium* convivendo ao lado de marcas comerciais e Center Norte (Center Norte Administração), um empreendimento de perfil bem democrático, entre muitas outras configurações. Alguns *shopping centers* na região do ABC paulista, mesclam marcas populares com outras mais bacanas, para "dar um molho" e atrair o consumidor. Mas, o que diferenciará o empreendimento, sem dúvida, será o composto de marcas de moda (ou seja, o maior ou menor número de marcas *premium* em relação às marcas democráticas). Para encontrar o ponto de equilíbrio deve-se ter em mente a premissa de atender o consumidor em todos os seus momentos de compra.

OUTRAS PRAÇAS

Com a invasão das marcas de moda internacionais e a entrada de capital estrangeiro também na indústria de *shopping centers*, a concorrência nos grandes centros ficou acirrada e começou a dar sinais de saturamento, especialmente para as *premium* nacionais. O jeito foi expandir os negócios para outras praças comerciais, que, nos últimos anos, davam sinais de crescimento econômico e revelavam seu alto poder de consumo, como Recife (PE), Brasília (DF), Curitiba (PR), Goiânia (GO), além de analisar outras que, até então, poderiam estar fora do radar, como Maceió (AL), Cuiabá (MT) e Belém (PA).

Naquele momento, se viu o lançamento, quase simultâneo, de muitos empreendimentos na mesma região. Cidades de 600 mil habitantes receberam dois empreendimentos ao mesmo tempo. Óbvio, muitos desses *shop-*

pings sofreram para encontrar marcas e lojistas suficientes para ocuparem seus corredores. O jeito foi inaugurar o *mall*, mesmo com vacância alta e prevendo maior tempo de maturação. Daí a importância vital do *mix* para o sucesso do empreendimento.

A VISÃO DA MARCA

A comercialização do *shopping* sempre começa pela ancoragem. A partir daí, entram no jogo as grifes de moda. Nesse momento, o varejista de moda *premium* precisa se blindar para não cair no "canto da sereia" e aprender a identificar e aproveitar as verdadeiras oportunidades, sem prejudicar a imagem da sua marca, indo para empreendimentos que consigam alcançar seus objetivos. É preciso saber fazer dar certo.

Já que o *shopping* não se lança sem a ancoragem, podemos dizer que é na corrida para reunir o maior número de marcas de moda importantes que ele se diferenciará e será atraente para seu potencial consumidor. Assim, é comum que as *premium* se vejam em uma "disputa" por esses novos empreendimentos. Isso acontece pois, de um lado, temos marcas comerciais que estão em qualquer lugar, de outro, a marca *premium* que precisa estar em sinergia perfeita com as marcas ao redor. Não estou falando somente dos outros nomes de moda, mas daqueles que reflitam o estilo de vida aspiracional proposto e, nesse quesito, vale a pena avaliar também outros segmentos que compõem o *shopping*, como serviços, eletro & tecnologia, gastronomia, entretenimento, entre outros.

Por isso, as marcas *premium* só vão para empreendimentos tendo quase certeza de que estão alinhados com seu perfil de clientes. Elas entendem que sua clientela busca *lifestyle* diferenciado e quer estar cercada dessa atmosfera de luxo e exclusividade. É uma sintonia muito fina, caso contrário, a marca *premium* poderá perder sua exclusividade, seu *appeal*.

Da praça de alimentação ao restaurante da moda

A área destinada à alimentação do *shopping* também é importante indicador para criar esse conceito de estilo de vida e, inclusive, ajudar a marca premium a determinar sua entrada ou não no empreendimento. Praça de alimentação composta somente de redes de *fast food*, que nem McDonald's e Spoleto, pode ser um indício de corredores lotados e frequência popular. Um *shopping* que tenha, além da praça de alimentação, uma área para

> restaurantes *gourmet*, como Pobre Juan e CT – Brasserie Claude Troisgros, atraem um perfil mais sofisticado de consumidores e estaria alinhada com o estilo de uma marca de moda *premium*. Já redes de *casual dining* – Outback e Madero, entre outras – são exemplos de marcas de perfil democrático, que transitam livremente em empreendimentos populares e nos considerados "A". Tudo precisa estar coerente. Exercite seu olhar para avaliar se os restaurantes presentes teriam capacidade de atrair o seu cliente.

Quando estamos trabalhando com empreendimentos de 100 a 200 lojas, fica mais fácil reunir marcas *premium* de moda, calçados, perfumaria, eletroeletrônicos e outros lojistas que tenham afinidade com a proposta. Mas, se o *shopping* ultrapassar as 200 lojas, certamente precisará intercalar tudo aquilo com outros nomes mais acessíveis. É aí que começa a brincadeira, ou melhor, a disputa pelas marcas *premium* em praças menores.

Nesse momento, cabe ao gestor da *premium* avaliar estrategicamente em quais praças vale a pena estar presente. Ela pode não ter clientela suficiente para viabilizar a operação em todas as praças, portanto, será necessário exercitar a arte da escolha. Também será fundamental avaliar o leque de opções de canais disponíveis para uma expansão: lojas próprias, franquias, multimarcas, varejo *on-line* etc. Falaremos melhor sobre isso adiante.

É nesse momento que a rixa dos *shoppings* para ter os melhores nomes se intensifica. Com o aumento da concorrência nessas regiões, as grandes administradoras podem até oferecer muitos benefícios para que a marca escolha entrar no seu empreendimento e não no outro. Tudo dependerá do seu poder de negociação.

Mas é importante ressaltar que o *shopping center* geralmente trabalha com um *business plan* de longo prazo e possui maior resiliência para aguardar o tempo de maturação do empreendimento (que em média é de cinco anos). Em contrapartida, o varejista trabalha com margens e prazos bem mais enxutos, necessitando de um retorno mais rápido do investimento.

OUTROS FORMATOS

Vamos abrir um pouco a discussão e incluir outros formatos de expansão das marcas de moda *premium*. Seus próximos passos dependerão do modelo de faseamento que se propõe a expandir seus negócios, ou seja, trabalha exclusivamente com lojas próprias? Está disposta a abraçar outros formatos, como *franchising*, multimarcas e até o *on-line*? Mostrarei alguns "cenários possíveis", mas insisto em afirmar que, nesse quesito, não há regras ou fórmulas prontas.

Recapitulando, a partir da necessidade de explorar novos mercados, decorrente da concorrência acirrada com as grifes internacionais nas grandes metrópoles (especialmente do Sudeste), quando miramos outras capitais ou cidades que são polos regionais, muitas vezes a rede ainda consegue explorar a região com lojas próprias. Mas quando a rede começa a avaliar cidades menores, precisará abrir o leque de oportunidades.

Algumas grifes bacanas, como Osklen, Salinas, Richards, por exemplo, apostaram no modelo de franquias para entrarem em cidades menores com maior facilidade e custos mais baixos da operação. Animale e Farm, que só operam com lojas próprias, têm maior dificuldade para estar em cidades com menos de 500 mil habitantes.

Essa decisão, aliás, passa por um minucioso estudo do potencial de cada mercado em relação à sua marca. Uma configuração que se mostrou interessante é apostar em loja própria na capital e abastecer as cidades menores com franquias e/ou lojas multimarcas. Dessa forma, é possível ter um controle melhor do mercado, preservar o DNA aspiracional da grife com uma loja-conceito e trabalhar melhor sua representatividade e seu posicionamento na região, inclusive servindo de ponto de apoio para as vendas *on-line*. A loja física também serve como referência e ajuda na comercialização das franquias (conceito conhecido como *brand awareness*).

Vale a pena estudar também as lojas de rua. Todas as grandes capitais possuem sua Oscar Freire (São Paulo), Garcia D'ávila (Rio de Janeiro), Padre Chagas (Porto Alegre). Cenários perfeitos para instalar sua *flagship* com custos melhores e boa visibilidade, onde seu cliente poderá ter maior experiência e engajamento com a marca, excelente opção para trazer o *glamour* necessário e ainda fidelizar clientes.

MULTIMARCAS: POSSIBILIDADE DE TESTAR NOVOS MERCADOS

Outro caminho bastante explorado são as lojas multimarcas. Existem muitas lojas multimarcas badaladas, bastante prestigiadas, com clientela fidelizada, que conseguiram marcar seu território e possuem força suficiente para atender o mercado local com exclusividade e atendimento ímpar, fortalecendo os pilares que sustentam as marcas *premium*. Especialmente em mercados menores, que muitas vezes não comportam operações exclusivas, as multimarcas e o *on-line* são bons canais para abastecer a região. Recurso valioso em praças que demandam consumo pela sua grife, mas, pela abrangência, não comportam uma operação exclusiva.

Até em grandes centros como Rio e São Paulo, quando saímos das capitais e miramos cidades menores, como Teresópolis, Petrópolis (Rio de Janeiro) e Campos do Jordão (São Paulo), por exemplo, pode ser interessante ofertar seus produtos por meio de multimarcas.

MERCADOS EM EXPANSÃO X ESTILO DE VIDA

Durante um bom tempo, a região entre Cuiabá e Campo Grande (MT) não tinha um empreendimento de grande porte que fosse atraente para marcas *premium*. O mercado local era abastecido na sua maioria por multimarcas e uma ou outra franquia. Na última década, entretanto, a região prosperou como grande produtora de grãos, fator que contribuiu para enriquecer o mercado e alavancar o poder aquisitivo do consumidor local. Com potencial de consumo em alta, tornou-se alvo de empreendimentos maiores, com lojas mais qualificadas e redes de franquias ou multifranqueados (aliás, um perfil comum nessas praças emergentes, já que o empreendedor geralmente conhece bem o consumidor e o mercado local e usa esse conhecimento estratégico para liderar a região). Prato cheio para a entrada e consolidação de empreendimentos mais parrudos, que atendiam aos critérios das marcas *premium*.

Agora, não pense que só o poder aquisitivo de cada região será determinante para você decidir se deverá explorar ou não o mercado. Quando falamos em marcas de moda *premium*, tão relevante quanto o poder de compra do consumidor é a adequação ao estilo de vida proposto pela marca. Esse sim pode impactar no resultado final da sua operação. Imagine uma marca que prega um *lifestyle* descolado e praiano investindo em uma cidade do interior, com forte apelo *country*? Terá maior dificuldade em obter sucesso.

Portanto, a dica para aumentar a abrangência da sua marca em diferentes territórios é explorar todos os níveis de distribuição, por meio de lojas próprias, franquias ou lojas multimarcas. Mas a fórmula certa para o seu negócio, repito, dependerá exclusivamente do seu modelo de negócio, do DNA da marca e do tamanho ideal para prosperar em cada praça. Qual é o modelo que permite um ciclo sustentável para o seu negócio?

> **O crescimento do digital**
>
> O *e-commerce* já se consolidou como um canal fundamental e de custos muito mais baixos, inclusive para as marcas de moda *premium*. Se no começo essas grifes ainda tinham algum receio em abrir seu canal de vendas digital e não conseguir mais se "blindar" e perder a atratividade da loja física, hoje, o sentimento é outro. Cada vez mais, têm apostado em estratégias no ambiente digital, buscando um equilíbrio em todos os canais de distribuição, sem abdicar de cuidar da loja física, transformada em verdadeiro templo da marca, local que paulatinamente traduz seus, espírito, alma, DNA e *lifestyle* aspiracional. Uma boa representação da loja física impacta positivamente as vendas *on-line*. Definitivamente, as marcas *premium* aderiram ao conceito multicanal.

COMO NÃO CAIR NO "CANTO DA SEREIA"?

Como vimos, ao sair dos grandes centros, temos o protagonismo das multimarcas. Afinal, se voltarmos duas décadas no tempo, o consumo *premium* era restrito a capitais como Rio de Janeiro, São Paulo, Brasília e Belo Horizonte. Cidades como Cuiabá (MT), Rio Branco (AC) ou Porto Velho (RO), por exemplo, não estavam no radar de expansão. Tais regiões abasteciam-se, prioritariamente, por multimarcas. A ausência de *shopping centers* nessas praças acentuava o quadro. Porto Velho, por exemplo, inaugurou seu primeiro *shopping* há cerca de dez anos, onde participei da comercialização do empreendimento, pois na época trabalhava na Ancar, juntamente com o Luis Felipe, outro coautor deste livro.

Período, aliás, que coincide com a fase de ouro do varejo brasileiro, cujo reflexo atingiu em cheio o setor de *shopping centers*, dando início ao *boom* de lançamentos de novos empreendimentos em praças diversificadas.

Foi quando as *premium* começaram a perceber que algumas multimarcas aumentavam seus pedidos, chamando a atenção para novas oportunidades de negócios. Avaliar se uma praça já comporta uma loja própria ou franquia é um trabalho minucioso e estratégico, pois se deve-se avaliar muitos indicadores.

Vou citar como exemplo uma situação que vivenciei enquanto trabalhava com a Animale. Em um determinado momento, definimos fincar o pé em Belém (PA) e Manaus (AM), pois percebemos o aumento no volume de pedidos da multimarca local e começamos a avaliar a possibilidade de abraçar aquele mercado. Entretanto, a distância e o custo de operação eram muito altos, o que dificultava a manutenção de uma operação própria naquela região, mesmo que ganhássemos – isso mesmo – uma loja totalmente montada em algum novo empreendimento que estivesse sendo lançado no local, ainda assim, poderíamos gerar prejuízo para o grupo.

Nesse momento, para que você consiga clarear a visão, nada melhor do que colocar na boa e velha planilha todos os custos operacionais, variação de impostos (que difere de estado para estado), logística (tempo e custo), custos de instalação. Estude bem os custos de viabilidade de cada praça. Mesmo que a loja venda bem, o resultado final pode não ser suficiente para pagar as contas da operação inteira. Além disso, recomenda-se sempre investir em estudo prévio para identificar quais são as praças principais para seu negócio. Cada marca possui um alvo diferente e é fundamental conhecer bem esse *target* para não se deixar levar pelo "canto da sereia". O que pode ser um oásis para determinada marca, pode ser um precipício para outras.

Esse é o tal "canto da sereia". Com a explosão de novos empreendimentos em regiões recém-exploradas, se sua marca faz parte daquele rol de *brands* muito desejados pelos consumidores, o novo *shopping* fará de tudo para conquistá-la. Claro que, apesar das vantagens propostas, operações como essa oferecem grandes riscos. Caberá ao gestor/empreendedor decidir se a empresa está no momento para assumir tais riscos. Vale a pena testar esse mercado? Faz parte dos seus planos de expansão? Tem aderência com o *lifestyle* característico da minha marca? Vale a pena assumir o risco, mesmo que seja somente para garantir presença naquela praça? Conseguirei manter a experiência e o sentimento de exclusividade? O grande exercício é encontrar as respostas certas para tais questionamentos.

LIÇÃO DE CASA

Por isso, acredito que trabalhar com pontos multimarcas é muito mais fácil nessas regiões em que ainda não há espaço para operações próprias. Baixo custo, boa eficiência (pois você pode simplesmente deixar de fornecer para determinada loja, caso sinta que ela não está trabalhando bem o seu DNA) e um canal fácil e rápido para testar novos mercados. Claro que, como vimos anteriormente, esse recurso dependerá do guarda-chuva de opções de como sua marca pretende mapear o mercado, pois além das operações próprias, será necessário investir em um bom atacado e isso envolve logística, participações em feiras do setor para lançamentos de coleções, além de gestão bastante eficiente de estoque para garantir o abastecimento tanto das lojas próprias da rede quanto das franquias e multimarcas. Uma operação bem mais complexa e capilarizada. O desafio será não deixar a bola cair em nenhum dos canais (priorizando o desempenho da loja própria em detrimento da franquia ou da multimarca, por exemplo). Pois isso poderá afetar a imagem da marca perante seu bem maior: o consumidor.

Também é fundamental trabalhar o conceito *premium* não se deixando levar por esse encantamento de ver a sua marca em todos os lugares. Por quê? Vejamos: 1. Você está trabalhando com uma marca *premium*; 2. Ela é exclusiva; 3. Ela é desejada, porque é exclusiva; 4. Ela tem qualidade superior; 5. Ela tem algo aspiracional.

O consumidor deseja comprar algum item da sua grife, pois ela representa algo a mais. Mas, se seu produto passa a ser alvo fácil, que pode ser encontrado em todos os pontos da cidade, aquilo deixa de ser um símbolo de *status* e passa a ser um item comum, que todo mundo tem. Você mata lentamente uma marca *premium* ao expô-la dessa forma, sem critério preestabelecido.

ERRE. MAS APRENDA RÁPIDO COM O ERRO!

Nesse grupo de moda feminina *premium* trabalhávamos com marcas para públicos de diferentes faixas etárias e estilo de vida, porém, todas evocavam esse apelo aspiracional. Então, era comum uma cliente comentar que reconhecia a peça somente pela estampa ou por um acabamento diferenciado. Era exatamente isso o que elas buscavam quando entravam na loja. Pois, apesar das mudanças no mundo da moda, cada grife precisa ter consistência e, ao mesmo tempo, saber se manter sempre desejável. Reinventar-se, sem perder seu DNA. Se eu vendo uma moda tradicional, sempre devo ter aquela pegada. Claro que a marca deve sempre buscar inovação e atualização, mas preservando o perfil que a qualifica e que a diferencia das demais. Esse é o "pulo do gato" no segmento luxo e *premium*. É necessário entregar aquilo que foi proposto. Luxo não se refere apenas a preço elevado. O cliente busca qualidade, caimento perfeito, durabilidade e exclusividade.

Uma das expoentes desse grupo precisou frear a sua expansão. A marca mais que duplicou o seu número de lojas nos últimos 5 anos, chegando a

80 lojas próprias. Logo, nossa cliente começou a pensar duas vezes antes de comprar um vestido da nossa coleção para ir a um casamento, por exemplo, pois corria o risco de chegar lá e encontrar outras convidadas com a mesma roupa. Essa expansão se deu em um momento muito favorável ao varejo, entretanto, não demorou muito para percebermos que seria necessário dosar a velocidade de crescimento para preservar o desejo pela marca.

Nesse repensar da marca, a criação de uma linha-conceito foi um bom exercício para resgatar essa percepção de exclusividade. Pois, se na coleção padrão distribuíamos cerca de 300 vestidos de seda iguais para as lojas de todo o Brasil, na linha-conceito era produzida cerca de meia dúzia de peças, por exemplo, distribuídas estrategicamente em praças selecionadas. Aumentamos o sortimento e diminuímos a cobertura (ou seja, o número de peças) de determinados itens da coleção.

Esse foi o caminho que encontramos para manter a capilarização da rede, mas preservando também a identidade da grife no segmento luxo e *premium*, pois nossa consumidora não encontraria essa linha exclusiva em todas as lojas da rede, somente em pontos estratégicos. Dessa forma, ela poderia ficar segura, pois não correria o risco de encontrar outras convidadas na mesma festa usando roupa idêntica.

FLA X FLU NO MUNDO DOS *SHOPPING CENTERS*

Mas eu já caí no "canto da sereia" outras vezes. Aliás, essa é uma armadilha que pode acontecer com muitas marcas no Brasil. Um dos principais fatores para isso é que existe uma polaridade muito grande entre as empresas de *shopping centers* no País.

Porém, no período do *boom*, entre 2012 e 2015, acompanhamos grandes disputas emblemáticas. Podemos citar algumas regiões de destaque:

- Em Ribeirão Preto (SP), o mercado ficou agitado com o lançamento do novo empreendimento do Grupo Iguatemi e a expansão do *shopping* da Multiplan;
- No Espírito Santo, a capital Vitória passou 30 anos sendo abastecida somente com dois *shoppings*. De repente, na cidade próxima de Vila Velha, a entrada de outros expoentes do setor movimentou o mercado; Br Malls X Aliansce.
- O mesmo aconteceu em Fortaleza (CE), que foi palco para a concorrência de grandes empreendimentos.

Nessa disputa entre titãs, muitas vezes quem sai prejudicado é o lojista, pressionado pelo *shopping* que clama por um sentimento de parceria com as marcas. Nesse jogo de força, o varejista se submete a apostar em uma região que não faz parte da sua estratégia, com o intuito de manter o bom relacionamento com a administradora e garantir boas negociações em outros empreendimentos da rede.

GANHA-GANHA

A decisão recai sobre o lojista e deverá ser pautada, muitas vezes, não no retorno do local em si, mas de negociações paralelas em outras praças. Em outras palavras, cabe ao varejista deixar claro que aceita entrar no novo empreendimento, mas que espera boas condições em outro *shopping* do grupo, por exemplo. Se você for só para ajudá-lo, certamente sairá perdendo. É preciso ter visão estratégica para saber que, mesmo que tenha prejuízo nessa praça, você conseguiu ganhar em outros lugares, de modo que seja recompensado. A operação deve ser sempre ganha-ganha! Eu trabalhei nos dois lados e sei que não dá para o varejista ganhar todas. Às vezes, será preciso se "amarrar" mesmo, por isso, que seja feito de modo consciente e com visão de futuro!

PLANO "B"

Se você esta na *wishlist* de todos os *shoppings*, esta é a hora de negociar, afinal o momento é do varejista. Como uma *premium* tem muito a agregar a qualquer *mix*, além de contribuir para alavancar a ida de outras menores só porque a sua estará lá, este é o momento no qual o varejista deve negociar muito bem a sua entrada no empreendimento.

Aliás, diria que se o empreendimento for novo, tão importante quanto a entrada é negociar melhor ainda sua saída. Como vimos, nesses últimos dois anos, inúmeros *shoppings* inauguraram com vacâncias de até 50%. Já explicamos aqui que o *business plan* de um *shopping* é de longo prazo e ele tem condições de suportar o processo de maturação mais demorado, mas o varejista, não. Mesmo com um custo de ocupação fechado em 10%, pode ser que ainda se precise tirar do seu próprio bolso para manter a operação. Marcas *premium* têm ainda outros dificultadores: o valor do estoque é alto e o cliente é muito exigente. Se começar a diminuir o estoque, a loja terá rupturas, a experiência de compra do cliente não será boa e a imagem da marca poderá sair arranhada.

Nesses casos, negocie uma cláusula de saída que permita fechar essa loja no menor tempo possível, sem multas, caso o desempenho seja culpa do empreendimento e não da loja. Lembre-se que talvez possa ser a hora de rever outras negociações com a administradora e propor um grande pacote, ou seja, exercite poder de fogo e negocie.

Já precisei usar esse argumento. Em alguns lugares, disse: "Eu vou, mas só se puder sair em X tempo". Então, depois desse período, o diálogo começa assim: "Ok. Eu fui, lhe ajudei, mas agora estou fechando a porta e não vou arcar com qualquer despesa extra, pois já sabíamos que aquela região não era adequada para minha marca". Mas, para isso, sua marca precisa ser forte o suficiente para não "cair" antes do tempo previsto. O seu dia de saída precisa estar muito bem estabelecido na sua cabeça e no seu contrato. Por isso, tenha sempre em mente que este será um relacionamento de longo prazo. Pois, apesar da sua marca ser fundamental para o *shopping*, especialmente na fase inicial, saiba que ele também não entrará em um negócio para "perder dinheiro".

NÃO É HORA PARA UMA APOSTA EMPÍRICA

O momento atual do varejo brasileiro exige cautela e observação. Não é o momento ideal para aventurar-se em novos territórios e fazer experiências se o seu negócio não estiver bem estruturado e não se tiver a real dimensão do risco.

Um bom indicador para avaliar o risco é ter o custo de operação na ponta do lápis. Se a loja vende R$ 200 mil e tem um custo de ocupação fechado em 10%, então, ok, essa loja sobrevive. Mas, às vezes, a loja pode vender até R$ 500 mil, mas com custo de operação de 30%, certamente se estará perdendo dinheiro. Por isso, insisto em afirmar que tudo dependerá da negociação. Há cinco anos, o mercado estava nas mãos do "*shoppeiro*", mas agora, os ventos estão a favor do varejista. Como sempre existirão praças em que sua marca ainda não está presente, pode ser o momento para apostar na negociação!

JANELAS DE OPORTUNIDADE

Também é hora de rever posições, fechar algumas lojas que não são favoráveis e substituí-las por outras. Muitas vezes, o "pulo do gato" não é somente crescer a rede, mas manter-se no mesmo tamanho, em lugares mais adequados. Amplie a visão. Em momentos de crise, pode surgir aquele ponto ideal em um *shopping*-vitrine que até pouco tempo estava lotado e com custo altíssimo e, agora, pode ser o momento para entrar nesse empreendimento, com valor mais acessível e outros benefícios. Aproveite para rever seu *portfólio* , custos e fazer melhores escolhas!

Por tudo isso, sou uma apaixonada pelo varejo!

Fast Fashion Brasil

MARCOS TADEU

–Alô?
–Alô. É o Marcos Tadeu?
–Sim, quem quer falar comigo?
–Bom dia, Marcos Tadeu. É Romano, da Riachuelo. Tudo bem com você?
–Riachuelo? Desculpe, mas não me lembro de ter comprado nada aí com vocês.
–(risos) Não, não. Você nos mandou um currículo e estou ligando para falar a respeito. Pode conversar agora?
–Eu mandei um currículo? Desculpe-me, não me recordo. Mas podemos conversar, claro.
–É que nosso anúncio foi fechado. Nós publicamos cerca de dois meses atrás nos principais jornais de São Paulo. O anúncio era gerente de filial trainee.
–É verdade! Agora me lembro bem. Eu estava na casa da minha sogra. Podemos conversar, sim.
–Ótimo. Bem, nós analisamos o seu currículo e...

Começava assim, no início de 1993, minha carreira executiva no varejo de moda, em um Brasil bem diferente deste que conhecemos hoje:

- A inflação corroía os salários a taxas mensais superiores a dois dígitos, derretendo, mês a mês, o cruzeiro, a moeda brasileira que, naquele mesmo ano, se tornaria cruzeiro real.
- As manhãs de domingo eram tomadas pelas corridas excitantes do ídolo do automobilismo brasileiro, Ayrton Senna.
- Estávamos há 23 anos sem ganhar um título mundial de futebol. Éramos tricampeões.
- A Riachuelo contava com 57 lojas espalhadas por vários estados brasileiros, mas não em todos, o que viemos a conquistar somente na segunda década deste século 21.

AS LOJAS DE DEPARTAMENTO

O varejo era dominado por poucas redes de lojas de departamento, sendo a Mesbla a principal, com presença marcante em vários estados do país. Difícil imaginar um centro comercial, *shopping* ou rua, sem a presença da poderosa marca fundada em 1912 e administrada inicialmente por Luiz La Saigne. Suas unidades tinham em comum as grandes áreas, normalmente superiores a 3 mil m² e localização sempre privilegiada. A empresa abriu falência em 1999.

São Paulo também abrigava outro ícone do varejo nacional, o Mappin. Fundado em 1913, logo tornou-se ponto de encontro do consumidor paulistano para comprar e passear. Tal qual a Mesbla, sucumbiu em 1999.

O fim dessas gigantes redes no final do último milênio coincidiu com o início de um novo conceito de varejo de moda no Brasil, mas falaremos sobre isso um pouco mais adiante.

AS LOJAS ESPECIALIZADAS

Apesar de sua origem holandesa, fundada em 1841 pelos irmãos Clemens e August, muitos clientes acreditavam que a C&A era uma empresa brasileira. A marca chegou ao Brasil em 1976, ancorando sua primeira loja no Shopping Ibirapuera, em São Paulo. Na maioria das vezes, suas unidades eram menores do que as da Mesbla e do Mappin, pois era especializada em vestuário. Nas décadas de 1980 e 1990, a marca reinava praticamente sozinha na preferência dos empreendedores de *shopping centers* no momento em que iam definir seu *tenant mix*. Mudanças viriam a ocorrer anos mais tarde.

No comércio de rua, a Marisa, fundada em 1948, era onipresente, especialmente no estado de São Paulo. Sua "irmã", Lojas Brasileiras, especializada em artigos diversos, assim como as Lojas Americanas, operava no restante do País com pontos estrategicamente localizados em ruas importantes de comércio popular. Com o seu desaparecimento, a bandeira Marisa ocupou boa parte desses imóveis, dando impulso à sua expansão por todo o território nacional. Foi a primeira rede de moda, com sede na região Sul/Sudeste, a chegar a vários mercados considerados remotos do eixo RJ/SP, como Porto Velho e Macapá. Durante vários anos, reinou naqueles mercados até que veio o advento da expansão acelerada da indústria de *shopping center*, levando os demais concorrentes a crescerem organicamente por todo o Brasil.

A Pernambucanas é outro expoente do varejo brasileiro, que tem muita relevância nos mercados em que atua. Fundada em 1908 pela família Lundgren, sempre foi presença garantida em inúmeras cidades pequenas do País, além de grandes capitais. Até hoje, conta com lojas em mercados considerados muito pequenos, como o município de Assis Chateaubriant, no Paraná, com população aproximada de 40 mil habitantes (dados de 2016).

A Renner era uma pequena rede de lojas do Rio Grande do Sul, contando com menos de dez lojas nos anos 1980/1990. Fundada em 1912 por Antônio Renner, passou por diversas transformações e propriedade até atingir seu formato atual.

Sem pretensão de esgotar o assunto, tampouco ter uma lista completa (o varejo de moda é uma indústria de baixíssima concentração, de forma que existiam – e ainda existem – muitas marcas locais), ainda poderíamos citar marcas que, embora não representassem abrangência nacional, desempenhavam importante papel local. Estou falando de redes como Leader (Rio de Janeiro), Besni (São Paulo), Avenida (Centro-Oeste), Seller (Interior de São Paulo), Esplanada (Nordeste), Visão e Y.Yamada (Norte), Armazém Paraíba (Norte e Nordeste) e Havan (Sul). Di Gaspi, Caedu e Torra Torra, em São Paulo, já existiam, mas ainda não representavam forte concorrência. Não devemos esquecer, também, das redes Pelicano e Camisaria Varca, especializadas em moda masculina, mas que deixaram de existir. Sim, é fundamental estar atento a todos que atraem seus clientes. Eles são concorrentes e temos que respeitá-los.

O DESENROLAR

As mudanças vividas pelo meio empresarial nas últimas décadas, a partir do final dos anos 1980, seguramente foram maiores do que os 200 anos anteriores. Pelo mundo afora, empresas sucumbiram e outras nasceram. O varejo brasileiro também passou por transformações profundas.

Comprávamos eletrodomésticos na Arapuã e na G.Aronson; roupas na Mesbla; passeávamos no Mappin; e o Walmart ainda era objeto de desejo para os que podiam viajar para o exterior. Atacarejo era uma expressão ainda não cunhada. Queríamos ir a um *shopping*? Apenas nas grandes capitais do País e, ainda assim, nos poucos e grandes empreendimentos ali instalados.

No inicio da década de 1990, a inflação desenfreada corroía os salários, que derretiam bem antes do final do mês. Em 1994 eu gerenciava a (hoje extinta) Riachuelo da Rua Cel. Oliveira Lima, em Santo André, quando utilizávamos um recurso criativo para reduzir o inevitável trabalho operacional dos ajustes semanais de preços.

Os produtos recebiam etiquetas com referência e não com preços, como se vê hoje em dia. Atualmente, entramos em uma loja e procuramos uma etiqueta de preço afixada na camisa que gostamos. Simples, certo? Pois esta ação trivial não era possível naquela época de inflação alta. Os produtos tinham etiquetas fixadas em suas costuras, como hoje em dia, mas, ao invés do preço, exibiam uma referência (um número). Sobre os equipamentos de exposição de roupas e acessórios, havia uma tabela de preços. Assim, buscávamos na tabela o preço referente ao número da etiqueta fixada na peça. Por que fazíamos isso? Porque os preços subiam semanalmente, de forma que seria impraticável trocar etiquetas de todos os produtos da loja a cada sete dias!

As lojas não abriam aos domingos. Os *shoppings* operavam apenas com praça de alimentação e cinemas. Vários empreendimentos ainda fechavam as lojas aos sábados às 20h. O Amazonas Shopping, em Manaus, funcionava aos domingos e abria mais tarde às segundas-feiras (às 14h). Creio que era o único a ter essa condição especial no Brasil inteiro naqueles tempos.

A indústria de *shoppings* crescia em ritmo bem mais lento. Em 1993, por exemplo, foi inaugurado o Vitória Shopping, o primeiro e único daquele porte no estado do Espírito Santo por muitos anos. Era comum as lojas âncoras comprarem o imóvel onde se instalavam e não apenas locarem, como usualmente acontece hoje em dia.

Na segunda metade da década de 1990 chegava a São Paulo a Lojas Renner, nos *shoppings* Eldorado e Continental, na capital, e Metrópole, em São Bernardo do Campo. Como de costume, os concorrentes fizeram visitas diárias para acompanhar de perto a novidade que chegava. Eu estava lá, presenciando tudo de perto. Em uma dessas inaugurações, no Shopping Metrópole, a C&A decidiu fazer uma forte campanha de marketing em sua loja localizada no centro de São Bernardo do Campo, na Rua Marechal Deodoro. Sorteariam um carro no mesmo dia e horário da inauguração da rede gaúcha. Para concorrer ao carro, bastava o consumidor preencher um cupom e depositar na urna localizada no interior da loja. O sorteado teria ainda que estar presente no momento do sorteio, de forma que a loja ficou excepcionalmente lotada. Uma tentativa, com pequeno e fugaz sucesso, de ofuscar o perigoso concorrente que desembarcava na cidade.

Em 1994, fui testemunha de uma disputa no setor de supermercados, digamos, curiosa. A gigante Walmart fincava sua primeira loja no Brasil, na Avenida dos Autonomistas, em Osasco, em São Paulo, onde travou uma guerra de preços com o Carrefour. O frango assado virou protagonista daqueles dias. Ambos "plantaram" funcionários, um na loja do outro, que se comunicavam informando as promoções do concorrente. Chegou-se ao inusitado de se doar o frango como brinde.

No ano de 1996, o Mappin ABC se transformava em Shopping ABC. Na ocasião, o grande varejista se tornou âncora do empreendimento. Um ano depois, em maio de 1997, fui designado para inaugurar e gerenciar a filial da Riachuelo. A derrocada final de Mesbla e Mappin, em 1999, foi um marco para as lojas de departamento júnior, especializadas em moda. Seus pontos comerciais eram verdadeiros patrimônios pela qualidade da localização e tamanho do imóvel. A essa altura, a C&A já estava presente em mais estados e cidades que a Riachuelo ou as Lojas Renner, de forma que se beneficiou menos do que esses dois últimos na ocupação dos espaços que surgiram. A Riachuelo consolidou-se no Norte e Nordeste do País, enquanto a Lojas Renner mirou o Sudeste e Centro-Oeste.

Em uma dessas incursões para conhecer os imóveis da Mesbla, cheguei ao Sider Shopping, em Volta Redonda, no estado do Rio de Janeiro, na véspera do encerramnto de suas atividades. Antes de entrar, fui orientado pelo superintendente a não me identificar como executivo da Riachuelo. O objetivo foi não provocar a ira dos já sensibilizados funcionários que, àquela altura, ainda não sabiam quando receberiam suas verbas rescisórias, tampouco quando se recolocariam no mercado. Um momento triste, muito triste. Ver uma empresa daquele porte e representatividade desaparecer é bastante doloroso para todos – clientes, funcionários, concorrentes, enfim, para todos que amam o varejo.

AS ESTRANGEIRAS

Apesar de sua origem holandesa, a C&A expandiu, ficou dona de vários imóveis, montou uma financeira e se tornou tão inserida no varejo brasileiro que, quando abriu lojas na Argentina, falou-se até que os "hermanos" acreditavam tratar-se de uma organização brasileira, a ponto de a empresa ter que informar sua origem para que não fosse boicotada no país vizinho – a rivalidade entre os dois países alcançou este patamar também! Hoje, as operações estão encerradas por lá.

Não posso deixar de mencionar a passagem de redes internacionais pelo País, como J.C. Penny, Sears e Dillard´s, que também marcaram gerações de consumidores, bem como a inciativa de um dos maiores grupos brasileiros de varejo, a Sandiz, loja de departamentos do Grupo Pão de Açúcar. Uma curiosidade: o nome da rede foi composto pelas iniciais de SANtos DIniZ, patriarca da grande rede de varejo e pai de Abílio Diniz.

A Dillard´s experimentou nosso mercado e ocupou, entre outros espaços, uma loja na Rua Augusta, em São Paulo, onde outrora funcionou a Sandiz. Já a americana J.C. Penney chegou ao Brasil por meio da compra da Lojas Renner e saiu da operação quando foi lançado o IPO (sigla em inglês para Oferta Inicial de Ações) da Lojas Renner.

A inglesa Top Shop foi outra estrangeira do setor de *fast fashion* que aportou recentemente no Brasil. Como normalmente acontece com empresas internacionais, foi percebida no Brasil como uma marca posicionada acima de suas equivalentes nacionais. Inaugurou unidades em *shoppings* voltados ao público de maior renda. Atualmente está com todas as lojas fechadas no território brasileiro.

A gigante espanhola Zara, principal marca do grupo Inditex, chegou em 1999. Desde então, tem sido sucesso absoluto entre consumidores e empreendedores. Recentemente, inaugurou lojas com o conceito Zara Home, especializadas em produtos para casa e pessoais, como itens para cama e banho.

A febre Forever 21 vinha sendo a sensação dos últimos tempos. Filas enormes com distribuição de senha foram comuns nas suas inaugurações. Outro ícone, a GAP entrou no Brasil por uma parceria com o grupo GEP, dono das marcas Luigi Bertolli, Emme e Cori. Aparentemente, não experimentou o mesmo sucesso inicial da Forever 21.

Ainda faltam marcas importantes chegarem por aqui e que já estão presentes em países vizinhos, como Colômbia e Chile. Destacam-se as demais marcas da Inditex (Pull&Bear, Bershka, Oysho, Uterque, Stradivarius, Massimo Dutti); a sueca H&M; a japonesa Uniqlo; e o retorno da espanhola Mango, que passou pelo Brasil no final dos anos 1990 e início dos 2000.

DESCOMODITIZANDO A MODA BRASILEIRA

O que foi acontecendo é que, em dado momento, lá na década de 1990, a Riachuelo resolveu mudar seu modelo de negócio e deixar de ser uma empresa que vendia *comoddity*, ou seja, calça e camisa (confecção), e passou a ser uma empresa focada em moda e estilo de vida. Essa mudança exigiu uma completa estruturação dos departamentos, intensificou as parcerias com estilistas (o primeiro estilista que a empresa contratou, ainda na década de 1980, foi Ney Galvão) e apostou no programa de *trainees* para identificar, atrair e reter jovens talentos na companhia.

Esses foram os primeiros passos para que a empresa chegasse onde está hoje, sendo considerada a primeira *fast fashion* brasileira, no conceito puro da palavra, já que é a única que tem velocidade, o *timming* perfeito, para inserir o produto de moda no ponto de venda, alicerçada no fato de ser a única empresa de moda no Brasil que fabrica grande parte do que vende e isso é o que dá agilidade a toda cadeia produtiva. Com isso, o consumidor enxerga no ponto de venda uma variedade maior de itens, que são reabastecidos na loja à medida que são vendidos, ou seja, o mercado é que dita o que vende mais.

SURGE O DEPARTAMENTO DE EXPANSÃO

A partir de 2005, a reboque dos indicadores positivos da economia, principalmente o exponencial crescimento da classe média, e da abundância de crédito barato para novos investimentos, a indústria de *shoppings* iniciou uma fase de crescimento sem precedentes em nossa história.

As principais lojas de departamento júnior, especializadas em moda, cresceram a partir de 2005 a uma taxa média (CAGR) de dois dígitos. Várias cidades receberam seu primeiro *shopping*. Populações ávidas por consumir produtos, serviços e entretenimento passaram a contar com centros comerciais organizados, climatizados, seguros e com gestão profissional.

Na Riachuelo, expansão era um assunto tratado pela diretoria de Patrimônio. Quando a empresa decidiu que precisava acelerar seu processo de expansão em 2005 – até então, a média era a abertura de uma loja por ano – surgiu a necessidade de criar o departamento de Expansão.

O fato curioso é que, neste ano de 2017, completo 24 anos de casa. Mas, justamente no ano de 2005, saí da empresa. Tive um ímpeto pessoal e decidi aceitar o convite para trabalhar em uma empresa de moda de menor porte no Sul do Brasil, exatamente para ajudar uma organização ainda pequena a alcançar voos maiores. Foi o perfil intraempreendedor aflorando. Costumo dizer que esse foi o meu MBA intensivo no varejo. Éramos três diretores, o geral, o financeiro e eu, o comercial. Como a empresa é de menor porte, posso dizer que é mais fácil falar sobre o que eu não cuidava diretamente, que eram basicamente os assuntos relacionados à área financeira. Do resto, fazia de tudo, de compras à gestão das lojas, passando por expansão, arquitetura, obras, *visual merchandising*, propaganda, logística, treinamento e por aí vai. Mas, pela primeira vez, vivenciei intensamente o dia a dia da área financeira, já que me reunia diariamente com o diretor financeiro para analisarmos o caixa e, juntos, tomarmos decisões táticas com vistas a mantermos a empresa em condições de operar. Aprendi muito sobre gestão, com a visão de dono do negócio.

Quando você trabalha em uma empresa muito grande, se torna apenas uma parte e não tem muita noção do todo. Quando você está em uma companhia menor, tem a noção do todo e isso é muito rico. Apesar de um curto período, posso dizer que essa experiência foi muito importante para o meu próximo desafio, que foi montar o departamento de expansão de uma grande varejista de moda.

Para trabalhar com expansão é necessário ter um lado comercial aguçado, já que você precisa encontrar os melhores pontos e vender a sua ideia para o conselho. Mas é fundamental entender que a nova unidade de negócio tem que gerar valor para a companhia e isso vai além de vender muito.

É necessário observar o aspecto financeiro como um todo, pois não faz sentido abrir uma loja que não venha adicionar valor no mínimo igual às demais lojas já existentes na rede. Essa noção de Retorno de Investimento (Taxa Interna de Retorno e Valor Presente Líquido), da relação entre despesa, receita, entrada e saída, de fluxo de caixa descontado, todas essas terminologias, desenvolvi muito durante aqueles quatro meses. Fui empurrado a me aprofundar nesse universo que, de certa forma, era superficial para mim até então. A necessidade faz o sapo pular, dizem por aí.

Na Riachuelo, trabalhei os 12 anos anteriores, de 1993 a 2005, em lojas. Fui *trainee* de gerente de loja, gerente de loja e gerente regional. Essa foi minha carreira na empresa até ir para o novo desafio que relatei agora há pouco. O curioso é que, quando a empresa decidiu montar o departamento de Expansão, mesmo com mais de 30 mil funcionários, o *board* (conselho da empresa) quis que eu retornasse para a companhia para desenvolver esse departamento. Hoje, reescrevendo essa história, posso afirmar que aquela saída foi muito útil para o que se seguiu no departamento de Expansão.

No início do departamento de Expansão éramos eu, a mesa, o computador e uma ideia. Via de regra, quando você vai montar um departamento do zero, que nunca existiu naquela companhia, escolhe-se alguém que tenha experiência naquele assunto. Depois, ele pode até sair e você colocar um profissional com menos experiência, mas o departamento já está formado. A empresa, entretanto, teve uma atitude bem ousada, pois não contava com o departamento e escalou uma pessoa – no caso, eu – que nunca tinha feito expansão na vida e confiou a ela essa missão.

DEIXANDO O SISTEMA OGC E INCORPORANDO O PROCESSO *DATA DRIVEN*

O começo foi desafiador. A começar pelo fato de que a literatura brasileira sobre o tema é escassa e até superficial. Cheguei a comprar alguns livros, um importado, que tinha um extenso capítulo sobre *Retail Real Estate*; outro, assinado por uma renomada profissional da área, que, dez anos depois, viria a se tornar grande amiga e também coautora deste livro, Mônica Barboza Paes de Barros. Outra forma de aprendizado é conversar com as pessoas certas, especialistas no assunto. Mas percebi que essas pessoas também falavam comigo superficialmente, não abriam muito o jogo. Busquei também o aprendizado interno, ou seja, os registros das expansões que foram feitas anteriormente, além, é claro, da vivência com Pedro Siqueira, *board member* da Riachuelo, que me transmitiu seu conhecimento acumulado até então.

Até hoje brinco que antes do Departamento de Expansão ser criado o sistema de aprovação era OGC: "Olhou, Gostou, Comprou!". Eram outros tempos, nos quais o volume de negócios era muito menor. Quando você vai aumentar o volume dessa expansão, não pode mais agir dessa forma tão intuitiva. Precisa montar um comitê, desenvolver indicadores e coletar dados para apresentar suas propostas ao referido comitê de forma que seus membros tenham condições de decidir pela aprovação ou não, como se tivessem visitado o imóvel (*in loco*), devidamente embasados pelas informações e dados que você levantou, pelas análises que você desenvolveu e, muito mais importante, pela recomendação que você apresenta.

Então, passamos a usar outros indicadores, como TIR e VPL. TIR é Taxa Interna de Retorno; VPL é Valor Presente Líquido, que é o Caixa Descontado a uma taxa previamente definida. E, assim, começamos a estruturar o departamento. No primeiro comitê, o fundador da empresa estava presente e foi protagonista de uma passagem marcante. A proposta era a abertura de uma loja em Florianópolis, Santa Catarina. A região Sul do País tem algumas particularidades, especialmente no que diz respeito ao comportamento de consumo da população, que sempre evoca certo grau de preocupação.

Estava apresentando minha proposta, com os algoritmos que tinha criado até então, e houve certa rejeição àquela loja pelos membros do comitê. Isso posto, o fundador me pergunta:

– E você, o que acha?
– Acho que devemos abrir a loja.
– Mas por quê?
– Porque somos uma empresa nacional e uma empresa nacional não pode ficar fora de uma capital.
– O argumento dele é muito forte. Vamos abrir essa loja!

Foi um argumento forte, mas com uma constatação muito simples e que deu novo fôlego para seguirmos em frente, pois tínhamos muitos desafios a superar. O processo de abertura de uma loja é algo quase definitivo, afinal, ninguém abre uma loja pensando em fechá-la. Além disso, estamos falando em um investimento na ordem de R$ 7 milhões (valores em 2017). Assim, se você erra um investimento desse porte, terá muito pouca chance de recuperar o capital investido. É recomendável, portanto, pensar bastante antes de seguir em frente e concluir o negócio.

Outra passagem muito interessante que ocorreu na alvorada do Departamento de Expansão foi o projeto de Porto Velho, da Ancar. Para os que nascem e crescem no Sudeste, principalmente no eixo Rio-São Paulo, qualquer local ao Norte do Brasil parece mais distante do que a Europa. Em meio àquele início de trabalho, eis que recebemos a visita de Luis Felipe, então gerente de Novos Negócios da Ancar, trazendo as informações do novo empreendimento. Eu ainda estava "engatinhando" na área, de forma que atuei como coadjuvante, mas o que mais me impressionou e marcou foi a intensidade com que Luis Felipe trouxe o assunto à mesa. Hoje, um dos coautores deste livro, tenho o prazer de conviver com ele.

Quando começamos, não tínhamos uma meta de quantidade de lojas abertas por/ano. A orientação era aproveitar todos os bons negócios que surgissem. Começamos inaugurando 9 lojas em 2006 e atingimos o pico de 45 lojas abertas em 2014.

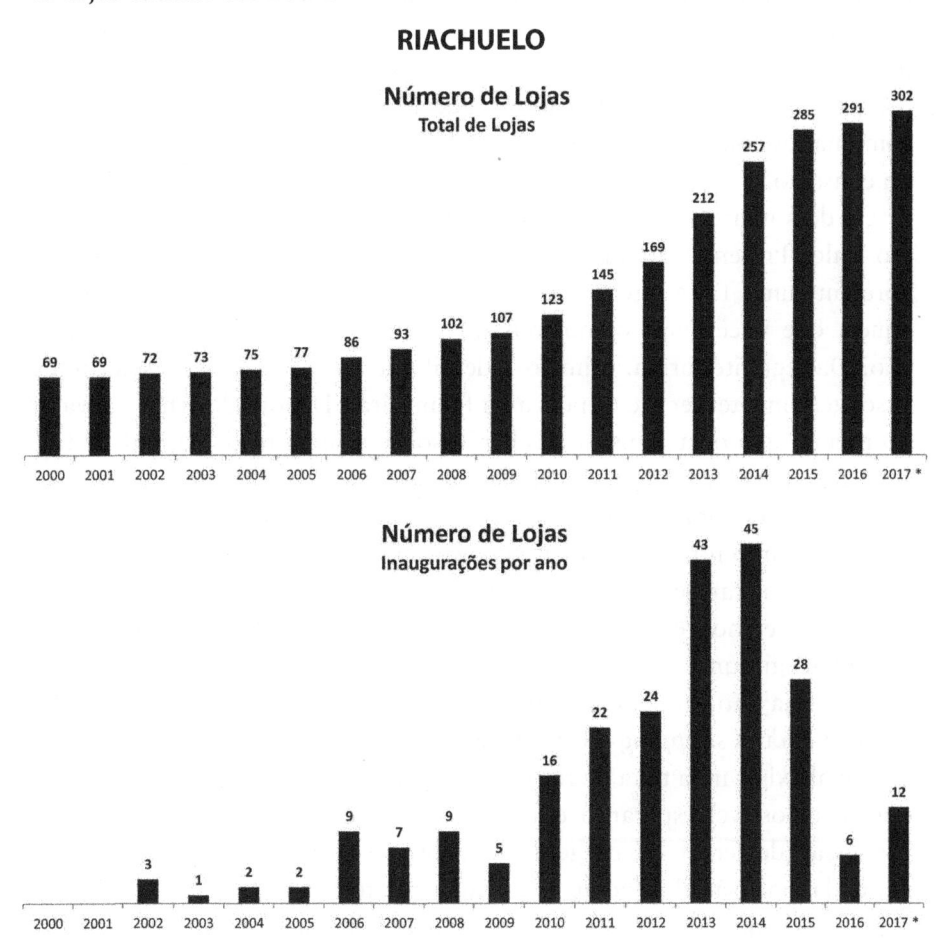

RIACHUELO

Número de Lojas
Total de Lojas

Ano	2000	2001	2002	2003	2004	2005	2006	2007	2008	2009	2010	2011	2012	2013	2014	2015	2016	2017*
Total	69	69	72	73	75	77	86	93	102	107	123	145	169	212	257	285	291	302

Número de Lojas
Inaugurações por ano

Ano	2000	2001	2002	2003	2004	2005	2006	2007	2008	2009	2010	2011	2012	2013	2014	2015	2016	2017*
Inaugurações			3	1	2	2	9	7	9	5	16	22	24	43	45	28	6	12

Fonte: relatório de resultados financeiros do Grupo Guararapes, disponível em http://ri.riachuelo.com.br/guararapes/web/download_arquivos.asp?id_arquivo=34CA5921-E40D-484B-9BC4-F659E4771588
* 2017 previsto

Se você está começando a trabalhar com expansão, tenha em mente que costuma ser uma bomba de efeito retardado. Ou seja, se você começa a expandir no momento em que o mercado está aquecido, é bem provável que somente comece a colher os resultados disso cerca de dois anos depois, quando o cenário pode ser outro. Portanto, muita prudência. Por outro lado, se ficar com medo demasiado, perderá as boas oportunidades.

GESTÃO POR INDICADORES

Uma das minhas premissas ao participar deste livro era que ele pudesse contribuir para todos aqueles profissionais que estão envolvidos no processo de expansão do varejo. Como disse anteriormente, quando comecei, um dos desafios foi encontrar literatura sobre o tema. Por isso decidi compartilhar alguns dos indicadores que adotamos ao longo dos anos que, combinados com a consagrada visão intuitiva, vêm embasando as decisões do conselho.

Os dois pilares, sob a ótica financeira, são a Taxa Interna de Retorno e o Valor Presente Líquido. A rigor, não se deve abrir uma loja que não apresente uma Taxa Interna de Retorno superior à sua Taxa de Desconto, aquela que você exige como mínimo para remuneração. Como calcular isso? Da seguinte forma: primeiro, identifique qual é o custo do seu capital (isso, geralmente, será feito pela área financeira). Depois, determine o valor do prêmio que os acionistas receberão sobre esse custo de capital. Então, você encontrará sua taxa interna de retorno.

Quando a operação oferece mais riscos, você exige uma taxa de retorno maior. Quando for de menor risco, você exige uma taxa de retorno menor. Como identificar se a operação oferece maior ou menor risco? Se você estiver planejando entrar em um *shopping* ou rua comercial consagrada, poderá exigir uma taxa de retorno um pouquinho menor, pois o risco daquela loja não vender é menor. Por outro lado, quando você for instalar sua loja em um *shopping* recém-inaugurado, que ainda não está maturado, é normal exigir uma taxa de retorno maior para aquela operação, de forma que seja possível esperar o empreendimento decolar. Trabalhamos com premissas (de venda, de margem, de quebra de inventário...) e essas premissas nada mais são do que apostas, que embutem maior ou menor risco, a depender do quão maduro está o centro comercial que está sendo estudado.

UMA LOJA NA RUA MAIS *FASHION* DA CIDADE

Volta e meia recebo alguns *inputs* do *board* da companhia sobre os interesses em determinados pontos de venda. Assim, tivemos dois casos que foram bem emblemáticos, um no Rio de Janeiro e outro em São Paulo, este na Rua Oscar Freire.

Certo dia, chegou até mim que o CEO da Riachuelo tinha visto um ponto vago na Rua Oscar Freire, conhecido reduto do luxo na capital paulista, e pediu que eu fosse até lá dar uma olhada. Fui até a rua para ver o ponto que ele falou. Era bom, mas não era maravilhoso. De zero a dez, daria nota oito, e, na minha cabeça, merecemos sempre um ponto nota dez. Resolvi dar uma volta na região. Nessa andança, vejo uma loja de esquina, sem placa, sem nada, absolutamente vazia. Pensei: "Poxa, por que não aqui, nesse imóvel?" É até estranho pensar que uma loja daquelas estava fechada. Como não tinha uma placa sequer, procurei saber com os comerciantes próximos se alguém conhecia o proprietário. O dono da banca de revistas próxima conhecia e me passou as informações sobre como localizá-lo. Fui atrás e nos reunimos dias depois. Apresentei uma proposta ao comitê e está lá o nosso ícone de loja! E com a bênção do nosso CEO, claro.

No Rio de Janeiro a situação foi, digamos, um pouco mais complexa. Depois de gastar muita sola de sapato, finalmente encontramos um imóvel ideal para nossa operação. O corretor que nos atendia na cidade foi atrás do proprietário do imóvel e começamos a negociação. Tratava-se de um bem de herança e estávamos conversando com um dos herdeiros. Condições comerciais para lá, condições comerciais para cá, documentos para lá, documentos para cá, até o departamento jurídico da Riachuelo já tinha sido consultado e concluímos o assunto entregando uma carta de intenção para o imóvel, na qual formalizamos as condições básicas do contrato de locação.

Tudo parecia caminhando muito bem até que fomos alertados de que estávamos em uma disputa, pois o mesmo imóvel estava sendo oferecido para outra empresa, concomitantemente. Até então, pensávamos que estávamos sozinhos no negócio. Fomos questionar o que estava acontecendo e descobrimos que o herdeiro que estava negociando o espaço conosco não era o inventariante. Um detalhe fundamental e que deixamos passar. Naquele caso, a irmã dele era responsável e estava negociando com outra rede. O sangue subiu à cabeça, foi uma correria só para tentar reverter a situação e convencer a irmã. Até que, no fim das contas, ela nos concedeu a locação e estamos lá até hoje.

Talvez, para o concorrente, esse episódio até tenha sido visto como um sinal de falta de *fair play* da nossa parte, como se tivéssemos atropelado a negociação, mas isso não é verdade. Não sabíamos que estávamos concorrendo com eles. Da mesma forma que, se a situação fosse outra, também não poderíamos questionar. Fomos ambos vítimas de uma situação em que, nem eles nem nós, poderíamos prever. Faz parte do jogo, de qualquer forma.

As provocações do *board* são pequenas, atípicas e muito específicas, como esses dois casos. Nos pautamos mesmo por um mapeamento de mercado. Ao longo desse período, desenvolvemos o departamento de *Business Intelligence* (BI), que não é subordinado ao departamento de Expansão, mas é nosso parceiro. Então, apesar de não trabalharmos com uma meta numérica rígida, sabemos em quais cidades queremos chegar e temos uma projeção de quantas lojas acreditamos que a rede pode alcançar no país. Tudo isso é fruto do nosso aprendizado nesses quase 12 anos de atuação e da leitura do grande *big data* que se criou. Ao intuitivo dos tempos "OGC", soma-se o empírico dos atuais TIR/VPL/georeferenciamento, etc.

NÃO É UMA CIÊNCIA EXATA

Apesar de todos os indicadores, expansão não é uma ciência exata, por isso, o profissional que trabalha nesta área precisa desenvolver algumas habilidades. No topo da pirâmide das características está a atitude empreendedora. Você precisa ter coragem de assumir riscos e responder por eles. Se você é o proprietário da empresa, isso significa assumir prejuízos. Se é um executivo, estou falando em assumir o risco de ser demitido. Se for demitido porque arriscou demais, isso não é algo destrutivo para sua carreira. Você não pode ser demitido porque faltou com postura ética. Se não tiver, ao mesmo tempo, espírito empreendedor e postura ética, sinto muito, não serve para atuar nessa área de expansão.

A outra é a capacidade de relacionamento. Você precisa ser bom negociador e sempre visar o melhor para a companhia. Deve também trabalhar com um olho em cada lado do balcão, pois ao mesmo tempo que busca o melhor negócio para sua empresa perante o parceiro externo ou dono de imóvel, não deve se esquecer de que a vida ao lado dele será longa e, muitas vezes, ela não se restringirá àquele contrato de compra e venda ou locação.

Certa vez, visitando um *shopping* no qual tinha interesse em instalar uma loja, fiquei surpreso com a fachada descomunal de uma rede de varejo que não é nosso concorrente direto. Provoquei o dono do empreendimento dizendo que ele estava me negando uma "fachadinha" de 20 e poucos metros e a tal loja tinha uma de mais de 60 metros.

Aí ele me disse, com voz até um pouco embargada, que quando precisou daquela rede, eles fizeram certas exigências para entrar no empreendimento à época e que, se fosse hoje, dez anos depois, certamente não atenderia. Aprendi uma grande lição com esse simples comentário: não adianta ser oportunista. Se o dono do *shopping* ou do imóvel de rua estiver precisando muito de você naquele momento, conseguirá arrancar dele o que quiser? Sim! Poderá até ser vitorioso naquele momento, mas a vida é longa e tudo tem volta. Meu conselho: deve-se buscar sempre o melhor para ambas as partes. Não tenha como propósito destruir a outra parte! Aproveitar as melhores oportunidades é diferente de ser oportunista. Maximizar o retorno do investimento da sua empresa, uma meta absolutamente legítima, é diferente de ser oportunista. Lembre-se que estará construindo uma relação de, no mínimo, uma década com aquele proprietário, seja do *shopping* ou de rua. Cada empresa ou pessoa tem a sua visão de mundo, mas a mim parece pouco sensato acreditar que uma relação Ganha-Perde seja boa no longo prazo, mesmo para o lado que ganhou no momento zero.

CRISE É SINÔNIMO DE APRENDIZADO

É razoável dizer que boa parte dos que trabalham com o varejo (lojistas, empreendedores, administradores de *shopping centers* etc.) surfou na onda da chamada "década de ouro do varejo".

Houve excessos na oferta de ABL. Alguns municípios passaram a contar com dois, três, até cinco *shoppings*, causando um fenômeno até então pouco experimentado pela indústria e, por isso mesmo, subestimado: a canibalização. Ajustes terão que ser feitos, tanto pela mão invisível do mercado quanto pela via da consolidação. É claro que é mais fácil ser "engenheiro de obra pronta" ou "vidente do passado".

Grandes empresas do varejo mundial, como Walmart, encerram periodicamente as unidades que não estiverem performando como o planejado. Apostas pressupõem erros. A 3M, por exemplo, é uma empresa de inovação, na qual erros são tratados como uma consequência natural do processo criativo. A falta de erros pressupõe ausência de apostas. Lembram-se quando eu falei que uma das características mais importantes para alguém de expansão é ter coragem de assumir riscos e a responsabilidade pelos riscos que assumiu?

Mas, reiterando, a indústria poderia ter sido mais cautelosa. Esse ensinamento que estamos tendo deve ficar registrado para embasar futuras análises. Essa é uma preocupação que também deve fazer parte do profissional de expansão, alimentar essa literatura interna, se esforçar para deixar explícito esse conhecimento. Devemos isso às nossas companhias.

E O FUTURO DAS LOJAS FÍSICAS?

É muito difícil fazer previsões. Volta e meia emerge a pergunta "será que o meio digital acabará com as lojas físicas?". A tecnologia tem modificado nosso comportamento. O *mobile* trouxe nova dinâmica na relação que temos com as empresas, entregando mais conforto e aumentando nosso alcance. Meses atrás, fiz o *check-in* de um voo internacional enquanto tomava café da manhã no hotel. Sei que isto não é nada diante de tudo o que temos hoje em dia, mas quando lembramos que, duas décadas atrás, os dedos ficavam vermelhos quando tínhamos de manusear os bilhetes aéreos da saudosa Varig, há de se convir que o salto é muito grande. Existem, porém, dois atributos das lojas físicas que, até onde minha vista alcança, o meio digital não substituirá: "experiência" e "satisfação imediata". As impressoras 3D podem pôr em dúvida esse meu prognóstico, mas ainda é cedo para ser conclusivo. Vamos aguardar.

Por outro lado, creio que o volume de novas lojas deve se estabilizar em patamar inferior ao que vínhamos experimentando até então. Paralelamente, o foco deverá ser melhorar a produtividade daquelas lojas que, por algum motivo, ainda não atingiram o nível esperado. Acredito que o departamento de Expansão pode ajudar a empresa a expandir seus negócios de duas formas: aumentando o número de lojas ou expandindo a venda por metro quadrado das já existentes. Neste último caso, atuando em parceria com a área de gestão de lojas.

O varejo brasileiro evoluiu muito nas últimas décadas. Antigamente, vinham para o comércio pessoas sem muita qualificação ou aquelas que ainda não tinham alcançado as posições que gostariam em outros segmentos. Nada mais distante da realidade hoje em dia, aliás, desde duas décadas atrás.

Impulsionado pelo crescente protagonismo que o varejo tem representado no Produto Interno Bruto (PIB) do País, os programas de *trainee* têm sido a principal porta de entrada para a carreira executiva nas principais empresas do setor. Foco no cliente, gestão voltada para os resultados, pleno conhecimento do setor e capacidade de execução são elementos condicionantes para o desenvolvimento da carreira desses jovens executivos.

Sendo o setor que mais emprega, tem sido cada vez mais protagonista na sociedade, o que o credencia a ter mais espaço nos fóruns de discussão nos poderes públicos. É necessário aprovar medidas que desatem as amarras que impedem o aumento da produtividade e, consequentemente, dificultam a competitividade do varejo brasileiro. Essa rápida e consistente transformação, aliada às reformas estruturais que esperamos venham em breve, levará mais empresas brasileiras a expandir suas operações para outros países. Mercado e disposição não faltarão. Mas esse já é um tema para outro livro!

VAREJO ALIMENTAR

Expansão com Paixão e Propósito

RENATA ROUCHOU

A história mostra que temos de nos apaixonar pelo que fazemos e sempre ver, em cada projeto, um propósito maior que o próprio projeto. Temos de ser sempre otimistas, visionários, inovadores e, sobretudo, acreditar. Se, após mais de 25 anos de atuação no varejo, eu imaginar que tenho uma experiência pronta nas áreas de franquia, expansão, alimentação, gestão, operações e marketing, é porque aprendi muito pouco.

Neste capítulo, vou compartilhar com você, leitor, um pouco sobre minha viagem pelo universo do varejo, franquia e *Quick Service Restaurant* (QSR)/*Fast Food*. Erros, acertos e, sobretudo, minha paixão por esse setor que exige inovação constante, muita capacidade técnica, planejamento estratégico, otimismo e grande dose de empreendedorismo!

DAS AULAS DE GEOGRAFIA À EXPANSÃO VAREJISTA

Sempre me encantei pelas aulas de geografia, especialmente quando o assunto envolvia mapas, atlas e geolocalização. Mas quando poderia imaginar que, por trás disso, estaria minha carreira profissional na área de expansão de redes de varejo de alimentação?

Estudei Administração, com especialização em Marketing, na Fundação Armando Alvares Penteado (FAAP), e logo consegui meu primeiro estágio em uma grande indústria de bens de consumo. Pouco tempo depois, fui efetivada e transferida para o setor de Controladoria que, confesso, não tinha muito a ver comigo. Mas, naquela época, ainda na faculdade, me inscrevi na Aiesec (da sigla em francês para *Association Internationale des Étudiants en Sciences Économiques et Commerciales*), uma associação estudantil para intercâmbio de estágios no mundo todo. Estava efetivada na empresa, quando surgiu uma oportunidade de estágio em Portugal. Contrariando os conselhos familiares, deixei o emprego garantido e aceitei o desafio. Foram seis meses em Portugal e oito na Inglaterra, onde, trabalhando em um restaurante, ouvi pela primeira vez sobre o conceito de *franchising*, durante os treinamentos da rede Taco Bell.

Em 1988, de volta ao Brasil, retornei à FAAP para fazer *networking* e retomar o contato com meus professores. Foi justamente em uma dessas conversas que começamos a reunir pessoas interessadas no assunto e a desenvolver alguns cursos de curta duração sobre *franchising*, conceito que estava engatinhando em solo brasileiro.

A Associação Brasileira de Franchising (ABF) havia sido criada recentemente, em 1987, com grandes líderes, entre eles Ricardo Young Silva, Marcus Rizzo e Marcelo Cherto. Cherto, aliás, lançou o primeiro livro sobre o assunto no Brasil, com o título *Franchising – Uma Estratégia de Marketing* (1988).

Além da FAAP, outros cursos na área foram ministrados na PUC-SP (na graduação de Administração), Mackenzie e na própria sede da ABF, em São Paulo.

Desde então, participei da abertura de mais de 550 lojas de redes de varejo de alimentação, como Swensen's, Casa do Pão de Queijo, Spoleto, Domino's Pizza, Koni Store, Starbucks e Havanna, viajando por este imenso Brasil e também para fora do país.

QUANDO A MÁGICA ACONTECE!

Nessas andanças, o que sempre chamou minha atenção foi a diversidade de países dentro de um só, revelando um mundo de oportunidades comerciais para as empresas. Mas, por outro lado, uma enorme necessidade de desenvolvimento profissional para as pessoas. Expandir negócios e pessoas, aliás, é a minha grande paixão.

Como profissional, sempre tive como missão, em cada uma das empresas em que atuei, fazer história e deixar marca de uma significativa expansão, de forma consciente planejada e vencedora. Sou empreendedora, sem necessariamente ter capital para empreender. Gosto de criar, seja um *layout* ou uma campanha de marketing, e abrir um mercado que é virgem para aquela marca ou negociar um ponto estratégico, e as áreas de franquia e expansão do varejo permitem que eu exerça essa magia.

Como ser humano, a maior missão na expansão das redes de varejo é gerar oportunidades. Em cada loja inaugurada, são cerca de dez novos empregos gerados. Então, já foram mais de 5 mil postos de trabalho criados, inúmeras horas de treinamento para equipes de lojas, muitos em seu primeiro emprego. Nas sedes das empresas franqueadoras, formamos jovens recém-graduados que, hoje, são gestores de outras marcas, até concorrentes, e tornaram-se excelentes profissionais e amigos há mais de 15 ou 20 anos!

Para mim, a grande realização é a possibilidade de empreender, ver a loja em pé, gerando emprego e compartilhando conhecimento. Quando você percebe que fincou as bandeiras daquela marca, em novos territórios, e que a ajudou a fazer história – uma história construída em grupo –, o negócio prosperando capilarizado, é quando a mágica acontece.

ANOS 1990 – CHEIRINHO DE PÃO DE QUEIJO SAINDO DO FORNO!

Em 1990, começou minha jornada de 17 anos, muitos erros e acertos, aprendizados e inovações, na Casa do Pão de Queijo. Mas, antes, proponho uma viagem no tempo para contextualizar aqueles que foram também os primeiros anos do *franchising* brasileiro.

A primeira operação internacional foi o McDonald's, no início da década de 1970, que chegou ao Brasil pelas mãos do empresário e empreendedor Peter Rodenbeck. O conceito de franquia tornou-se uma novidade para as redes de varejo de alimentação somente no final da década de 1980 e início de 1990. Para se ter uma ideia, em 1996, existiam apenas 109 empresas franqueadoras no setor de alimentação e *fast food*. Em pouco mais de uma década (2009) o número dobrou, chegando a 221 unidades. Em 2016, já eram 765 empresas franqueadoras de alimentação, segundo a Associação Brasileira de Franchising (ABF).

A média de lojas por franqueadora era de 18 a 20 unidades entre 1996/1997[1].

SETOR DE ALIMENTAÇÃO/FAST FOOD
Média de Lojas por Franquia

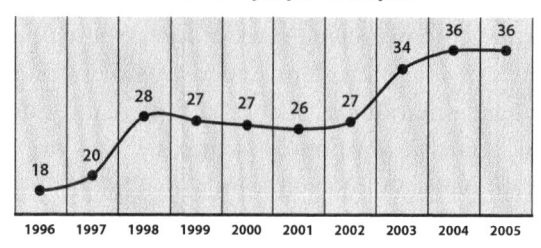

1996	1997	1998	1999	2000	2001	2002	2003	2004	2005
18	20	28	27	27	26	27	34	36	36

Fonte: © 2006 Rizzo franchise.

O faturamento saltou de menos de R$ 2 bilhões, em 1995[1], para cerca de R$ 40 bilhões, em 2016[2]. Segundo a entidade, do total de mais de 1 milhão de estabelecimentos que operavam no segmento de alimentação no País, em 2016, 31.064 eram unidades de franquias.

Crescimento das Empresas Franqueadoras Setor de Alimentação/Fast Food

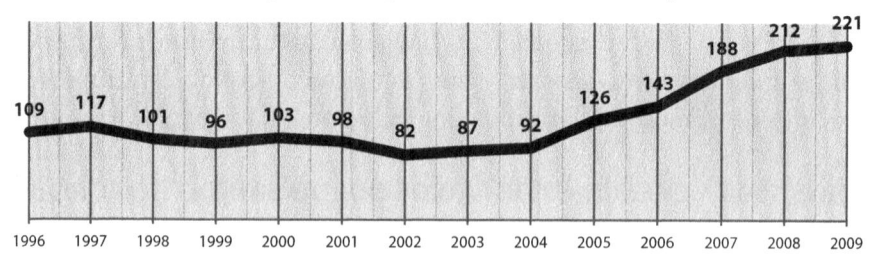

1996	1997	1998	1999	2000	2001	2002	2003	2004	2005	2006	2007	2008	2009
109	117	101	96	103	98	82	87	92	126	143	188	212	221

Fonte: © 2009 Rizzo franchise.

FATURAMENTO (Milhões)			
	2015	2016	% Variação
Brasil	139.593	151.247	8,3%
Alimentação	37.134	40.391	8,8%
% Participação	26,6%	26,7%	

REDES			
	2015	2016	% Variação
Brasil	3.073	3.039	−1,1%
Alimentação	750	765	2,0%
% Participação	24,4%	25,2%	

UNIDADES (Pr + Fr)			
	2015	2016	% Variação
Brasil	138.343	142.593	3,1%
Alimentação	28.537	31.064	8,9%
% Participação	20,6%	21,8%	

Fonte: Desempenho do Franchising 2016 – Associados e não Associados.

Em 1994, foi criada a Lei de Franchising, a 8.955/94. Em 1997, pela Câmara Setorial de Franquia, no Ministério da Indústria Comércio e Turismo (MICT), extinta nos anos 2000. Finalmente, em 2004, o Ministério do Desenvolvimento Indústria e Comércio Exterior (MDIC) instituiu o Fórum Setorial de Franquias.

Para citar algumas das redes franqueadoras da época, além do McDonald's, tivemos Bob's, Casa do Pão de Queijo, Rei do Mate, Spoleto, Mister Pizza, Dunkin'Donuts, Giraffas, KFC, Subway, Habib's, entre outros.

Algumas redes não foram bem-sucedidas em suas primeiras investidas no Brasil e voltaram, anos depois, corrigindo rotas. O *case* mais famoso foi o da Subway, que chegou Brasil em 1993, pelas mãos de um masterfranqueado que vendeu sub-regiões a diversos franqueados. Manteve menos de cinco lojas e quase desapareceu, amargando insucesso. Retornou ao país em 2002, e atualmente exibe rede com mais de 2 mil unidades, com a maior capilaridade nacional em varejo de alimentação.

O próprio KFC entrou no Brasil em meados de 1990 e depois retornou somente no final dos anos 2000, agora com muito sucesso. A Arby's operou durante anos em solo brasileiro, mas deixou o País há mais de uma década. Outro *case* muito interessante é o da Domino's Pizza, mas falaremos melhor sobre ele adiante.

Meu desafio na Casa do Pão de Queijo, nos anos 1990, foi iniciar a implantação da marca no mercado carioca. De um lado, tínhamos uma empresa franqueadora pequena, com apenas 22 lojas, gestão familiar e uma fábrica ainda artesanal, com produtos refrigerados. Do outro, uma jovem com experiência de dois anos de varejo e ousadia. Muita ousadia e um sonho grande de empreender dentro da empresa, pois, para mim, quem trabalha com expansão é, antes de tudo, um empreendedor nato. Quem nunca ouviu que "sonhar grande dá o mesmo trabalho que sonhar pequeno?". Por isso, leitor, meu conselho é "tenha uma ideia", um bom conceito em mãos e algo inovador junto com seu sonho empreendedor!

Naquele momento, o próprio sistema de franquia como forma de expansão já era grande inovação para as empresas de alimentação, que precisavam repensar seu *mix* com produtos congelados com *shelf life* longo, a distribuição por novos operadores logísticos com armazém central e caminhões de três temperaturas (seco/resfriado/congelado) para possibilitar a distribuição por todo Brasil.

A Casa do Pão de Queijo tinha sede em São Paulo, mas fui morar no Rio de Janeiro para desenvolver o mercado lá, onde só havia uma unidade. Ao longo do período em que trabalhei na empresa, abrimos mais de 80 unidades naquela praça e presenciamos a inauguração de muitos *shopping centers*, como o Shopping Tijuca, Shopping Grande Rio, Shopping Nova América, entre outros.

Optamos pelo sistema de lojas mistas, nas quais o franqueado operador entrava com 10% a 20% da sociedade e gerenciava a loja. Também tínhamos um sistema de franquia pelo qual fazíamos todo o processo – projeto, obra, contratação da equipe e legalização da empresa –, enquanto o franqueado estava em São Paulo, treinando.

Entregávamos a loja 100% pronta e abastecida e o resultado foi uma rápida expansão e a assertividade dos cronogramas de abertura. Entretanto, passado algum tempo, percebemos que nem sempre o franqueado desenvolvia a pró-atividade esperada.

O maior aprendizado dessa fase é que a relação franqueado-franqueador não pode ser revestida de paternalismo de ambos os lados – nem pela franqueadora, nem pela expectativa do franqueado. Muitos franqueados nunca tiveram negócios próprios, sempre foram empregados ou executivos, acostumados a terem estruturas de suporte de suas empresas. A falta de experiência no segmento nem sempre é a grande dificuldade que eles enfrentam ao assumirem suas franquias, mas, sim, a falta de vivência como empreendedor e protagonista de seu próprio negócio.

Casa Pão Queijo - Rua Sete de Setembro - Rio Janeiro - década 90.

O maior desafio foi atender a demanda de candidatos para a franquia, o ritmo das inaugurações e estruturar uma franqueadora, "fazendo manutenção de um avião em pleno voo". A rede, ainda familiar, passou rapidamente das 22 unidades, para mais de 225 unidades no Brasil, tendo recebido diversos prêmios da ABF e reconhecimento como uma das marcas mais desejadas pelos candidatos a franquia. É fundamental lembrar que quase não havia literatura na área de *franchising* no Brasil, muito menos profissionais com experiência nas áreas de franquia e varejo de alimentação QSR (*Quick Service Restaurant*). Nossa vida não era fácil como hoje.

> **Pausa para o café (O surgimento dos novos formatos)**
>
> Para a nova geração de apaixonados pelo varejo, aqui vai uma curiosidade: em 1991 só havia três pontos de venda de café expresso no Rio de Janeiro – os Vienas. Pode até parecer engraçado hoje, mas a introdução do café expresso foi uma inovação de produto no mercado brasileiro, assim como a gradual substituição de sucos de frutas naturais feitos na hora, a padronização de sanduíches, o congelamento pelo sistema de criogenia, a substituição dos tíquetes refeição em papel pelos cartões e por aí vai.
>
> Foi nesse momento que o varejo de alimentação começou a se organizar em redes e conceitos, como *casual dining*, *fast food* ou QSR, *snacks* e cafeterias.
>
> Criaram-se diversos formatos de loja, entre eles, *stand-alone* (a clássica loja de rua independente), *drive-thru* e *store in store* (loja dentro de outra loja, como cafeterias dentro de livrarias).
>
> Naquela época, também aprendemos, por erros e acertos, a diversificar a escolha do ponto, especialmente nos *shoppings*, já que percebemos que o consumidor de cafeterias e *snacks* consumiam em horários do dia diferentes do fluxo da praça de alimentação e que não fazia mais sentido instalar tais negócios na praça.
>
> A modelagem ia de loja própria, loja franqueada, sociedades mistas de cotas (10% a 20% cada sócio e um sócio operador), sociedades com participação do franqueador, só para citar algumas. Nesse período, acreditava-se no modelo de franquia individual e o lema franqueado era "barriga no balcão".
>
> Iniciaram-se os modelos de masterfranquia internacional, que foi o início de muitas marcas no Brasil – um parceiro brasileiro representando a marca e sendo responsável por sua expansão, tais como Swensen's Sorvetes e Dunkin Donut's.

Modelo *store in store* na década de 90 - Saraiva MegaStore–RJ.

ANOS 2000 – COLOCANDO MAIS FERMENTO NO BOLO!

Na virada do milênio, a Casa do Pão de Queijo já contava com lojas pelo Brasil em diversos *clusters:* lojas de rua, *shoppings*, galerias de supermercados, aeroportos, livrarias, *store in store* com lojas de material de construção, parcerias *store in store* com Lojas Americanas, lojas em postos de gasolina, hospitais, estúdios de TV etc. Acreditem, até *pop up stores* fizemos no Shopping Grande Rio. Montamos uma lojinha durante as obras da implantação do *shopping*, para suprir a demanda dos lojistas (e nem sabíamos que poderia se chamar *pop up store* – será que era?).

Se formos falar em inovação, formatos e *clusters*, a Casa do Pão de Queijo certamente foi totalmente inovadora na época e conseguiu imprimir um diferencial incrível!

Tanto que um novo período no varejo de alimentação brasileiro teve início quando 70% da rede foi adquirida pelo Banco Pátria (fundo de *private equity*). Estamos falando dos anos 2000/2001, período marcado pela entrada dos fundos de investimento em empresas de médio porte do setor de alimentação. Vou citar o exemplo da Casa do Pão de Queijo, pois o vivenciei, mas muitas outras empresas tiveram aporte similares naquele período. A transformação da empresa teve início com o grande investimento na nova fábrica, com capacidade produtiva para viabilizar a expansão do negócio na década seguinte. Voltei para São Paulo. Houve a troca de quase toda equipe profissional (somente oito dos 80 funcionários permaneceram) e a implantação de comitês e sistema de gestão por indicadores e KPI's (*Key Performance Indicators*), um cenário muito diferente da administração anterior. Um choque de cultura e gestão, no início muito difícil de absorver, mas que hoje considero o melhor aprendizado profissional recebido.

Se, depois de todo este processo, eu puder fazer uma ressalva, diria que o maior ponto de atenção que empresas/fundos ou a entrada de novos sócios-gestores devem considerar é sempre com relação à nova cultura. Ou a integração das diferentes culturas.

Os executivos passam a vivenciar a nova cultura 24 horas por dia e rapidamente se adaptam (ou saem). Mas os franqueados, que estão na ponta do varejo e não convivem com esse novo conceito tão intensamente na sede, encontram mais dificuldade de adaptação. Devemos estar atentos às diferenças na velocidade do campo e criar previamente os instrumentos de integração e comunicação mais frequentes – seja por meio de convenções, encontros trimestrais, "fale conosco", intranet, portal etc., sempre priorizando o aumento da frequência de acesso e proximidade com os franqueados.

Ruídos de comunicação estão presentes em qualquer estrutura empresarial, seja ela de lojas próprias ou franquias. Em uma franqueadora, zelar pela comunicação é fundamental. Em uma empresa com um fundo de investimento ou que acabou de fazer fusão de marcas, a integração de culturas deve ser sempre cuidadosa e prioritária. Devemos lembrar que, até pouco tempo, os franqueados tinham acesso diretamente ao fundador da empresa e muitas decisões e concessões aos franqueados eram tomadas com base em relacionamentos pessoais. Com a entrada dos fundos de investimento, o negócio passa a ser gerenciado por indicadores. De um dia para o outro, a empresa precisa adotar um novo modelo de relacionamento com o franqueado e perde agilidade, pois passa a ter uma rotina mais complexa para a tomada de decisão.

Por isso, após essa experiência, sugiro sempre uma reflexão sobre dois pontos essenciais para o sucesso da operação: 1. Quem vai gerir o negócio é o fundo ou ainda o fundador, que ficou como sócio e conhece bem o *business*?; 2. Qual é o plano de expansão que vem após a entrada do fundo: agressivo? Devemos ter muito cuidado para não desequilibrar as margens, tanto do franqueador como do franqueado, esta última, aliás, muito mais delicada!

A entrada do Banco Pátria propiciou o crescimento da base de franquias da Casa do Pão de Queijo para mais de 400 lojas no Brasil e a criação de um novo canal de distribuição na empresa, por meio de licenciamento: as torres de pão de queijo. Em apenas sete anos, a empresa tinha, além das lojas, mil pontos de torres de licenciamento. Mais uma inovação no período: a administração de dois canais de distribuição (franquias e licenciamento dentro da empresa de alimentação). Foi necessário estabelecer limites e características claras para evitar conflito de canais. As torres comercializavam *mix* de produtos menor que as franquias, eram instaladas onde não havia "*full*" potencial para uma franquia plena e apenas com contratos de licenciamento de marca, sem a mesma prestação de serviços de uma franqueadora. Realmente um *upgrade* para toda a empresa.

Fábrica da CPQ Brasil - Itupeva - após a entrada do Banco Pátria.

Consolidação

Outro movimento que acompanhamos, após a entrada dos fundos de investimento, foi o de consolidação das redes de varejo de alimentação.

"Grupo Trigo, com suas três marcas e quase 630 lojas no Brasil, iniciando operação nos Estados Unidos. Grupo TrendFoods, com as marcas China in Box e Gendai e a participação do fundo de investimento Laço Management, chegando a 215 lojas. O Grupo IMC, com a participação do Advent, e suas marcas Viena, Frango Assado, Batata Inglesa, RA, RedLobster e suas 380 lojas próprias. Halipar Holding, com o fundo G-5 Evercore Private Equity, e as marcas Griletto, Montana Grill, Jin Jin, totalizando 350 unidades, entre outros."[3]

(Fonte: Exame.com - 03/02/2016)

Não podemos ser apenas multicanais, mas uma coisa só!

Hoje, fazendo um paralelo, acho que não podemos pensar em apenas ser multicanais. Como se o multicanal tivesse acabado, quando, na verdade, ele é uma coisa só. O cliente o acessa de onde quiser. O consumidor não vê canais, mas a marca. A loja é onde se entrega o valor, mas a marca precisa estar *on-line*. Segundo informações do Google, durante a convenção da National Retail Federation (NRF), em Nova York, em janeiro de 2016, 93% das vendas ainda serão *off-line*, mas 70% delas serão influenciadas pelo digital.

É difícil medir de onde veio o início da compra, da pesquisa, do contato inicial com a marca. A NYX Cosmetics, por exemplo, desenvolveu toda sua campanha com o Instagram. A própria Natura também já passou a utilizar o Instagram para vender produtos[4].

Precisamos ter em mente que 86% dos *Millennials* usam *smartphones* para fazer compras e eles já são 20% da população. Ou seja, estamos falando *on-line*, mas via celular. Se buscamos inovação no varejo de alimentação, temos de passar pelo celular. Hoje, todas as redes de alimentação precisam estar atentas não só aos seus projetos arquitetônicos, lojas, operações e produtos, mas nas inovações que o mercado pode oferecer para sua rede. Só para citar alguns exemplos, temos os aplicativos para celular como o Uau-Fi, que trabalha com algoritmo diferenciado e conexão automática à internet. É o único aplicativo mutável que se transforma no app do local, assim que você chegar no estabelecimento. Ao se conectar a ele, o cliente tem acesso à sua internet, seu cardápio, seu programa de fidelidade, pesquisas *on-line*, promoções, enfim, marketing direto.

Já temos aplicativos com sistemas de pagamento *on-line* via celular, para redes de alimentação no exterior sendo implantados aqui no Brasil. Desde janeiro de 2016, a Starbucks lançou o app, disponível para aparelhos Android ou IOS, que permite pagamentos no *smartphone*, bem como encontrar lojas próximas. O pagamento móvel representa mais de 20% de todas as transações nas lojas da companhia nos Estados Unidos. São 7 milhões de pagamentos por semana naquele país. No Brasil, por enquanto, o app da Starbucks ainda não permite que o cliente realize seus pedidos à distância, mas ele pode pagar utilizando o Starbucks Card.[5]

2007 – DIVERSIFICANDO O CARDÁPIO

Após minha jornada na Casa do Pão de Queijo, com o aprendizado da expansão de quase 400 lojas, resolvi partir para o Grupo Trigo, proprietário das marcas Spoleto, Dominós Pizza e Koni Store, no ano de 2007. Minha primeira missão foi realizar o mapeamento e planejamento de expansão.

Cada uma das marcas do grupo possui características distintas e de localização e, na época, tinha perfis de tamanho de rede muito específicos. Naquele ano, a Spoleto contabilizava cerca de 180 lojas abertas, sendo 85% instaladas em *shoppings* e o restante em lojas de rua, concentradas na região Sudeste, mas já espalhados pelo Brasil.

A Domino's Pizza estava em sua terceira gestão no Brasil, após a primeira tentativa com parceria com a Coca-Cola e a segunda entrada, com o masterfranqueado mexicano Grupo Alsea. Em 2005, a marca foi adquirida pelo Grupo Trigo e, em 2007, já contabilizava 35 lojas de rua abertas.

Já a Koni Store era uma temakeria recém-adquirida, com menos de 12 unidades concentradas no Rio de Janeiro e em Brasília.

Começamos com um planejamento estratégico para cada marca. Para Spoleto, fizemos o mapeamento de todos os *shoppings* no Brasil para escolher as melhores praças de alimentação (tanto nos existentes como nos em construção).

Como a Domino's era composta por lojas de rua com serviço *delivery*, mapeamos todas as cidades com "X" mil habitantes com potencial para marca. Nessas cidades, identificamos quantas lojas poderíamos ter, com base nas métricas fornecidas pela matriz americana (a cada raio de "X" mil domicílios caberia uma loja potencial), respeitando as devidas diferenças de renda entre os dois países.

Já para Koni Store, o Grupo Trigo apostou na criação de novos produtos, transformando a temakeria em um QSF (*Quick Service Restaurant*) japonês de qualidade, que pudesse ser sucesso tanto na praça de alimentação do *shopping* quanto em uma loja de rua ou em outros formatos.

A grande inovação e aprendizado aqui foi a necessidade de planos de expansão estratégicos diferenciados para cada uma das marcas. Pode até parecer óbvio, mas no dia a dia operacional, muitas redes de varejo de alimentação deixam de fazer planos de expansão definidos com mapeamento. O crescimento de tais redes se dá muito mais pela demanda de candidatos do que pela gestão estratégica da franqueadora. Claro que isso não impede a expansão da rede, mas certamente prejudica a eficiência da operação, seja impactando as rotas dos consultores de campo ou dos caminhões de logística, seja, principalmente, no posicionamento da marca. Uma vez que a marca abriu sua loja em um ponto mediano, em um *shopping*, uma rua errada ou um quarteirão ruim, ela perde a oportunidade futura de se instalar nos pontos excelentes. A migração para os melhores pontos sempre será onerosa, demandará tempo e perda de receita. Por isso, o planejamento de expansão demanda ferramentas de *geomarketing*, pesquisas de origem-destino dos consumidores das lojas atuais e toda parametrização necessária para encontrar métricas ideais de projeção de futuras lojas com desempenho acima da média das lojas existentes.

Outra grande experiência que eu tive durante os cinco anos dedicados ao Grupo Trigo foram a criatividade e a velocidade na busca de soluções. A marca Spoleto, por ser a maior do grupo, gerou oportunidades de negócios para as demais, seja no compartilhamento de serviços da franqueadora, multiplicação de franqueados multimarcas do grupo ou no maior peso de discussão com os empreendedores de *shopping centers*.

Se quer resultados diferentes, faça diferente!

O Grupo Trigo fez o *turnaround* da Domino's no Brasil, iniciando a expansão da marca do Norte/Nordeste para o Sudeste, já que o histórico das duas entradas anteriores da marca no eixo Rio/São Paulo não havia sido bem-sucedido.

Uma característica para aquela região foi a necessidade de um salão de atendimento para uma marca tipicamente de *delivery*, uma vez que a região carecia de pizzarias. Feito!

Por demanda de um franqueado, que enxergou uma nova oportunidade de instalar um *corner* Domino's dentro da sua loja Spoleto em um *shopping* de perfil popular, foi realizado um projeto específico para ele, com as aprovações da Domino´s Internacional – e deu certo! Até aumentou o faturamento do outro lado do balcão, para a Spoleto.

A partir dessa experiência, desenvolvemos o formato compartilhado Domino's/Spoleto no mesmo espaço de uma loja na praça de alimentação do *shopping* (conceito de *store in store*). Apesar de ser uma marca tipicamente *delivery* nos Estados Unidos, a Domino's no Brasil também se transformou em uma pizzaria, com pizza no balcão, fatia e brotinho.

Rapidamente, mais unidades eram inauguradas e, entre 2007 e 2012, a rede contabilizava quase cem contratos assinados no Brasil.

Cabe lembrar que, além da expansão, o Grupo Trigo atuou fortemente na operação e gestão de lojas próprias e franqueadas, com plano de metas e meritocracia bem definidos, bem como também trabalhou com indicadores de gestão.

Em 2015, a Domino's implementou seu *e-commerce*, colocando no ar um *site* exclusivo para entrega. Além do serviço *on-line*, o cliente pode personalizar os ingredientes da pizza. O *site* ainda informa a previsão de tempo de cada entrega.

Temos aqui a inovação completa: produto diferente, preço justo e posse acessível. O cliente participa da criação do produto personalizado, da cocriação. Essa customização faz o consumidor sentir-se especial e se conectar à marca. Hoje, o cliente precisa participar do processo de compra, *on-line* ou na loja física, para se fidelizar à marca. O Grupo Trigo desenvolveu um aplicativo para pedidos no celular nos sistemas IOS e Android que já responde por metade das vendas da Domino's no Brasil!

Formato compartilhado Domino's /Spoleto em *shoppings* e lojas de rua.

Mas a inovação não precisa estar ligada somente à tecnologia. No período de 2009 a 2011, foi desenvolvido o projeto de sustentabilidade em toda a rede Spoleto, envolvendo três pilares: econômico, social e ecológico. Entre vários itens, lembro da troca do fogão a gás pelo elétrico, que impactou na melhoria da qualidade do trabalho para equipe e no ganho de 5% de lucratividade para o franqueado. Ao deixar de usar gás, as panelas não se queimavam e não era mais necessário usar produtos químicos (desincrustantes) para limpeza, gerando economia de água na lavagem, tornando o trabalho humano mais fácil e sem riscos. Foi uma inovação operacional que gerou receita e reconhecimento para a marca.

Até a Koni Store ganhou um app (Go Koni) e também oferece o serviço *delivery on-line*.

Atualmente, o Grupo Trigo soma cerca de 635 lojas no Brasil, sendo 102 Koni Store; 183 Domino's Pizza; 350 Spoleto; e algumas lojas Spoleto nos Estados Unidos[7].

2013 – EU E O CAFÉ AMERICANO NO BRASIL

Depois da experiência de empresas de médio porte, atuei na Starbucks Brasil, uma rede de varejo alimentar multinacional, com mais de 22 mil lojas pelo mundo. O grande diferencial da marca é sua força e reconhecimento do público. Tem inovação como seu ponto forte, pois seu conceito de ser o "terceiro lugar, depois de sua casa e seu trabalho", oferece uma experiência única ao consumidor – um lugar para estar, não necessariamente para comprar. Primeiro, o cliente se conecta à marca, depois, ele compra. Na Starbucks, o consumidor também participa do processo de cocriação do produto ao personalizar suas bebidas. A rede também já aposta no *mobile*. No Brasil, oferece o aplicativo de pagamento no celular. Mas nos Estados Unidos, o cliente pode pedir *on-line* e à distância e não é necessário sequer passar pelo PDV (ou caixa) – vai direto ao balcão e retira sua bebida, com seu nome no copo. Inovação total.

Sua arquitetura também é característica. Embora todas as lojas tenham a identidade da grife, nenhuma é igual a outra. O de*s*ign é cuidadoso e tem aspectos de cada região para criar conexão com a personalidade local. Como toda marca internacional, carrega seu forte conceito de *brand*, mas precisa traduzir essa imagem no Brasil, fazendo algumas adaptações ao mercado brasileiro. Há sempre uma linha tênue entre o conceito da marca e a regionalização, com eventual introdução de produtos brasileiros no *mix* de produtos originais da marca.

O grande desafio das marcas internacionais por aqui é replicar o sucesso mundial, considerando as características do Custo Brasil, o preço da importação de insumos e equipamentos para varejo de alimentação.

Nem todos os insumos estão disponíveis no mercado nacional e precisam ser adquiridos via importação, ficando sujeitos à variação cambial. O mesmo vale para equipamentos e peças de reposição. As marcas internacionais jamais podem trabalhar com padrão de qualidade diferente no Brasil. Equilibrar qualidade e preço com variação cambial nem sempre é uma tarefa muito simples. Como também não é tão simples equilibrar o percentual de produtos importados e nacionalizados, com a vertente de qualidade e *ticket* médio.

Tais marcas também são vistas como as líderes em suas categorias, em todos os sentidos, inclusive como balizadores de preço final ao consumidor. O maior cuidado é estabelecer o preço justo dos produtos ao consumidor, condizentes com sua imagem e que, ao mesmo tempo, propiciem o retorno dos investimentos da marca internacional em suas unidades de varejo alimentar (capex x receita x *payback* – resultado operacional x ROI).

Não menos importante, com a importação, ainda temos o desafio do *shelf life* do produto x barreiras e *timing* de importação, além do custo propriamente dito.

A grande vantagem é que as marcas internacionais são sempre desejadas pelos consumidores e, portanto, com negociações sempre positivas com os empreendedores de *shopping centers* e proprietários de imóveis de rua, com relação aos custos de locação.

Check-list: As 8 características fundamentais para uma expansão saudável

Quando o varejo alimentar se organiza em redes de franquia, existem algumas características fundamentais para o sucesso da operação, na minha opinião:

1. TRANSPARÊNCIA na relação franqueador-franqueado. A relação tem de ser "ganha-ganha" para construir um relacionamento duradouro.
2. RELAÇÃO NEGOCIAL entre franqueador e franqueado. O franqueador sempre pensa de modo estratégico, na proteção e na imagem da marca. O franqueado pensa, na maioria das vezes, em sua própria unidade. A relação deve ser negocial para se chegar a objetivos em comum.

3. APOIO do franqueador na negociação da locação com empreendedores de *shopping centers* e locadores em geral. É fundamental a experiência com as regras de locação comercial, dos indicadores de custo de aluguel, condomínio e fundo de promoção por metro quadrado, por região e por empreendedor.
4. ESTABELECIMENTO DE MÉTRICAS claras para a aprovação de um bom ponto comercial, seja por características básicas de um *check-list* (visibilidade, acessibilidade etc.), questões técnicas (metragem mínima, disponibilidade de energia, entre outras), como indicadores de potencial de consumo com base na estatística das lojas da rede existentes, contagem de tráfego x percentuais de captação de pedestres (compras de impulso) etc. Não basta *feeling* para aprovação de um ponto comercial.
5. CONSCIÊNCIA de que não existe DRE (Demonstrativo de Resultados) único, devido às diferenças regionais do Brasil. Aqui, há de se considerar variações salariais dos sindicatos por região, custos de frete de acordo com a distância, custos diversos de locação, com base na região geográfica e impostos/substituição tributária. A impossibilidade de alinhamento único levou muitas redes de alimentação a trabalharem com bandas de preço pelo país (mínima/média/máxima), a fim de viabilizar resultados similares pelo território, bem como a utilizar diferentes tabelas de custos de produtos (franqueadores com indústria ou com distribuidoras de produtos.)
6. DIFERENÇA DE ESTRUTURA E PRESTAÇÃO DE SERVIÇOS dos franqueadores de acordo com seu porte. O franqueado não pode ter as mesmas expectativas de uma rede com 50 unidades, que teria de uma rede com 500 unidades. É o que eu chamo de ônus e bônus da capilaridade e porte das redes de franquia. Redes menores têm o bônus de oferecer melhores territórios e *shoppings* ainda disponíveis, bem como possibilidade de crescimento do número de unidades para os mesmos franqueados. Mas, inicialmente, têm o ônus de não ter toda estrutura de serviços pronta. E vice-versa. Grandes franqueadoras já possuem toda estrutura de serviços de treinamento, implantação, marketing, consultoria, logística, P&D, mas não oferecem as mesmas possibilidades de crescimento.
7. FRANQUIA INDIVIDUAL já não é o melhor caminho. O ideal é pensar em multifranquias ou multiunidades, nas quais o franqueado se torna empresário e faz a gestão. Deixa de ser "barriga no balcão", multiplica

sua possibilidade de ganhos e minimiza riscos de uma única unidade. Um franqueado pode se tornar multifranqueado a médio prazo, mesmo sem ter o capital inicial para isso, já que existem linhas de crédito acessíveis de muitos bancos, com taxas viáveis e acordos com as franqueadoras. Uma seleção correta de franqueados é condição fundamental para o sucesso futuro da uma rede.

8. ACORDO COMERCIAL para o franqueado entrar na rede. O ideal, se quiser sair, seria por um novo acordo. Qualquer via jurídica, ainda que Câmara de Arbitragem ou justiça comum, gera desgaste emocional ao franqueado, despesas financeiras e tempo. O franqueador perde em imagem e gastos (embora, às vezes, a via jurídica seja inevitável). O contrato de franquia é de suma importância e deve estar muito bem redigido e assinado, assim como toda a relação franqueador/franqueado devidamente documentada (incluindo visitas dos consultores, atas de reuniões, eventuais concessões temporárias etc.).

> ### Otimismo para o segmento de QSR
>
> Apesar da grande crise no período de 2015/2016, o setor de *fast food* conseguiu inaugurar 630 lojas no ano passado e cresceu 11%. Segundo pesquisa da Geofusion, companhia especializada em inteligência de mercado, foram fechadas apenas 57 lojas do setor. Embora o crescimento tenha sido menor que 2014 (18%) e 2013 (20%), continuou com dois dígitos, o que foi bastante expressivo, se comparado a outros setores, alguns com crescimento negativo. O levantamento considerou as redes Subway, McDonald's, Burger King, Bob's, Spoleto, Habib's, Giraffas, Pizza Hut e KFC[9].
>
> Em se tratando de varejo de alimentação, existem vantagens importantes a serem considerados no segmento de QSR:
>
> **BAIXO TÍCKET MÉDIO** – São os menos afetados pela crise. Podem até perder um pouco do faturamento quando há menor frequência de consumidores no *shopping*, mas o público consumidor continua se alimentando e recebe parcela de público que substitui o consumo de alimentação de restaurantes de *ticket* médio alto (*downgrade* de consumo).
>
> **FLUXO DE CAIXA DESCOMPLICADO E COM BAIXO RISCO DE CRÉDITO** – Alimentação não trabalha com coleções e grade de tamanhos. Sofre com parte de produtos perecíveis e *shelf life*, mas se beneficia de grande parte dos produtos ser congelada. Os pedidos são semanais ou quinzenais, com

> pagamento faturado em 30 ou 45 dias. Já o recebimento dos clientes é à vista, D+1 (cartão de débito) ou cartão de crédito sem parcelamento, portanto, fluxo de caixa positivo.
>
> **RESILIÊNCIA** – Mesmo em momento de baixo consumo, em crises econômicas, é o segmento que, junto com o setor farmacêutico, é o mais resiliente. As famílias podem circular nos *shoppings* até sem comprar, mas não deixam de fazer uma refeição na praça de alimentação ou uma parada na cafeteria ou *snack*.
>
> Vejam que a crise pode apresentar boas oportunidades de expansão, de locação a preços menores, base essas que durarão pelo cinco ou dez anos do contrato de locação, viabilizando os percentuais ideais de lucratividade. Inovar também é isso!

CRIANDO O FUTURO DE OLHO NAS TENDÊNCIAS

O varejo alimentar acompanha as tendências do varejo brasileiro e mundial. Temos de estar ligados às tendências e necessidades dos nossos consumidores, que demandam cada vez mais por conveniência e tempo. Não é à toa que as lojas de conveniência de postos de gasolina se multiplicaram exponencialmente e se profissionalizaram, a ponto de criar diversificação de serviços[8].

Mas, a maior tendência e competição, hoje, não são as redes concorrentes. São os movimentos disruptivos que aparecem rapidamente como ameaças ao segmento convencional. Por exemplo, Airbnb, no setor de hotéis e Uber, no de táxis.

A novidade disruptiva que integra logística e alimentação é o UberEats, serviço que entrega comida na casa/escritório dos clientes[10]. O aplicativo é autônomo e foi lançado na App Store e na Google Play Store. Atenção redes de varejo alimentar no Brasil: estejam prontas para mais essa inovação e parceria. Ela alterou todos os serviços tradicionais de entrega e *delivery* e outros, como IFood e Spoonrocket. E, falando em disrupção, a Amazon revolucionará o varejo de alimentação.

Inovação não tem limites, nem o dinamismo do varejo. Procure no YouTube o *Open Table Taste*. O consumidor abre as fotos de produtos alimentícios e, ao lamber a tela do celular, sente o gosto de cada produto (*Lickable Photos*). Não sei se funcionará comercialmente, mas é pura inovação[11].

Enfim, para se manter líder, não basta ser atual. É necessário inovar e estar atento às disrupturas criadas no mercado. A riqueza de nossas experiências neste livro nos faz pensar que, em varejo, tudo é possível. Você precisa gostar do que faz, mas sempre acreditando que é possível. Seja um otimista incansável, um apaixonado por varejo e um inovador curioso. Com razão e emoção, para continuarmos a expandir o varejo de alimentação em nosso País. Mas, lembre-se: o varejo não é improviso, é técnica, planejamento e relacionamento. É a arte de construir pontes entre as pessoas!

Se esse é o final da história? Agora vou pegar o avião para ver mais novidades... e já volto para o próximo capítulo!

Bibliografia:

1. Marcus Rizzo Consultoria.
2. Associação Brasileira de Franchising/ABF, Desempenho do *Franchising* (2016).
3. Exame.com, 03/02/2016.
4. Site da Sociedade Brasileira de Varejo e Consumo/SBVC (25/05/2016).
5. Exame.com (14/01/2016).
6. www.tecmundo.com.br (14/03/2015).
7. Referência CEO/Grupo Trigo (21/04/2017).
8. Boletim *on-line* SBVC (25/05/2016), *Posto Ipiranga mostra como crescer em meio à crise - One Stop Shopping.*
9. Revista NoVarejo (25/05/2016). https://youtu.be/5JV_hzOdoSU
10. www.tudocelular.com (21/01/2016).
11. https://youtu.be/5JV_hzOdoSU, Introducing Open Table Taste (2016).

Uma Ideia "Dentro" da Caixa

ROBINSON SHIBA

Quando pensei em vender comida chinesa dentro da caixinha, essa ideia me perseguia como quem dissesse: "se você não me der vida, alguém dará".

Assim como na vida, nos negócios as ideias precisam sair do papel. É só assim que elas podem ser testadas e fazer parte da história.

Só que tirar uma ideia do papel nem sempre é tão simples quanto parece. Se estamos falando do mercado de *food service*, existem inúmeros fatores que podem fazer a coisa dar ou não certo. Quem conhece o Gendai e o China in Box sabe dos meus *cases* de sucesso. No entanto, não é só de sucesso que vivo – já trilhei caminhos que me levaram ao fracasso financeiro e profissional. Esses caminhos me fizeram aprender muita coisa que aplico hoje em meus negócios. Não estamos falando de matemática pura. As variáveis são grandes, o mercado muda, os hábitos de consumo também. Quem não está atento, acaba perdendo espaço.

No entanto, eu sempre soube que a ideia do Yakissoba era boa. E também sabia – não me pergunte como – que se eu não fosse rápido, aquela ideia não valeria de nada. Até hoje costumo dizer para as pessoas que, se existem uma ideia e uma certeza, que sejam ouvidas, porque ali pode haver um terreno fértil para a prosperidade.

QUEM NÃO SE ARRISCA...

Os filmes americanos mostravam cada vez mais aquela realidade: os policiais comiam macarrão quentinho entregue em um pequeno *box*. Eu percebia que no Brasil aquilo tinha tudo para dar certo. Na época, só existia *delivery* de pizza – e por mais que pizza seja gostosa, já estava na hora de se criar mais opções.

Ao mesmo tempo, eu percebia um movimento crescente de mulheres no mercado de trabalho. Isso deixava claro que as pessoas estavam cada vez com menos tempo de fazer comida em casa. Minha mulher também acabara de se formar na Fundação Getúlio Vargas (FGV) como administradora de empresas e trabalhava em um grande banco e sentíamos na pele a dificuldade de gerir uma casa, fazer comida e sair para trabalhar todos os dias.

As mudanças sociais e econômicas pareciam contribuir para o crescimento no consumo por alimentação fora do lar. Se hoje falamos em 52 milhões de brasileiros que chegaram à classe C, o aumento da participação da mulher no mercado de trabalho e a redução da mobilidade urbana contribuíram para um crescimento de 10,5% no somatório de despesas com alimentação fora do lar. Em 2013, os dados apontavam que esse mercado movimentava R$ 340 bilhões por ano. Se todo mundo queria uma fatia dele, quando percebi que ele seria atraente, não deixei que a oportunidade passasse.

Mas estávamos em 1992 e as poupanças dos brasileiros tinham acabado de ser congeladas e a inflação estava a 100%.

O cenário não poderia ser pior. Mesmo assim, arrisquei. Eu sabia que o *food service* cresceria, mesmo sem conhecer o termo. Todo mundo precisava comer, as pessoas não dispunham de tempo para preparar as refeições e eu tinha a solução perfeita.

... NÃO PETISCA!

Minha ideia era fazer algo novo. Só que para fazer algo novo, eu precisava conhecer tudo que já existia no mercado. E, em pouco mais de um mês eu já tinha experimentado todos os Yakissobas da cidade.

Quando conto como começou essa jornada, não canso de repetir que não existe fórmula de sucesso onde existe preguiça. Muita gente se empenha em desenhar sonhos e planos de negócio que ficam só nos planos. Ou então, não buscam entender o mercado que se forma, ou os hábitos de consumo de quem se pretende conquistar.

Eu, sem um *business plan*, entrava em campo diariamente, simplesmente para observar aquele mercado que eu desconhecia, mas do qual queria fazer parte. Pode parecer fácil quando vemos uma trajetória completa, mas quando destrinchamos cada dia que fez parte da construção de uma história, percebemos que pequenos detalhes fazem a diferença na vida de um empreendedor.

Eu ficava diariamente pensando em como oferecer o melhor. Ainda não tinha começado, mas sabia que cada passo me levaria à realização do meu sonho. Quando se tem um sonho, você precisa engajar outras pessoas nele. E eu sabia fazer isso.

Embora eu não soubesse, o Robinson empreendedor já tinha nascido.

MENTALIDADE VENDEDORA

Longe de ser apenas um simples sonhador, eu já transmitia os valores da minha visão e fazia com que todo mundo acreditasse naquilo que nascia comigo. Sem saber o que era *mindset*, eu já criava uma mentalidade vencedora. Sem imaginar quais eram os princípios da mente mestra, eu já fazia as pessoas que estavam no jogo comigo entrarem em campo para ganhar ao meu lado.

Quem olha para a oportunidade e consegue multiplicar essa força, emitindo uma energia positiva capaz de trazer bons resultados, já entra em campo muito mais preparado do que quem duvida de si mesmo ou tem medo do fracasso. Eu entrava em um mercado já acompanhando a mudança nos hábitos de consumo dos brasileiros. Assim que começou o China in Box eu surfava em uma onda gigante que estava começando a se formar, já que eu seria o pioneiro dos *deliverys* no Brasil que trouxessem algo que não fosse pizza. Na época, era comum ter o telefone do Disk Pizza afixado na geladeira para emergências ou para as reuniões de família. Só que eu achava que o brasileiro pedia mais e merecia algo diferente do que era apresentado.

Quando trouxe a ideia dos Estados Unidos, de vender macarrão dentro de uma caixinha, queria levar mais que praticidade. Queria implementar um novo estilo de vida. É curioso quando percebemos certas tendências de mercado e as acompanhamos rapidamente. Na vida de um empreendedor, um dia ou um mês pode representar um sucesso ou um fracasso. Em um mercado que muda constantemente, chegar na frente pode ser determinante.

Se na minha geração, os jovens consumiam hambúrguer em *fast food* quando queriam sair para comer, hoje, a moçada pode se alimentar tanto em *food truck* na esquina de casa que serve comida de altíssima qualidade, quanto entrar em um restaurante internacional. O brasileiro já viaja o mundo e, se não viaja, navega nele pela internet. Cada vez mais exigente e antenado, o povo conhece referências e traz novos desafios para o mercado.

QUEM NÃO SE REINVENTA, ESTÁ FORA

Quando tirei a ideia do papel, sabia o cenário que estava se moldando: as mulheres saindo para trabalhar, mudavam as estruturas familiares e o modo que consumiam. Fora de casa, não cozinhavam e pediam comida. Além disso, havia outra onda se formando: mais preocupadas com a estética, elas se arrumavam para trabalhar e consumiam mais. Dessa forma, houve um crescimento considerável no mercado de cosméticos e moda. Os produtos de beleza também passaram a ser itens obrigatórios na bolsa das mulheres. Assim, quem estava atento aos hábitos de consumo, poderia lucrar com esses novos hábitos oferecendo facilidades.

Para atender essa demanda de novos consumidores, principalmente na classe C, criávamos pratos mais acessíveis e baratos. Também pensávamos na facilidade de servir toda uma família, já que o custo individual da refeição ficaria menor. Tudo isso é levado em conta quando alguém quer fazer uma refeição.

A entrega a domicílio veio coroar essa ideia. Receber comida em casa virou uma tendência e eu conseguia atender a nova massa de consumidores de uma maneira impecável. Quanto maior a satisfação do consumidor com o serviço, mais ele conta com ele e vai deixando de pegar carro para sair, pensando na comodidade, trânsito e violência das grandes cidades.

Além do mais, eu apostava em diferenciais competitivos.

Estávamos criando um *delivery* que fugia totalmente do comum. Ele tinha um novo conceito, desde sua concepção. Éramos arrojados, ousados e talvez um pouco atrevidos para aquele mercado que nem sabíamos que poderia existir. Mas, se existisse, seríamos os pioneiros, e apostávamos todas nossas fichas que o China in Box traria uma verdadeira revolução no setor alimentício

Hoje não vejo o mundo sem o China in Box. Embora ele esteja longe de ser um império chinês, é dentro de cada loja que pulsa a alma do negócio.

NEGÓCIO COM ALMA

É um verdadeiro festival de cores e sabores quando o *box* é aberto diante da família. Muitos práticos, que não pretendem lavar a louça em uma noite qualquer, apelam para a comida em caixinha e a saboreiam enquanto sentem aquele vapor.

Toda vez que abro um *box* de comida chinesa ainda me entrego à experiência, é inevitável e apaixonante. Talvez enquanto existir essa paixão, o negócio resistirá a quaisquer tempestades que possam surgir no caminho.

Porque quando chega a crise, o consumidor muda sua maneira de consumir. Ele quer saber exatamente onde está gastando seu dinheiro. Se antes havia inúmeras oportunidades de sair e comer fora, em tempos de oscilação econômica, o critério de qualidade é outro. É o diferencial que determina sucesso ou fracasso.

Mas, como todo mercado, esse também oferece riscos. O crescimento sempre será doloroso. No meu caso, como eu comecei o negócio com o *core business* de entrega a domicilio, me preparei para atender esse novo mercado.

Em 1992, a única coisa que existia para ser entregue a domicilio era pizza. Hoje, você tem todo serviço ou produto sendo trazido na sua casa. O grande risco desse mercado é achar que o que se oferece é um *plus* e tentar tapar buraco. Todo e qualquer negócio e crescimento devem ser tratados e planejados como um novo negócio e com novo centro de custos.

Com relação a atender essa nova classe de consumidores, eles são consumidores sensíveis a preço, então tentam encontrar custo benefício e para atendê-los tem de se trabalhar com margem reduzida e isso exige que se tenha resultado firme, senão qualquer deslize faz com que você saia de lucro para prejuízo e obviamente, com qualquer problema macroeconômico e político, acontece o que acontece hoje: os consumidores somem e você tem de ser ágil para conseguir fazer as correções necessárias.

SENSO DE OPORTUNIDADE

Ao mesmo tempo, o *home office* ganhou espaço – e quem estava em casa trabalhando não queria parar para preparar comida. A internet se tornava um facilitador e os aplicativos que começaram a despontar traziam a comida pronta com alguns cliques.

Hoje, esses *market places* virtuais se tornaram uma ação de muito sucesso e a tecnologia embarcada em todos os setores da economia se tornou um grande diferencial. Conforme a internet ganha força, é preciso criar todos os canais de comunicação e atendimento possíveis para gerar vendas e abranger a maior quantidade de consumidores possível.

Só que para sobreviver à oscilação econômica, não é tão simples quanto parece.

No meu caso, a gente completará 25 anos e tivemos vários tipos de planos econômicos. Quando inauguramos, tínhamos uma inflação mensal de 100% e reajuste semanal na tabela.

Passamos pelas situações mais adversas possíveis.

Por isso, sempre tentamos nos prevenir por meio de planejamento a longo prazo. Não temos dívida. Só crescemos de acordo com nosso fôlego e somos mais conservadores. Essa é a receita utilizada para ultrapassar períodos difíceis. Saber que não será o primeiro nem o último.

Tem de estar prevenido para uma possível tempestade. Isso faz com que, no nosso caso, consigamos passar pelos temporais com menos prejuízo ou machucados. Mas recomendo que se trabalhe olhando o futuro, pois toda crise econômica é cíclica. Então, existem períodos de baixa e de alta e estamos passando por um de baixa, mas que virará de alta. Para tanto, é preciso se preparar para a boa temporada e atender a maior quantidade de consumidores possível e fazer caixa para que, quando vier a temporada ruim, ela passar com maior facilidade.

Convidado especial do Grupo NDEV para participar deste livro.

GESTÃO E TECNOLOGIA

A Simbiótica (e Valiosa) Relação entre Varejo e Tecnologia

MAURICIO ANDRADE DE PAULA

O varejo se desenvolveu por causa da tecnologia e a tecnologia segue se desenvolvendo por causa do varejo. Não acredita? Eu posso dizer que viví, vivo e espero seguir vivendo, surfando essa maravilhosa experiência de fazer parte desse processo simbiótico.

O varejo está ativamente presente na história do desenvolvimento dos povos e da humanidade. Hoje, vivemos uma era de "democratização do varejo", muito associado ao termo "*omni*" (canais, presença, experiência etc.), no qual o que se busca, basicamente, é a unidade, ser um só – entender e relacionar-se com o mundo e com os consumidores, principalmente, de maneira única, em uma via de mão dupla. Como isso será possível? Com o apoio da tecnologia.

Esse desejo já é resultado da reunião e do amadurecimento de muitos outros conceitos e tecnologias que se traduzem em letras associadas ao "*commerce*": (e-) eletrônico, (m-) móvel, (i-) inteligente, (s-) social, e por aí vai.

O desenvolvimento tecnológico segue a todo vapor, apoiando e apoiado em muitos desses conceitos e ideias apresentados no parágrafo anterior. É possível afirmar, inclusive, que a adoção de tecnologias nunca viveu momento como esse. Veja o gráfico a seguir:

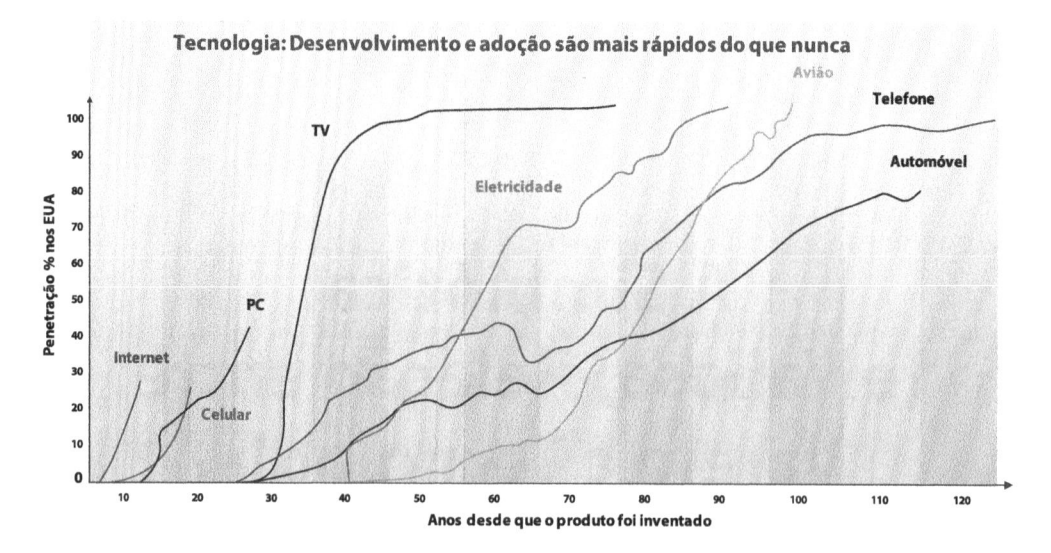

Tecnologia: Desenvolvimento e adoção são mais rápidos do que nunca

(gráfico: Penetração % nos EUA × Anos desde que o produto foi inventado; curvas: Internet, Celular, PC, TV, Eletricidade, Avião, Telefone, Automóvel)

Fonte: Teradata Corporation – http://br.teradata.com

Estamos vivendo em um mundo de crescimento tecnológico exponencial. Considere o tempo que demorou entre a invenção/desenvolvimento e a adoção, por uma massa crítica de pessoas, das tecnologias no passado. Como podemos observar na figura acima:

- A eletricidade foi inventada em 1879 (aqui representada pela lâmpada) → 50% de penetração nos lares americanos foi atingida só em 1924 (45 anos depois).
- O telefone foi inventado em 1876 → 50% de penetração ocorreu em 1946 (70 anos mais tarde).
- O celular foi inventado em 1973 → obteve 50% de penetração em 2000 (27 anos se passaram).
- A internet foi inventada em 1983 → atingiu 50% de penetração em 2001 (apenas 18 anos depois).

Olhando para os mais recentes movimentos e tendências, todos estão muito ligados à aplicação de Inteligência Artificial (AI) e suas variantes e ao uso da Internet das Coisas. Você consegue sugerir, rabiscando na figura anterior, como seriam as curvas de adoção/penetração dessas duas novidades? Provavelmente sua resposta será uma ou duas curvas com quase 90° de inclinação, não?

DEMOCRATIZAÇÃO DO VAREJO POR MEIO DA TECNOLOGIA

O varejo vem sendo impactado diretamente pela tecnologia ao longo da história. Veja a linha do tempo a seguir:

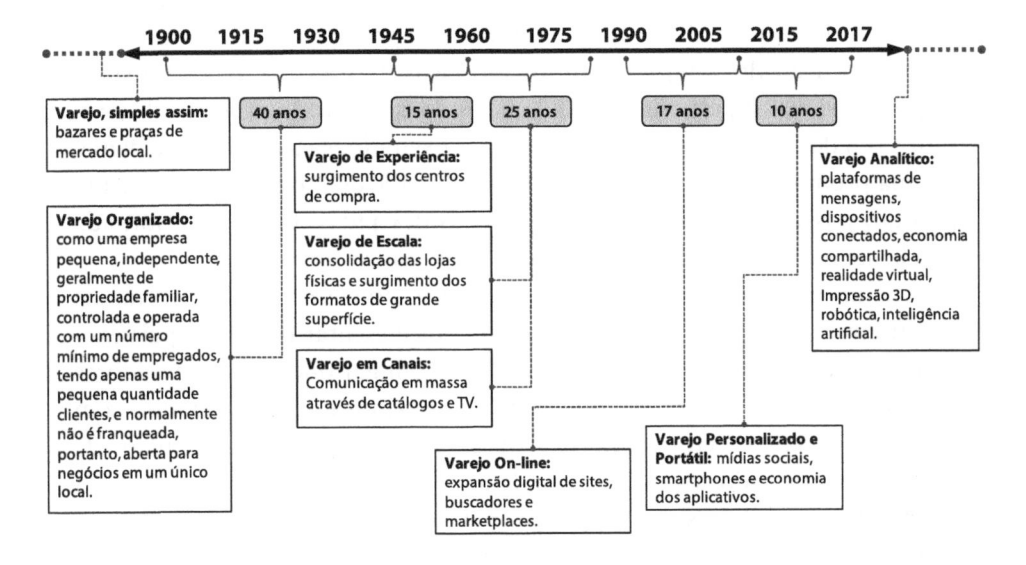

Linha do tempo (1900 – 2017):

- **1900 — Varejo, simples assim:** bazares e praças de mercado local.
- **1915 (40 anos) — Varejo Organizado:** como uma empresa pequena, independente, geralmente de propriedade familiar, controlada e operada com um número mínimo de empregados, tendo apenas uma pequena quantidade clientes, e normalmente não é franqueada, portanto, aberta para negócios em um único local.
- **1930 — Varejo de Experiência:** surgimento dos centros de compra.
- **1945 (15 anos) — Varejo de Escala:** consolidação das lojas físicas e surgimento dos formatos de grande superfície.
- **1960 — Varejo em Canais:** Comunicação em massa através de catálogos e TV.
- **1975 (25 anos) — Varejo On-line:** expansão digital de sites, buscadores e marketplaces.
- **1990 (17 anos) — Varejo Personalizado e Portátil:** mídias sociais, smartphones e economia dos aplicativos.
- **2005 (10 anos) — Varejo Analítico:** plataformas de mensagens, dispositivos conectados, economia compartilhada, realidade virtual, Impressão 3D, robótica, inteligência artificial.
- **2015 / 2017**

Fonte: Teradata Corporation – http://br.teradata.com

É interessante observar, por exemplo, que o surgimento dos centros de compra (*shoppings*) está diretamente ligado à adoção dos automóveis que, nesse período da história, estava em torno de 50% nos EUA, como vimos anteriormente. O mesmo pensamento relacionado à TV, pode ser aplicado para que o varejo começasse a pensar em canais. É mais fácil e direta a associação sobre o desenvolvimento do varejo *on-line*, personalizado e portátil a partir da disseminação do uso de computadores, telefones inteligentes e internet.

Há cinco anos, o tal conceito de "*omni*" era mais uma palavra de ordem, um desejo, um sonho, do que propriamente uma realidade. Os maiores e principais varejistas foram os primeiros a buscar a materialização do conceito, aprendendo, por tentativa e erro, como entregar experiências válidas para os consumidores, por meio de uma gama cada vez maior de canais de contato/relacionamento. Hoje, essa jornada unificada ainda tem inúmeros buracos que precisam ser fechados, mas muitos varejistas já conseguem oferecer uma experiência interessante aos seus consumidores, obtendo vantagens competitivas que seguem crescendo.

O aumento na adoção e uso de *smartphones* pelos consumidores tornou esses dispositivos ferramenta indispensável, não apenas para a comunicação, mas também para se conectar com outros grupos de consumidores, empresas e marcas, de maneiras significativas, em qualquer ponto, ao longo dessa jornada. Este é certamente o primeiro sinal dessa era de democratização do varejo, impulsionado pelas massas que agora possuem uma espécie de "superpoder móvel" que pode apoiar todo processo de decisão, a fim de definir instantaneamente, por exemplo, se uma marca é digna, se uma promoção é uma verdadeira oportunidade de economizar, ou se um produto possui determinadas características desejadas. Entender a jornada do cliente e como otimizá-la principalmente, nunca foi tão crucial.

Atualmente, participar de eventos de varejo pode ser uma boa forma de entrar em contato com casos de negócio reais e escutar dos principais executivos de empresas de varejo que o celular é o lugar onde os consumidores estão procurando inspiração, onde estão envolvidos e se relacionando com empresas e marcas. Hoje, é normal observar um número muito maior de pessoas *on-line* todos os dias no *site* de um determinado varejista, do que a quantidade total de pessoas que entra em todas as lojas físicas dessa mesma empresa. Mesmo que a maioria das receitas ainda esteja sendo gerada de forma *off-line*, a maior parte do envolvimento diário com os clientes acontece de forma digital, em dispositivos móveis. Essa nova forma de relacionamento, apoiado pela tecnologia, gera uma infinidade de dados que ainda não são ou são pouquíssimo explorados pelos varejistas de forma geral.

Podemos sugerir que a democratização realmente ocorrerá quando tivermos implantada uma situação de "*u-commerce*", ou seja, a materialização de um varejo ubíquo (que está ou existe ao mesmo tempo em toda parte; onipresente). Ainda duvida? Tudo isso está muito longe de todos nós?

Os clientes não pensam (se é que, em algum momento, pensaram) em forma de canais. Quando fazemos compras, estamos comprando uma marca, procurando produtos e/ou serviços, resolvendo um problema. Não estamos pensando em interagir da forma A ou B, mas apenas fazendo compras e buscando soluções.

Na figura apresentada anteriormente, temos uma pista de como se dará esse processo de ubiquidade: por meio de tudo aquilo que está indicado no quadro "Varejo Analítico".

Se nos atermos apenas ao tema Inteligência Artificial, retire o celular do seu bolso e comece a conversar com ele, solicitando, por exemplo, ajuda para encontrar um restaurante ou para localizar uma loja especializada em algum tipo de item. A *Siri* (assistente dos aparelhos Apple) e o *Google Now* (presente nos aparelhos com sistema Android) estão 24 horas por dia e sete dias por semana à disposição para ajudar nesse tipo de situação, entre outras.

O que dizer sobre as assistentes domésticas como Alexa ou Cortana? Assim como no exemplo do celular, são inteligências disponíveis, atreladas ou não a algum dispositivo físico, que já permitem a aquisição de produtos e serviços ou a busca por qualquer tipo de informações que estejam disponíveis na internet.

Qual o ponto comum entre tudo isso? A capacidade de analisar dados, obter *insights* pelos mesmos e operacionalizar ações baseadas nesses *insights*. Toda essa tecnologia, indicada como "democratizante", está baseada no armazenamento e na análise de grandes quantidades de informação que, se corretamente trabalhadas, podem gerar valor para as pessoas e para os negócios.

Conforme tudo isso se torna parte do nosso dia a dia, da nossa casa, de nós mesmos, mais próximos estaremos de praticar o conceito de varejo ubíquo. Claro que há um caminho a ser percorrido e muito ainda para ser desenvolvido, mas as reflexões precisam começar, pois trata-se de um velho jogo em um novo tabuleiro, com novas peças que exigirão um pensar estratégico diferente. Até lá, vamos aprendendo e nos divertindo com os tropeços pelo caminho (procure a íntegra das histórias em *sites* de notícia na internet). É o caso em que casas de bonecas foram encomendadas de forma equivocada em um programa de TV, ou quando um comando de voz mal interpretado fez com que uma dessas assistentes virtuais recitasse pornografia para uma criança.

EXPANSÃO EM TEMPOS DE VAREJO DIGITAL

Em tempos de "*x-commerce*" com tantas letras e opções como vimos anteriormente é normal que os varejistas em geral façam a seguinte pergunta: o que acontecerá com a minha loja física? Em um passado recente, dentro de alguns grandes eventos relacionados à nossa indústria, gurus e experts proclamaram o fim desses espaços. Enganou-se quem resolveu acreditar e apostar única e exclusivamente nessa tendência.

Acontece que as lojas virtuais, os aplicativos móveis, a realidade virtual e qualquer outra tecnologia que venha a surgir nesse meio tempo, entre eu escrever este capítulo e você ler, vieram e virão com o intuito de facilitar e agilizar a vida do consumidor. Quem não gosta de comprar, sejam roupas, acessórios, alimentos ou qualquer outra coisa, a partir do conforto do sofá ou da mesa de casa?

Além disso, a popularização dos *smartphones* em nosso País trouxe outro conceito importante para o varejo, o *"homo mobilis"*. É o consumidor que realiza suas compras por algum dispositivo móvel (hoje representado basicamente por celulares ou *tablets*).

Mesmo com todo esse poder aparente, lembre-se, existem outros detalhes que devem ser levados em consideração quando queremos materializar o conceito de ubiquidade. Um exemplo disso é a Dafiti, grande varejista de moda *on-line*, que abriu em 2015 uma "Dafiti Live", como é chamada a loja física da marca, em São Paulo. O espaço disponibiliza vários produtos do *site in loco*, o que permite a visualização e contato experiencial com cada mercadoria. A entrega do produto é feita no dia seguinte, na casa do cliente. Mas, como podemos explicar a abertura da loja física com resultados tão bons no *on-line*? O mesmo acontece fora do Brasil e a Amazon é um bom exemplo, entre tantos outros, desse movimento.

Uma das coisas que o comércio exclusivamente *on-line* não proporciona, e é um dos grandes fatores de sucesso do varejo, é a interação humana. É por esse motivo que muitos varejistas e *startups* de tecnologia estão trabalhando para criar *chatbots* (programa de computador que tenta simular um ser humano na conversação com as pessoas) ou outros tipos de assistentes/vendedores virtuais inteligentes. Quantas vezes você já não se pegou em uma loja, com a certeza de que adquiriria o produto X e, de repente, o vendedor ajuda a descobrir que o produto Y é o melhor para atender às suas necessidades?

A comodidade que os formatos digitais de varejo nos proporciona é indiscutível. A possibilidade de ganhar tempo ao obter um item por meio de um clique, é melhor ainda. Mas o que fazer com o período que, teoricamente, ganhamos por não termos mais a necessidade de locomoção até o ponto de venda? O que o mercado talvez não tenha percebido de imediato é que aquele tempo que antigamente gastávamos ao ter que andar de loja em loja, era também um momento de lazer, de passear com a família e, quem sabe, 'pechinchar' o melhor preço por esse ou aquele artigo. Outra, você pode até comprar um sofá pela internet, mas como será a sensação de se sentar ou deitar nele? Você faz isso só com um clique?

Analisando assim, há quem chegue a pensar que esses processos de digitalização e democratização são o vilão do varejo. Como já citei anteriormente, o jogo do varejo permanece o mesmo, mas agora com novas peças, em um novo tabuleiro. Observe que tudo aquilo que é inventado ou incorporado cria mais um canal de interação e relacionamento, a fim de acompanhar as mudanças de comportamento e as necessidades dos consumidores, que hoje fazem parte de diferentes gerações, que possuem expectativas e motivadores diferentes, mas que precisam ser atendidos.

Não basta tocar o consumidor apenas quando ele está com o celular ou o computador em mãos. Se ele se desloca de casa para o trabalho e depois do trabalho para casa, ou se ele faz *home office*, por que não oferecer conveniência com pontos físicos estrategicamente posicionados que podem cumprir múltiplos papéis: loja física convencional, ponto para retirada de itens adquiridos *on-line*, espaço para experimentação e contato com marcas e lançamentos, espaço de convivência e conveniência, ponto de apoio com serviços agregados, entre outros?

Para definir adequadamente esse posicionamento físico, é imprescindível o uso de todas as informações disponíveis externa (demográficas, econômicas, culturais, políticas, mobilidade urbana, concorrência etc.) e internamente (origem dos clientes, comportamento, preferências, canais, canibalismo etc.) para que o processo decisório possa se beneficiar das análises que certamente gerarão insumos importantes com vistas a aumentar os índices de sucesso e diminuir eventuais erros ou perdas.

Observe na imagem a seguir que análises e processos analíticos precisam estar acoplados aos processos decisórios, a fim de gerarem resultados tangíveis nos processos de negócio:

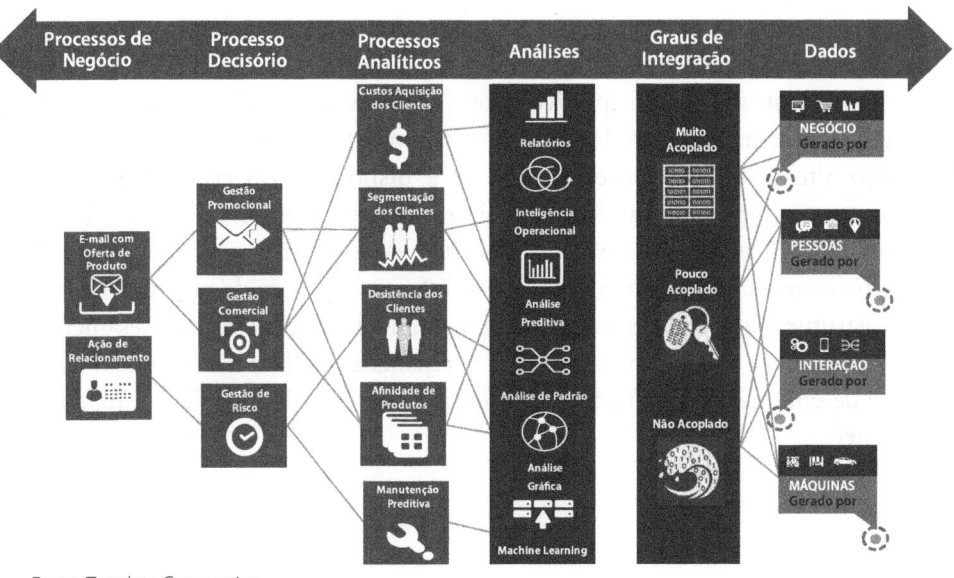

Fonte: Teradata Corporation.
http://br.teradata.com

VAREJO ORIENTADO PELOS DADOS

Com tantos dados disponíveis e com cada vez mais tecnologia embarcada nos processos de negócio, podemos fazer uma analogia e comparar empresas de varejo com aviões, que precisam viajar constantemente por rotas onde a previsão climática nem sempre é favorável. Ou seja, é muito provável a ocorrência de algumas turbulências, ora mais fortes, outras vezes mais fracas. Imagine que tenhamos duas dessas "aeronaves" tentando atravessar o mau tempo, o que dificulta a direção do avião, demandando maior atenção aos detalhes e cuidado nas manobras. Imagine agora que um desses aviões (e que poderia ser o seu) conta com os mais modernos equipamentos de navegação disponíveis, que fazem a análise da situação em tempo real, mostrando ao comandante e aos pilotos as melhores manobras a serem feitas e o risco de cada uma. Os ocupantes da outra aeronave não contam com a mesma tecnologia, tendo que se guiar visualmente e se apegar aos seus instintos e experiências anteriores. Já conseguiu imaginar quem conseguirá passar por essa com menos esforço e risco associado, tendo muito aumentadas suas chances de sucesso?

Preparação, informação e processos controlados são as lições por trás do nosso exemplo. Caso você esteja municiado desse aparato, contando com maturidade analítica que disponibiliza dados sobre os principais processos de negócio, com certeza os responsáveis por pilotar cada área/setor/departamento terão informações e ferramentas que garantam controle total, baseando suas decisões em fatos reais somados à sua experiência e *expertise* e não só no famoso *feeling*.

Com tantos dados disponíveis, os varejistas que surfam essa onda de análise informacional poderão saber exatamente onde e como atuar, que preço alterar ou que produto colocar à disposição do consumidor, por exemplo, sempre adotando as melhores práticas possíveis dadas à sua realidade. Já empresas do setor que não contam com esses dispositivos e processos, começarão a buscar as informações, de forma totalmente desestruturada, para depois traçar um plano baseado em análises menos aprofundadas, ficando para trás dos varejistas aqui chamados de analíticos ou que conduzem seus negócios orientando-se por dados. Veja a figura a seguir:

Framework de Valor Para o Varejo Data-Driven
Dados integrados criam um Varejo mais competitivo e eficiente

Objetivo			
	Experiência do Cliente		
	Excelência Operacional		

Cadeia de Valor			
	Gestão do Cliente	Gestão de Mercadorias	Gestão de Operações das Lojas
	Gestão da Comunicação	Gestão da Cadeia de Abastecimento	Gestão de Marketing
	Gestão de Canal	Gestão Financeira	Gestão Corporativa

Grupos de Dados			
	Checkout (PDV)	Clientes	WebLog e-Commerce (próprio)	Mobile (Geolocalização, App, Navegação)
	Produto/Mercadológico	E-mail	Web Data (terceiros)	Beacon
	Estoque	Chamadas Telefônicas	Social Media Data (própria)	Video
	Entrega/Logística	Planograma	Social Media Data (terceiros)	Sensores (Wearables, RFID, Scan)

Fonte: Teradata Corporation – http://br.teradata.com

Os grandes objetivos de todos os varejistas são melhorar a experiência do cliente e obter excelência operacional. Por quê? Basicamente, porque a melhoria da experiência do cliente gera receita: aumento nas vendas, no engajamento, lealdade e participação no mercado. A excelência operacional gera redução de custos: melhorando a eficiência, criando diferenciais por meio de serviços e aumentado a agilidade e relevância dos negócios.

Os dados são a matéria-prima para geração de conhecimento e estão disponíveis em vários formatos e quantidades. Cabe à cadeia de valor, formada pelas áreas que compõem a organização, usar de forma apropriada tais insumos para alcançar os objetivos expostos anteriormente.

Para entender um pouco melhor, veja como a análise de dados pode melhorar os processos varejistas:

Performance de loja: Como estamos fazendo nosso trabalho? Estamos obtendo o melhor resultado possível? Esse tipo de pergunta, que faz parte do dia a dia de todo varejista, deveria ser respondida por meio de dados. Uma abordagem analítica adequada poderá, por exemplo, mostrar hora a hora como deveria ser o comportamento de vendas de uma determinada loja, com visões mais detalhadas ou agregadas, dependendo da situação. Qualquer desvio de rota poderia ser imediatamente avaliado e ações de correção poderiam ser tomadas (reabastecimento de mercadorias, execução de ofertas, promoções etc.), de forma a permitir que a busca pelo melhor desempenho nas operações e vendas possa ser perseguido de maneira mais pragmática e direta.

Otimização da oferta ao cliente: Aqui, podemos falar um pouco das evoluções de marketing que uma boa análise do consumidor pode trazer ao varejo. O chamado "marketing 1a1" para permitir maior customização de promoções, atingindo cada consumidor de forma desejada. Além disso, se conhecer os hábitos dos clientes, as tomadas de decisões podem ser feitas de maneiras mais assertivas, garantindo resultando positivo e minimizando erros. Esses fatores são muito importantes fora de um período de crise e se tornam essenciais diante de um cenário econômico desafiador.

Otimização dos estoques: Pode-se ter controle apurado sobre giro e demanda das mercadorias. Atento a essas duas variáveis, o varejista sabe antecipadamente o que venderá e em que velocidade essas mercadorias serão consumidas. De posse destas informações, o gestor poderá decidir qual o melhor momento de fazer uma compra, mandar um determinado produto para central de distribuição ou até mesmo prever a troca de determinados itens de loja, evitando excessos e perdas.

Otimização de preços: Este é provavelmente o fator crucial para os clientes, em tempos de cenário econômico não favorável. Saber o quanto deve ser cobrado por uma determinada mercadoria é fator fundamental de sucesso para um varejista, a fim de que materialize sua estratégia (ser o mais barato no seu mercado de atuação, por exemplo) gerando margens de lucro adequadas e evitando perdas financeiras.

Alocação de mercadoria: Outro processo otimizado pela análise preditiva de dados é o de alocação de mercadorias. O melhor exemplo disso é quando um produto sai de linha, demandando estratégia de troca rápida, na qual uma boa análise de informações mostra ao gestor aonde essa mercadoria deve ser alocada para seu correto escoamento, sempre visando o melhor resultado e a menor perda possível.

Otimização de reposição de mercadorias: Qual é um dos maiores problemas do varejo? A famosa ruptura ou falta de mercadorias no ponto de venda. A análise de dados pode ajudar o varejista nesse fator, estabelecendo uma análise prática e ativa no chão de loja, criando métodos que possibilitem abordagens preditivas, que soem um alarme ou algum outro tipo de mecanismo quando determinada mercadoria está acabando, ajudando sua equipe de reposição. Isso nada mais é que uma forma de *insight to action* que permite ações pré-elaboradas para cada tipo de problema. Tudo isso baseado em informações (que provavelmente) já estão sendo geradas e captadas.

Análise de afinidade: Melhoria na análise de afinidade, que nada mais é que entender o comportamento de relacionamento entre essas mercadorias nas cestas de compra dos clientes. Nessa área, o *analytics* ajudará de forma que o varejista cruze o maior número de informações possíveis, descobrindo qual oferta se combinará com outra, qual produto será vendido enquanto outro item está em promoção. Esse tipo de conhecimento deve ser assertivo, baseando-se no maior número de dados possíveis, apoiando o varejista em cada tomada de decisão.

Sortimento promocional: Que produtos colocarei em promoção? Uma abordagem analítica bem definida pode mostrar ao varejista qual a melhor opção de combinação entre promoções, se aproveitando muitas vezes de dados que já estão disponíveis a esse comerciante, que, ao longo de anos de operação, já criou uma série de cenários que poderão, agora, ser estudados. Com o cruzamento dessas informações, esse gestor estará apto a traçar as melhores estratégias de promoções, simulando, por meio de *softwares*, por exemplo, possibilidades de combinações ideais.

Análise de carrinho de compra: Isso nada mais é que analisar todas as compras, descobrir qual item vende mais, qual item vende menos, quais são vendidos normalmente com quais itens, assim por diante. Apesar de parecer simples, esse tipo de análise gera uma infinidade de informações relevantes para o varejista, podendo mostrar as respostas a algumas perguntas de negócio, tais como: Será que eu estou vendendo o artigo certo? Será que esse consumidor está procurando o mesmo tipo de produto de marcas diferentes? Aqui, se analisa um conjunto de variáveis que compõem a compra de um consumidor, mais uma vez aumentando seu nível de assertividade fora de uma abordagem de tentativa e erro.

Prevenção à perda: A prevenção de perdas cria um monitoramento dentro do varejista, permitindo acompanhar potenciais pontos de perdas por roubos, quebras, fraudes e produtos fora da validade, por exemplo. A análise de dados dará um panorama bem amplo a esse varejista, podendo prever perdas antes que elas aconteçam, motivando a mudança de processos: distribuição mais assertiva, diminuição da quantidade de itens visados para roubo em determinadas lojas ou acompanhamento de produtos perecíveis, fazendo com que essas mercadorias sejam vendidas antes do prazo de validade, por exemplo.

Preparado para fazer um *upgrade* em sua aeronave e voar rumo à ubiquidade? Durante turbulências (e mesmo fora delas) aproveitar o potencial da tecnologia disponível e estar orientado pelos dados é fator crítico de sucesso!

Fontes (livros)

As Novas Regras do Varejo, Robin Lewis, Michael Dart.
O Futuro Próximo do Varejo - Um Verdadeiro Império dos Sentidos, Luiz Freitas.
A Loja de Tudo, Brad Stone.
Inovação e Tecnologia – Coleção Conhecimento HSM, Reinhold Steinbeck.

Links

http://www.theatlantic.com/technology/archive/2012/07/most-people-didnt-have-a-c-until-1973-and-other-strange-tech-timelines/260427/

http://www.shmoop.com/great-inventions/timeline.html

http://news.bbc.co.uk/2/hi/programmes/click_online/8639590.stm

http://www.history.com/news/ask-history/who-invented-the-internet

http://time.com/3137005/first-smartphone-ibm-simon/

http://olhardigital.uol.com.br/noticia/comando-de-voz-mal-interpretado-faz-assistente-recitar-pornografia-para-crianca/65002

https://www.tecmundo.com.br/amazon/113277-amazon-echo-encomenda-casas-bonecas-alexa-ouvir-programa-tv.htm

http://br.teradata.com/solutions-and-industries/retail/?LangType=1046&LangSelect=true

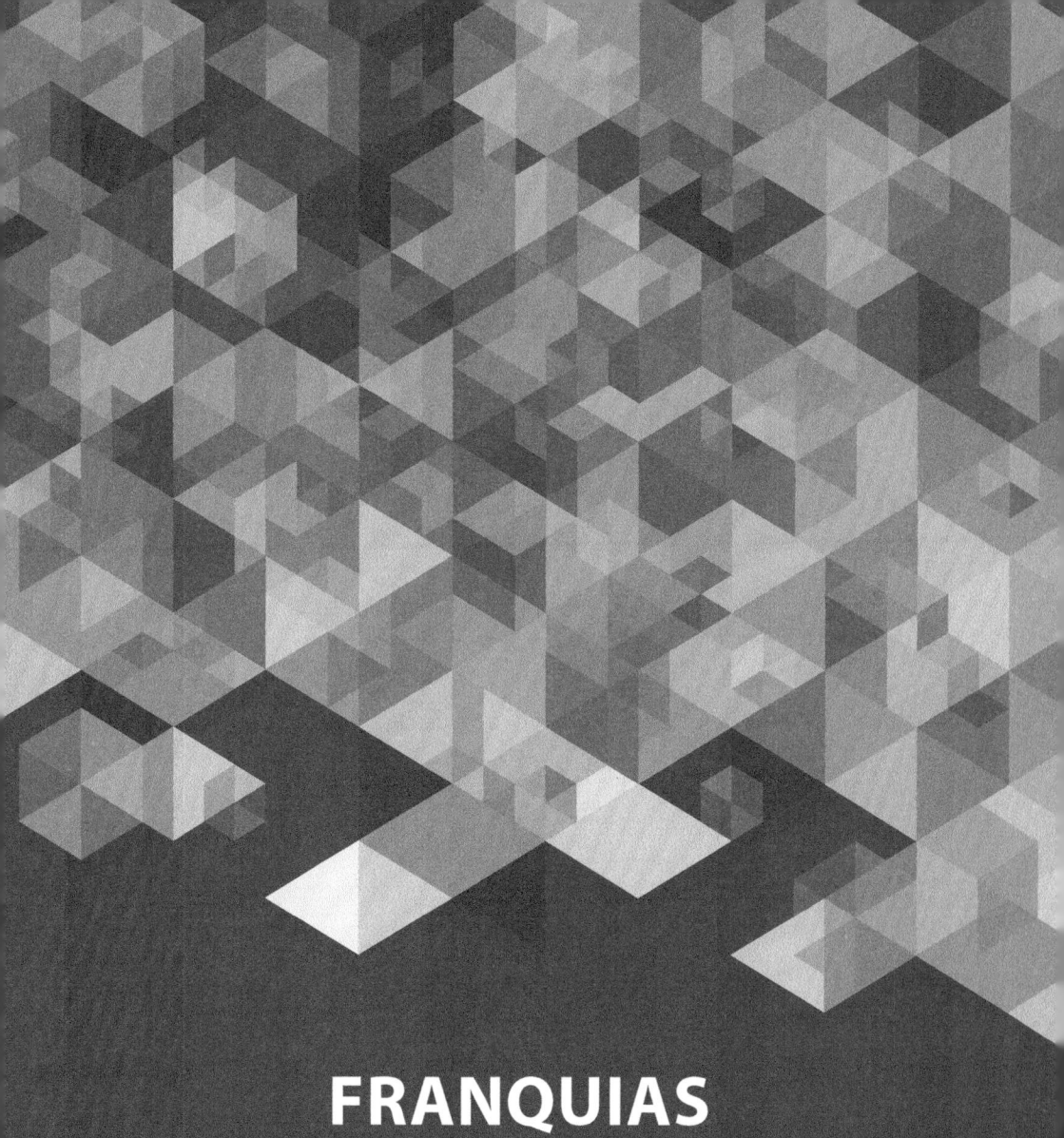

FRANQUIAS
E
EMPREENDEDORISMO

A Força do Franchising

O IMPACTO DO FRANCHISING NO DESENVOLVIMENTO DOS NEGÓCIOS NO BRASIL E NO MUNDO

CLAUDIA BITTENCOURT

Falar sobre a força que o *franchising* exerce hoje no processo de expansão de milhões de marcas, pelos quatro cantos do mundo, é importante, uma vez que passa a ser alternativa para as empresas evoluírem, em velocidade maior e com qualidade, no processo de distribuição de seus produtos e serviços.

Os canais de distribuição tradicionais estão sendo atropelados pela tecnologia, o que tem exigido das marcas um repensar estratégico sobre como continuarão atuando e como se integrarem aos novos canais, não tradicionais, que estão surgindo e evoluindo muito rápido, e não perder mercado.

A expansão com o *franchising* tem sido a opção de várias marcas para colocarem seus produtos em diferentes mercados, com diferentes operadores e para diferentes perfis de consumidores. O *franchising* é flexível, é liquido e tem sido responsável pelo crescimento exponencial de vários negócios e marcas no Brasil e em outros países. No entanto, atuar no *franchising* exige planejamento, estudos sobre o melhor modelo, análise financeira do modelo, além de regras e processos bem definidos, sem isso as empresas podem colocar a marca em risco.

Como o *franchising* tem contribuído com o desenvolvimento das marcas no mundo, é o que vamos tratar nesse capítulo.

A RESISTÊNCIA E AS TRANSFORMAÇÕES DOS CANAIS TRADICIONAIS DE VENDAS E DISTRIBUIÇÃO

Se voltarmos um pouco no tempo e analisarmos como os fabricantes de bens de consumo distribuíam seus produtos e como as empresas, de uma maneira geral, expandiam seus negócios, vamos perceber que por muitas e muitas décadas o modelo tradicional de canais de distribuição, prevaleceu e resistiu. Os canais utilizados para colocar os produtos no mercado sempre foram os mesmos, e com atuação em 3 níveis, como podemos observar na figura abaixo, segundo Philip Kotler.

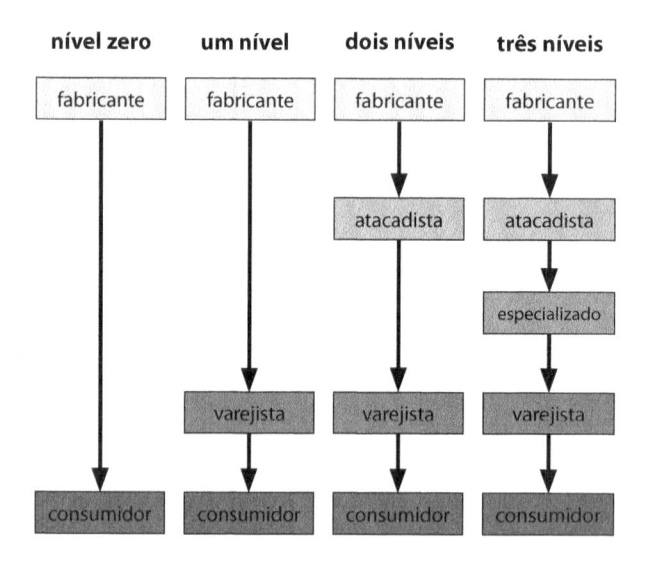

nível zero	um nível	dois níveis	três níveis
fabricante	fabricante	fabricante	fabricante
		atacadista	atacadista
			especializado
	varejista	varejista	varejista
consumidor	consumidor	consumidor	consumidor

O sistema provou ser muito eficiente e até hoje, a maioria dos fabricantes utilizam estes canais. Porém, o avanço da tecnologia e a mudança de comportamento dos consumidores gera impactos cada vez maiores na forma como os produtos e serviços são ofertados e adquiridos. Hoje, o canal tradicional, do fabricante para o atacadista e deste para o varejo ainda está vivo e passa bem. No entanto, as exigências dos consumidores por preços mais baixos e por maior conveniência têm exercido pressões sobre todos os níveis de canais de vendas para que justifiquem sua presença.

Ainda existem fabricantes sendo orientados por seus distribuidores e utilizando as informações dessa força de vendas a fim de embasar o desenvolvimento de produtos. São informações que podem ter o objetivo somente de aumentar os ganhos do próprio distribuidor e não o de satisfazer, lá na ponta, as necessidades dos consumidores. Ainda se vêm fabricantes com pensamentos só no *sell-in* e tratando seus distribuidores como se fossem os clientes finais, consumidores de seus produtos, o que não é a realidade. O foco deveria ser no *sell-out* e em como fazer uma oferta de valor para os clientes usuários de seus produtos e vender mais.

Não colocar atenção a estes movimentos e não incorporar tecnologias e inovação permanentemente de forma a fazer chegar ao consumidor os produtos no momento e na forma que ele deseja, podem levar uma empresa a perder mercado por falta de agilidade e eficácia dos canais de distribuição.

A miopia sobre esses aspectos, presente em alguns grupos de fabricantes, que ainda têm o pensamento de que "sempre deu certo assim, porque mudar?", pode acionar um processo de decadência de seus canais de vendas.

A tecnologia gerou impactos em todos os sentidos na vida das pessoas, facilitando a forma de comprar, de locomoção e de acesso. Além de representar para os fabricantes e varejistas uma fonte inesgotável de ferramentas para conhecimento melhor do mercado, do consumidor e da concorrência, é necessário usá-las de forma inteligente a favor do negócio, para adequar *mix* de produtos e desenvolver novos canais de relacionamento com o consumidor e converter isso em mais vendas.

MUDAR, INOVAR E REESTRUTURAR É O CAMINHO

Levando em consideração todos os aspectos apresentados aqui não há dúvidas de que o momento exige mudanças em todas as esferas empresarias. Desde rever canais de vendas e distribuição até a revisão da estrutura organizacional, dos processos, da forma como lidar com pessoas, das tecnologias adotadas e, essencialmente da proposta de valor para o mercado e para o consumidor.

Uma análise estratégica de canais de distribuição significa avaliar com profundidade se os canais utilizados atualmente estão cumprindo com sua função básica, a de colocar o produto ou serviço ao alcance do cliente, agora, com mais alguns atributos, do jeito que ele deseja comprar, de onde quer que esteja e por todos os meios disponíveis, digitais, móveis e físicos.

O momento exige dos empresários uma profunda reestruturação na maneira como atendem o mercado e como levar produtos e serviços para o varejo, observando sempre a evolução do mercado em que estão inseridos e o comportamento dos consumidores.

Os consumidores estão se tornando cada vez mais indiferentes sobre qual meio utilizar para fazer suas compras. Os varejistas, por outro lado, devem encontrar maneiras de atender a demanda do consumidor independentemente do canal, além de fornecer um nível de experiência maior e produtos personalizados.

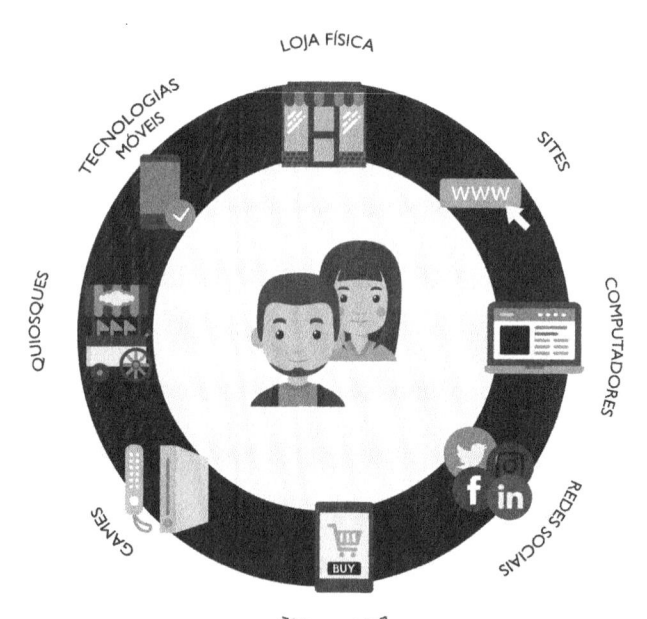

Talvez a internet seja a única coisa *omnipresente* no mundo de hoje. Com o objetivo de melhorar a jornada de compra, criar uma ótima experiência de compra e ampliar as vendas, mais e mais empresas buscam novos pontos de contato com seus consumidores, que se proliferam com velocidade nunca antes experimentada. Dos tradicionais *call centers* para as inúmeras redes sociais, as empresas expandem sua visibilidade e atingem consumidores em todo o globo.

Diante deste cenário, fica claro que mudar, inovar e reestruturar é o caminho para a entrega de valor para o consumidor e consequente sustentação do negócio.

A UTILIDADE DO CANAL DE TEMPO, LOCALIZAÇÃO E POSSE COLOCADA À PROVA

Hoje a questão básica da eficácia de um canal é se ele oferece uma excepcional utilidade de tempo, localização e posse. Com respeito à utilidade de tempo, o novo padrão é 24/7/365. Consumidores querem ter a capacidade de acessar informações e comprar produtos a qualquer hora do dia (24), todos os dias da semana (7) e em todos os dias do ano (domingos e feriados inclusive – 365), o que leva à utilização de sistemas com tecnologias avançadas e processos que ajudem a perceber e reagir às demandas do consumidor em tempo real.

No passado, os consumidores se deslocavam muitas vezes para outras regiões para adquirir um produto desejado. Hoje, não mais querem sair de seu ambiente, por comodidade e também por custos.

As crescentes demandas de localização por parte dos consumidores vem forçando as empresas a construírem uma infraestrutura de distribuição que permita estarem cada vez mais próximos de seu público alvo, gerando melhor experiência e conveniência. Embora a internet tenha certamente ajudado nesse sentido, muitas empresas não conseguiram ainda usar os benefícios que ela trouxe para obter eficácia na distribuição. Para estas empresas, os investimentos e custos envolvidos no desenvolvimento de múltiplos canais ainda é um grande desafio.

Com relação à utilidade de posse, os consumidores querem comprar produtos somente na quantidade necessária, utilizando os meios de pagamento que preferem. Com isso aumenta a necessidade do canal de implantar sistema que facilite o processo de compra e pagamentos. Os meios de pagamentos digitais evoluíram muito e facilitam tanto nas transações on line como *off-line*.

Vários canais não tradicionais surgiram e continuarão evoluindo para expandir as oportunidades a uma distribuição mais direta. O mais representativo é o crescimento explosivo do varejo sem loja, que representa as atividades de vendas que acontecem fora das lojas físicas. Não estamos falando só do comércio eletrônico, mas de muitos outros formatos e sistemas de expansão de negócios e o *franchising* é um grande exemplo.

A PRESSÃO QUE VEM DE FORA PRA DENTRO

Outros fenômenos que vêm acontecendo no mundo dos negócios, gerados pela globalização e ambiente cada vez mais digital, mudaram a forma e a velocidade com que os produtos passam a ser conhecidos e desejados pelos consumidores. Um produto fabricado e vendido somente no Japão é conhecido rapidamente pelos consumidores do Brasil e de qualquer outro país, por meio de compartilhamento de experiências bem sucedidas nas mídias sociais e dos sites de busca, bem como outros meios digitais utilizados para divulgação. Por esses canais a informação atravessa fronteiras e pode se multiplicar milhares de vezes.

A não existência de barreiras para a informação proporciona a disseminação sem precedentes de qualquer evento ou objeto. Sejam produtos, conceitos de negócios, estilo de vida, e por aí a fora. Consequência desse movimento é a mudança na forma e na velocidade com que os negócios tem se multiplicado em diferentes mercados e no mundo.

O conhecimento de um produto ou serviço, atrelado a um modelo de negócio, pode gerar o desejo de um empreendedor de vender ou operar um negócio da marca no seu país ou na sua região. Também um varejista, de grande ou de médio porte, pode desejar ser um distribuidor, ou fazer uma joint venture ou ser um master franqueado desse negócio.

Por outro lado, muitas marcas, em muitos países perceberam essa evolução e passaram a estruturar e formatar modelos de negócios para serem replicados para outros mercados, utilizando o *franchising* – um canal de distribuição e um modelo de expansão, que tem contribuído muito com o desenvolvimento dos negócios no mundo.

O *FRANCHISING* COMO ACELERADOR DE DESENVOLVIMENTO DAS MARCAS NO MUNDO

Com toda essa pressão gerada pelo avanço da tecnologia e pela mudança de comportamento dos consumidores, cada vez mais digitais, a exigência por canais mais eficazes, flexíveis e dinâmicos tornou-se ainda mais forte. No entanto, a evolução do *franchising*, tem proporcionado a condição para as empresas atingirem outros mercados, dentro ou fora de seu país. O *franchising* tem se mostrado eficiente em termos de ocupação mais rápida de mercado e de entregar conveniência e personalização na forma de atender o consumidor e, o que é mais importante, com investimentos substancialmente menores em relação a uma expansão própria.

O varejo via o *franchising* vem crescendo a taxas superiores a outros modelos, embora a idéia básica seja antiga, há várias formas novas de explorar o *franchising* para a distribuição e expansão dos negócios. Por que esse modelo deu tão certo?

Há vários fatores para esse sucesso:

Primeiro - O negócio já nasce estruturado, ou seja, no *franchising* não é permitido aprender com os próprios erros, e também não permite arrumar a casa paralelamente ao processo de expansão. Ao contrário, para replicar um modelo de negócio de sucesso, o empresário deve realizar antes um trabalho grande de formatar esse modelo, passando pelos estudos de viabilidade financeira da operação que vai ser franqueada, o modelo de gestão e qual tecnologia será adotada. E ainda, na mão de quem se deve colocar esse negócio, qual o perfil do franqueado ideal e como ele deve operar para obter o mesmo sucesso conseguido pelo dono da marca em suas operações próprias.

O estudo dos mercados potenciais para atuação das franquias é outro fator importante, o processo de expansão nasce com a definição clara de quais mercados devem ser explorados, avaliados com tecnologias apropriadas para levantar potencial de consumo e mapeamento da concorrência.

Hoje, uma marca ou uma indústria pode, por meio do *franchising*, desenvolver vários modelos de negócios, que serão operados por franqueados que passarão por um processo de seleção criterioso quanto ao perfil e a capacidade de gestão e de investimento no negócio.

Cabe ao franqueador transferir *know-how* para os seus franqueados o que significa processos definidos, política comercial clara, capacitação e orientação contínua para os franqueados e suas equipes. Esse conjunto de atributos faz com que o negócio seja operado com sucesso e com a geração dos resultados projetados, para o franqueado e franqueador.

Segundo - o empresário pode desenvolver vários modelos de negócios, adaptáveis às características de cada mercado, em relação a tamanho, perfil do público da região e da capacidade de atendimento e de prestar serviços.

A formatar um modelo de franquias, o empresário deve testá-lo antes de iniciar o processo de expansão, com operação e investimentos próprios e, ter a oportunidade de fazer todos os ajustes possíveis no modelo antes de colocar na mão de um franqueado. Nesse sentido os franqueadores têm se mostrado bastante criativos e inovadores quanto a novos formatos de negócios.

Algumas redes de franquias consolidadas, em parceria com os franqueados já instalados, desenvolveram novos formatos do negócio e até novas marcas para, juntos, explorarem ao máximo o potencial de consumo existente no mercado sob o comando desse parceiro. Isto significa ampliar a capacidade de atender o consumidor e suprir suas necessidades e gerar mais uma fonte de renda para os franqueados da rede. Por exemplo:

- *Porta a porta* - algumas redes de varejo com lojas físicas, desenvolveram sistema de venda porta a porta – a ser explorado pelo próprio franqueado na sua região.
- *Plataforma personalizada/participação no canal digital* - desenvolvimento da loja *on-line* em que o franqueado tem uma participação nas vendas para clientes cujo CEP de do seu endereço faça parte do território que atua.
- *Quiosques* - o franqueado pode explorar em galerias ou *shopping*, onde a loja está instalada, porém em outro piso.
- *Formato compacto de loja* - para o franqueador explorar em espaços compartilhados com outros negócios, outras redes de franquias, ou em mercados menores, no interior de alguns estados. Exemplo: Love Brands, projeto do Grupo Ornatus com a marca Baloné, em conjunto com as marcas Imaginarium e Puket.
- *Negócios sobre rodas* - com a possibilidade do franqueado explorar pontos em diferentes momentos – fim de semana, por exemplo, ou durante eventos – e atender o cliente onde ele está e como deseja consumir o produto naquele momento. Muitas redes de alimentação já aderiram a esse modelo com os *food trucks*, hoje espalhados pelos quatro cantos do país. O modelo vem evoluindo a passos rápidos com outros segmentos como serviços de lavanderias, banho e tosa de animais de estimação, serviços de maquiagem e venda de produtos de beleza.
- *Conveniência* - marcas que oferecem literalmente conveniência ao consumidor, onde ele possa efetuar a troca do produto adquirido na loja *on-line*, na loja física. É o caso da Chilli Beans, também com a oferta de produtos complementares.

Todos esses formatos podem ser melhor aproveitados se controlados por um sistema que monitore o comportamento do cliente em cada um dos diferentes modelos, permitindo fazer ajustes no *mix* de produtos e na forma de atender.

O *franchising* permite essa interação, integração e navegabilidade pelos diversos caminhos que levam ao cliente. Apesar de existir padrões definidos para a operação, ele é flexível e pode se desenvolver e formatar modelos de acordo com as características de cada mercado ou região do país, atender determinado perfil de cliente e permitir personalizar o atendimento.

Terceiro - Ensinar o caminho das pedras, o como fazer. Mostrar o segredo do sucesso é o que diferencia o *franchising* de outras opções de canal. Amparado pela Lei 8.955/94, o franqueador inicia o processo com muita transparência, mostrando para o potencial candidato o seu modelo de negócio e quais as projeções de resultados, já a partir do primeiro contato.

Uma marca pode acelerar seu processo de expansão utilizando o *franchising* e com isso criar barreiras para a concorrência e aumentar a percepção da marca pelo consumidor final. A capilaridade que o modelo permite contribui também com a valorização da marca e a atratividade para receber investimentos de grandes grupos e de investidores para fusões ou aquisições. Hoje, esse movimento está muito presente no Brasil. Várias redes já foram adquiridas por redes maiores, grandes grupos de investidores e fundos de investimentos. Essa dinâmica também agilizou um processo maior de profissionalização nas marcas adquiridas, com gestão mais profissional e com foco muito grande em resultado, o que é muito positivo para o negócio.

Enfim, o *franchising* permitiu crescimento exponencial de muitos negócios, gerando valor de marca e *market share*, além de criar uma forte barreira aos concorrentes.

COMO O *FRANCHISING* APARECEU NA MINHA VIDA E DELA FAZ PARTE ATÉ HOJE

Fiz minha carreira em um grande grupo no Brasil que atuava com produtos e serviços para o agronegócio. Fazia parte do grupo de indústrias de fertilizantes, fazendas de inseminação artificial, revistas especializadas, transportes e projetos para o desenvolvimento da agricultura no Brasil. O grupo atuava no Nordeste, Norte e Centro Oeste do país. Lá atuei durante quinze anos, comecei como auxiliar de faturamento e cheguei à diretoria da *holding* do Grupo.

Minha carreira neste grupo foi interrompida, em 1985, de forma muito dura, primeiro pela quebra do Grupo, deixando milhares de pessoas sem emprego, e na mesma época pelo falecimento do meu marido, que também era diretor em uma das empresas do Grupo.

Essa mudança de rota na minha vida, me empurrou para o mercado rapidamente em busca de alternativas para o sustento de minha família. Ou seja, comecei a empreender como a maioria dos brasileiros – por necessidade. Iniciei atuando como consultora independente em algumas empresas, fazendo aquilo que eu sabia fazer muito bem, organizar empresas, desenvolver e manualizar processos. Assim segui até 1989, quando o *franchising* apareceu em minha vida por obra do universo.

No final da década de 80 comecei a ser procurada por alguns profissionais, que me identificaram nas páginas amarelas, por meio de um anúncio que tinha uma palavra mágica – manuais. E assim comecei a atuar no *franchising*. Faltava para alguns profissionais, que faziam excelente planos de negócios, a expertise em transformar o *know-how* das empresas assistidas em manuais, para uso pelos franqueados, técnica que dominava há algum tempo.

Nesta época as primeiras redes de franquias estavam surgindo e tive a sorte de pegar o *boom* do *franchising* no Brasil. Participei da formatação de muitos negócios para expansão com franquias, no segmento de alimentação, saúde, limpeza e vestuário.

Nesse momento passei a estudar a fundo o *franchising* e as particularidades dessa forma de expansão em todo o mundo, devorei livros e estudos já realizados e me especializei no *franchising*.

Ajudei a ABF a estruturar os cursos que até hoje são ministrados para futuros franqueadores, e ministrei alguns desses cursos por alguns anos.

DE UMA PEQUENA EMPRESA FAMILIAR A UM GRUPO EMPRESARIAL E PROFISSIONAL

De uma pequena consultoria especializada em processos, nos tornamos um grupo de empresas com soluções e foco no desenvolvimento e expansão de redes de franquias e negócios. Com mais de 30 anos no mercado já assessoramos mais de duas mil empresas na expansão de seus negócios, por meio do *franchising* e de outros canais de distribuição. As empresas foram assessoradas desde um estudo de viabilidade até a estruturação da franqueadora e gestão da rede, capacitação e expansão, nacional e internacional.

De 2008 a 2011, nos associamos à maior empresa de *franchising* da Espanha, a Tormo Associados, e a partir dessa associação incorporamos novas práticas e ferramentas em nossa consultoria. Neste período, em 2010, firmamos uma sociedade com o Grupo GS&, um grande grupo de empresas de consultoria com foco no varejo.

Desde então, somos licenciados exclusivos no Brasil do Franchise Relationships Institute, empresa do psicólogo australiano Greg Nathan, maior especialista em relacionamento franqueado e franqueador do mundo. Autor de dois livros importantes que traduzimos para o Brasil, "Fator E" e "Parcerias Lucrativas", ambos direcionados para os profissionais do *franchising*.

O SUCESSO COM O *FRANCHISING* VAI MUITO ALÉM DE UM PROJETO DE CONSULTORIA

Durante esses mais de 30 anos de atuação no *franchising* implantei e disseminei conceitos e práticas que já estavam incorporados em minha atuação profissional como executiva de um grande grupo, responsável por organizar negócios e implantar processos.

Minha formação em administração de empresas e especialização em O&M, aplicadas na prática, me levou a concluir muito cedo que o sucesso de qualquer corporação se sustenta em três pilares, sem eles, dificilmente a empresa sobrevive, e na atual conjuntura com chances menores ainda. Estrutura organizacional, processos, tecnologia e pessoas são esses pilares, e no *franchising* não é diferente.

Quantas empresas atendi que estavam muito fragilizadas em um ou nos três pilares e com a crença de que um projeto formatado por uma consultoria seria a solução para o seu crescimento e expansão com franquias. "Faça o que digo e não o que faço", definitivamente não se aplica ao *franchising*. Ou o empresário dá o exemplo ou a sua liderança frente aos franqueados perderá credibilidade. Com essa situação, a rede pode tomar o rumo que cada franqueado achar melhor. Isso não é *franchising* e sim o início do caos para a marca.

A essência do *franchising* é a transferência de *know how* de um negócio e marca consolidados no mercado. Portanto, é a partir daí que começa o processo. Como essa empresa está organizada, como seus processos estão estruturados e como as pessoas estão inseridas, capacitadas e engajadas, para que os resultados sejam alcançados.

Percebíamos logo no início que a maioria dos empresários queriam um projeto da consultoria e delegavam para seus executivos a implantação desse projeto, sem o apoio da consultoria. Decisão tomada geralmente por dois motivos: custos e excesso de confiança. Muitos deles não conseguiram seguir ou seguiram e tiveram problemas no processo de expansão, sendo os dois principais motivos desse insucesso a seleção de franqueados com perfil inadequado e a falta de estrutura para dar suporte aos franqueados.

Para atender essa necessidade, criamos o "Manual de Gestão da Rede" e o curso "Como Gerenciar uma Rede de Franquias", duas ferramentas para orientar esse tipo de franqueador que não consegue continuar com o apoio da consultoria. Ambos mostram os caminhos a serem percorridos e os processos necessários para a gestão da rede com maior segurança para a marca.

Vale reforçar que o *franchising* se aplica a qualquer negócio e segmento. Como dissemos, ele é líquido, o que muda é o quanto as empresas estão preparadas em relação à estrutura, processos, cadeia de abastecimento, pessoas, tecnologia e capital para suportar a expansão e dar suporte aos futuros franqueados.

Não basta contratar uma consultoria e estruturar o sistema de franquias para expansão, essa é uma parte que sozinha não garante o sucesso do processo de expansão. Ao contrário, se fatores ligados aos pontos citados não forem atendidos, pode colocar em risco a marca e o capital do empreendedor, futuro franqueado.

Expandir o negócio por meio do *franchising* exige também uma mudança na cultura da empresa, por exemplo se é uma indústria que vai para o varejo com um modelo de franquias, vai demandar incorporar a cultura de varejo, com profissionais capacitados para a gestão da rede, marketing e vendas.

O sucesso da expansão com franquias se sustenta em três pilares. O primeiro é o **modelo de negócio** que será replicado. Este deve estar muito bem definido e estruturado, além de todos os processos e critérios formalizados nos documentos da franquia e suportados pela Lei de Franquias (8955/94). O segundo, o **perfil do franqueado**, a seleção do empreendedor certo para o negócio, com características no seu perfil que se adaptam às características do negócio. E o terceiro se refere à **estrutura organizacional da franqueadora**, com profissionais qualificados para fornecer todo suporte aos franqueados.

Feito isso, a empresa terá grandes chances de crescer de forma estruturada e ampliar a sua participação no mercado utilizando o *franchising*.

CASE

Pequeno negócio que se desenvolveu e cresceu exponencialmente a partir do *franchising*

O que o *franchising* vem fazendo para a economia em diversos países é algo extraordinário, negócios que começaram muito pequenos se transformaram em grandes redes com valor de mercado muito elevado e inimaginável pelo empreendedor que iniciou o negócio. Outros aspectos significativos são a organização e formalização de alguns tipos de negócios que atuavam na informalidade, uma característica forte no Brasil e que vem mudando graças às microfranquias.

Um *case* que vale contar e avaliar o quanto o *franchising* foi responsável pelo desenvolvimento e sucesso da marca é o da Sodiê Doces, hoje a maior rede de franquias de bolos do País.

Conheci a proprietária da marca, quando já tinha uma rede com mais de 50 unidades, participante do curso "Como Gerenciar uma Rede de Franquias". Na ocasião tivemos a oportunidade de realizar um trabalho de reestruturação do sistema de franquias e da mudança da marca Sensações Doces, que tinha um impedimento de registro no INPI, para a marca Sodiê.

marca anterior	nova marca

O Grupo Bittencourt orientou a fundadora da empresa, Cleusa Maria, em todo o processo, uma vez que tinha assumido também a expansão da marca. Ficamos juntas até a marca completar mais de 100 unidades.

A história dessa empreendedora já foi bastante divulgada na mídia no Brasil, mas é um caso típico de um empreendedor pequeno, que iniciou com o sistema de franquias de forma não muito estruturada, soube pedir ajuda e hoje é uma marca com mais de 300 unidades – e com um valor muito grande. Não fosse o *franchising*, com certeza não teria chegado onde está hoje, não deixando de ressaltar a garra e persistência da empreendedora que, não conhecendo os desafios de se desenvolver uma rede de sucesso, teve a coragem de ir em frente e fazer acontecer.

Como a Cleusa, muitos outros empresários que passaram por nossa história e por nós assessorados fazem parte hoje de um grupo de empresários/franqueadores bem sucedidos e com uma rede de franquias sustentável.

Como o Multifranqueado Contribui para o Fortalecimento de Toda a Cadeia

ALBERTO OYAMA

Neste capítulo, você terá a visão de um multifranqueado sobre empreendedorismo e expansão. Uma história que começou quando eu tinha 25 anos e trabalhava como funcionário público há dez anos. Mesmo com toda a segurança oferecida pela repartição, ainda não sabia muito bem o que queria fazer, mas tinha convicção do que não queria – justamente seguir carreira naquela empresa. Pedi demissão.

Percebi que já tinha aquela vontade de empreender, queria ter meu próprio negócio e me debrucei sobre as revistas de negócios da época, como a *Pequenas Empresas & Grandes Negócios*, da Editora Globo, que até hoje fala muito sobre o mercado de franquias. Aquele assunto chamou minha atenção, continuei pesquisando até que me inscrevi no curso "Entendendo o *Franchising*", da Associação Brasileira de Franchising (ABF).

Queria aprender um pouco mais sobre todo o sistema de *franchising*, direitos e obrigações de cada parte envolvida, seja franqueador ou franqueado. A partir daí, passei a estudar os tipos de mercados com os quais gostaria de atuar e achei muito interessante a área de cosméticos. Em 2001, um dos modelos de maior sucesso no segmento de franquia era de uma grande rede de beleza – e continua até hoje. Naquele ano, eles já possuíam mais de 2 mil lojas espalhadas pelo país e era praticamente impossível conseguir uma franquia da marca na cidade de São Paulo. A fila de espera era de meses.

Deixei esse segmento no radar e fui buscar outras opções, como serviços e alimentação, até que um dia, na fila de um banco, uma pessoa passou distribuindo um panfleto da uma marca de perfumes que estava chegando ao mercado. Perguntei se ela era revendedora daquela marca e a pessoa me disse que não, que era franqueada, tinha aberto sua loja recentemente naquela região e me convidou para conhecer o espaço. Na mesma hora pedi o contato dela, saí da agência bancária e passei na loja. Comentei o ocorrido com minha esposa e decidimos conhecer melhor essa operação.

Gostamos bastante da proposta da marca que, em 2001, estava começando sua operação no varejo e saímos de lá com uma lista de possíveis bairros e *shopping centers* onde a marca tinha interesse em expandir. Ficou combinado que procuraríamos um ponto em alguma região daquela lista. Começava aí nosso primeiro desafio.

A BUSCA PELO MELHOR PONTO

Optamos, inicialmente, por investir em lojas de rua. Saímos em busca de pontos nas ruas Pamplona, Augusta, do Paraíso etc. Todas as vezes que ligávamos para a franqueadora para conversar sobre esses pontos, ela dizia que já tinha outro candidato na mesma região na nossa frente. Até que, em uma dessas conversas, ela sugeriu que buscássemos um local no bairro da Liberdade. Na verdade, já tinha um candidato naquela área e até um possível ponto, mas a franqueadora achava que, por sermos orientais, aquela região tinha mais a ver conosco. Fui até o ponto comercial que ela tinha indicado.

Era uma loja de cem metros quadrados, uma antiga loja de colchões, com uma área muito maior do que eu precisava, que era de 30 metros quadrados, e também ficava distante do centro comercial do bairro, a Praça da Liberdade. Não me convenci com aquele ponto e saí para dar uma caminhada pela região. Conversei com alguns comerciantes até que me deparei com um lojista que comentou que estava pensando em ficar somente até o final do ano naquele ponto, que o dono do prédio era o genro dele e que, se eu tivesse interesse, poderia assumir a loja depois disso.

"Nossa, tenho interesse, sim!", disse. Trocamos telefones e, imediatamente, liguei para a franqueadora, para contar que tinha encontrado uma nova loja e aproveitei para perguntar se eles tinham candidatos também para a Rua São Bento, no centro da cidade.

A franqueadora disse que tinha um candidato naquela região, sim, mas que era uma das mais difíceis. Já tinham corretores trabalhando na área há três meses e até então não haviam encontrado um ponto interessante. Como eu já trabalhei no centro, decidi ir para lá assim que saí da Liberdade.

Fiz a mesma coisa. Comecei a conversar com lojistas e me deparei com o dono de uma loja que disse que seu filho tinha uma perfumaria próximo dali, mas a fecharia em alguns meses e perguntou se eu tinha interesse em ficar com o ponto.

Passei dois novos pontos para a franqueadora. No caso da Rua São Bento, precisei abrir mão do ponto para o outro franqueado que estava na minha frente, regras do processo de *franchising*. Mas, no fim, aquele candidato desistiu do negócio e acabei ficando com o local. Comecei minha história como franqueado com essas duas lojas. Primeiro abrimos no centro e, três meses depois, na Liberdade.

TAXA DE CONVERSÃO

Começava aí o segundo grande desafio. Como se tratava de uma marca nova no varejo, a franqueadora ainda não tinha um ano de operação, não havia indicadores, como faturamento médio ou do ano anterior para mostrar aos franqueados. Então, fazíamos uma média de mercado, levando em consideração projeções sobre faturamento de redes concorrentes.

Nos primeiros seis meses da operação da Rua São Bento, o custo de ocupação representava 70% do nosso faturamento, então, desde o primeiro mês, a conta simplesmente não fechava. Com o passar do tempo, percebemos que estávamos com problemas, amargurando prejuízo mês a mês até que decidimos pedir ajuda à franqueadora.

Decidimos vender a loja e tentamos ver se a franqueadora assumia a operação. Recusado! Pensei: "Ninguém vai querer comprar uma loja que dá prejuízo!". O próximo caminho seria fechar as portas. Em 2002, pagávamos R$ 7 mil de aluguel e fui pedir ao proprietário que nos deixasse sair do imóvel sem pagar a multa contratual. Ele nos explicou que não seria possível, visto que a multa é justamente o valor necessário para manter o espaço fechado enquanto buscava outro locatário. Estávamos em um beco sem saída, pois não conseguíamos devolver para a franqueadora, vender, nem fechar a loja.

Conversando com outros franqueados, vi que nosso faturamento era semelhante ao de toda rede, mas o problema era que meu aluguel era muito alto. Observando o comércio da Rua São Bento, identifiquei dois tipos de negócios muito fortes naquela época: óticas e financeiras. Como as óticas ficavam nas sobrelojas, usavam promotores na rua para caçar os clientes e levar às lojas. O mesmo acontecia com as financeiras, que deixavam promotores na rua oferecendo empréstimos pessoais.

Enquanto isso, um franqueado do Rio de Janeiro começava a colher bons frutos com o trabalho de um promotor na rua, oferecendo amostras grátis para os clientes que fossem conhecer a loja. Importante frisar a diferença entre panfletar e usar promotores de vendas. Quem panfleta somente entrega o folheto, ao passo que o promotor leva o cliente até a loja.

Conversei com aquele franqueado carioca e pedi para ele me mandar o modelo do panfleto. Troquei o nome e o endereço da loja, pedi amostras grátis à franqueadora. Disse para minha esposa, Simone, que gerenciava a loja, que precisávamos colocar um promotor na rua, mas ela rebateu, dizendo que estávamos com prejuízo e que não tínhamos como contratar mais um funcionário. "Então, eu serei o promotor da loja. Convidarei as pessoas e você tenta vender para elas", disse.

Fizemos 50 panfletos e, no primeiro dia, levei três horas para distribuir e levar 50 pessoas para dentro da loja pegar uma amostra grátis de perfume. Depois, me reuni com a Simone e perguntei quantas vendas tínhamos feito neste período. "Tivemos uma venda", ela disse. Refleti um pouco sobre o que tinha acontecido e disse para ela: "50 amostras e uma venda... Caramba! Achamos nosso caminho! Por que, se levamos 50 pessoas até a loja e conseguimos fazer uma venda, se levarmos 50 pessoas por hora, como trabalhamos das 9h às 19h, teremos dez vendas a mais por dia. Podemos trabalhar a cada dia para melhorar essa taxa de conversão, passando de uma para duas vendas, teremos 20 vendas por dia, e assim por diante", conclui.

Definimos como meta levar 50 pessoas por hora e, durante um mês, fui o promotor da loja. Nesse período, passei por algumas situações, digamos, engraçadas. Quando era o promotor, já saía de casa com o uniforme da loja. Como eu disse, meu emprego anterior era no centro, então, sempre encontrava com ex-colegas. Alguns, quando me viam naquela posição, disfarçavam e viravam o rosto. Nesse momento, eu os chamava pelos nomes e convidava para conhecerem a loja. Alguns perguntavam o que tinha acontecido comigo, se aquele tinha sido o único emprego que me restava, e se surpreendiam quando falava que eu era o dono da loja.

Outra vez, uma senhora me disse que eu era um promotor tão simpático e atencioso com as pessoas que ela queria o meu currículo para indicar para a empresa na qual ela trabalhava... entre outras boas histórias!

Foi nesse período que aprendi que no varejo toda ação tem uma reação – e muito rápida. Quando você se propõe a fazer algo para alguém e não apenas vender, atrai a atenção daquela pessoa.

Tínhamos uma estratégia. Nosso foco era atrair pessoas economicamente ativas, que trabalhavam na região, pois sabíamos que essas pessoas teriam mais possibilidades de comprar algo na nossa loja. Começamos a perceber que se falávamos uma coisa diferente, tínhamos uma reação diferente.

Certo dia, decidimos focar naqueles homens que passavam no horário de almoço, de terno e gravata, na frente da nossa loja. Naquele horário e naquela região, esse tipo de cliente era abordado por todos, então o nosso desafio era chamar a atenção dele. Começamos a pensar em como abordar esse consumidor, já que tínhamos produtos para ele, mas quando apenas oferecíamos "uma amostra grátis" ele sempre se recusava e seguia seu caminho.

Aí, mudamos a abordagem. "Aceita uma amostra grátis do Ferrari Black?" Naquela época, a marca trabalha com fragrâncias genéricas de perfumes conhecidos. Então, o consumidor parava e perguntava: "O que é que você tem aí?", descobríamos aí as "palavras mágicas" para atrair os consumidores para dentro da nossa loja.

Resultado: quintuplicamos o faturamento daquela loja em 18 meses. Descobrimos que quando levávamos o consumidor até a loja, alguns já conheciam a marca e compravam na mesma hora, outros voltavam na semana seguinte, e, com isso, essa loja passou a ser a terceira melhor loja da rede.

Naquela época, a rede tinha 180 lojas, a maioria em *shopping centers*, e os franqueados não entendiam como nossa loja que trabalhava menos – somente 25 dias, dez horas por dia, com horário reduzido aos sábados e que não abria aos domingos e feriados – tinha o mesmo faturamento de uma loja de *shopping* – que trabalhava 30 dias no mês, 12 horas por dia.

Foi aí que desenvolvemos nosso sistema de indicadores e tínhamos as metas de levar clientes por hora, metas de conversão, metas de tíquete médio, metas de venda por hora de cada vendedor etc. Nosso objetivo era levar 50 pessoas por hora, aumentar a conversão e aumentar o tíquete médio. Desenvolvemos um modelo de atendimento que se transformou em processo e virou norma na nossa empresa.

Conseguimos assim, finalmente, contratar um promotor de vendas!

A PRIMEIRA LOJA NO *SHOPPING*

Dois anos se passaram até que soubemos que outro franqueado da rede estava passando por dificuldades semelhantes àquelas pelas quais passamos no começo da nossa trajetória. Fomos conversar com ele e acabamos assumindo a loja, no Shopping West Plaza. Em um mês, aplicando todo o conhecimento que tínhamos desenvolvido com as duas lojas de rua, conseguimos dobrar o faturamento daquela unidade, transformando-a na número um da rede.

Pouco tempo depois, a franqueada do Shopping Paulista também nos procurou querendo nos vender a loja que já tinha dois anos de operação. Compramos, dobramos o faturamento no primeiro mês e a operação se tornou a segunda melhor da rede.

Essa mesma franqueada tinha outra unidade no Shopping Higienópolis e, depois de ver nosso modelo de gestão, pediu uma "consultoria" para a loja dela.

Nossa terceira franquia em *shopping center* foi no Shopping Interlagos. Negociamos um espaço que também estava com problemas de faturamento. No dia em que estávamos assinando o contrato, junto com o gerente financeiro do *shopping*, o franqueado falou: "Alberto, não pense que você fará aqui o que você fez no West Plaza e no Paulista, porque lá o público é melhor. O público daqui é popular e eu já tentei esse negócio de dar amostra grátis e não deu certo, o cliente daqui só quer saber de ganhar, ninguém quer comprar nada! Inclusive, para panfletar na cancela do estacionamento do *shopping*, você precisa desembolsar R$ 2 mil e nem eu, que sou amigo pessoal da superintendente do *shopping*, consegui desconto", disse.

"Nossa, o negócio aqui está pior do que eu imaginava", pensei. Pagar R$ 2 mil para panfletar estava fora de cogitação, pois a loja faturava R$ 20 mil. Eu precisava fazer alguma ação de divulgação para a loja decolar. Me reuni com a minha equipe e decidimos que levaríamos seis promotoras para ficar no entorno do *shopping*.

No sábado da inauguração, as promotoras estavam lá, maquiadas, uniformizadas, com a frase decorada e panfletos na mão. Quarenta minutos depois, o segurança do centro comercial foi até a loja me procurar. Tinha reunido a equipe de promotoras no estacionamento e me disse que o estabelecimento tinha um acordo com a prefeitura, que era responsável pela segurança do entorno e, por isso, também não era permitido panfletagem naquela área. Sugeriu que eu fosse conversar com a gerente de marketing para pegar uma autorização.

Fui à administração e fiquei esperando ser chamado, até a secretária dizer que a Márcia, gerente de marketing, me receberia na segunda sala à direita. Entrei na sala e comecei a explicar minha situação. "Márcia, tudo bem? Eu sou o Alberto, franqueado que assumiu a loja da marca de perfumes. Quero aumentar o faturamento da loja, trouxe 5 mil sachês para dar de brinde aos clientes do *shopping* e não posso pagar a cancela, por isso, coloquei minhas promotoras no lado de fora, mas não sabia que lá também era proibido. Preciso que você me autorize a trabalhar lá fora", disse. Ela pegou na minha mão, me levou para outra sala e falou: "Márcia, este aqui é o Alberto, novo franqueado da marca de perfumes. Neste final de semana e no outro você dá as cancelas 1, 2 e 3 para ele, pois ele já está com as promotoras aí". A Márcia respondeu que sim e perguntou se deveria cobrar. A mulher respondeu que não, que o *shopping* daria como cortesia. Nesse momento, perguntei: "Se ela é a Márcia, quem é a senhora?". Ela disse: "Prazer, sou a Carla, superintendente do *shopping*". Percebi que tinha entrado na sala errada.

UM POUCO DE SORTE E MUITA ATITUDE

A gente conta com a sorte, sim, mas na maioria das vezes, é nossa atitude de fazer as coisas darem certo que nos abre novas oportunidades. A superintendente entendeu que estávamos levando um benefício para os clientes e tentando aumentar o faturamento da loja, que beneficiaria também o empreendimento, e nos deu uma chance.

Com aquela ação nos dois finais de semana, não duplicamos, mas triplicamos as vendas no primeiro mês de operação. Batemos R$ 60 mil. Nossos resultados começaram a ser propagados pela rede.

Logo, já estávamos com nove lojas, assumindo unidades de outros franqueados que estavam em dificuldades. Todos os franqueados queriam fazer negócios com a gente, pois sabiam que operaríamos bem a loja, iríamos pagá-los bem e a franqueadora via com bons olhos que assumíssemos a operação.

GANHA-GANHA

Éramos questionados se não estávamos nos aproveitando da situação ruim daqueles franqueados. Mas se tinha algo que eu prezava era sempre negociar um preço justo para ambas as partes. Tanto que, certo dia, recebi uma ligação de uma franqueada me oferecendo a loja dela. Como éramos amigos, expliquei a ela que tinha interesse, mas que não conseguiria pagar o que ela queria; então, se ela quisesse manter aquele preço, que tentasse oferecer para outros franqueados e talvez ela conseguisse fechar o negócio.

Passaram-se alguns meses e ela voltou a me procurar. "Alberto, uma pessoa me disse – e eu não vou contar quem foi – que o valor que você propor no negócio será justo. Então, me diz quanto acha que vale a minha loja", ela disse. Falei qual era o preço que eu achava justo e expliquei o porquê. Ela aceitou e fechamos o negócio.

Acredito que esse tipo de negócio precisa ser bom para todos os envolvidos. Se eu não concordo com o preço, não fecharei o negócio. Com isso, fui conquistando respeito – pelo negócio, pelas pessoas com as quais estávamos negociando, pelos funcionários, pela franqueadora – e, cada vez mais pessoas queriam negociar comigo.

Fomos crescendo dentro da rede, tínhamos os melhores indicadores e ensinamos a equipe a trabalhar com os indicadores. Tínhamos metas mensal, semanal, diária, por período do dia e por hora. Alguns reclamam que o mês foi ruim. Nós falamos que se o dia está sendo ruim, o que podemos fazer para salvá-lo? Se a manhã está sendo fraca, o que faremos para a tarde ser melhor? Se a tarde não foi boa, o que faremos para vender mais à noite?

REESTRUTURAÇÃO DA MARCA

Em 2007, a rede passou por uma reestruturação e lançou um novo modelo de loja, 100% focada em maquiagem. Convidaram alguns franqueadores a conhecerem o novo projeto e o diretor da marca veio conversar comigo. Ele queria que nós pilotássemos a primeira loja, pois a franqueadora não operava com loja própria e queria um franqueado que tivesse bom conhecimento do negócio. Seria um formato de parceria, para validar o novo conceito. Aceitamos o desafio.

A nova loja foi inaugurada no Shopping Villa Lobos. No dia da inauguração, fizemos um coquetel e todos os franqueados da rede foram convidados. Um deles veio ao meu lado e me chamou para uma conversa:

– Alberto, parabéns pela inauguração. Mas saiba que todos os franqueados estão torcendo contra.
– Por quê?
– Porque a rede está lançando um novo modelo de negócio e se esta sua loja der certo, ela exigirá que todos mudemos nossas lojas. Teremos de reformar, investir e estamos felizes do jeito que está!

Agradeci por ele ter vindo pessoalmente me confessar aquilo. De fato, era um novo modelo de negócio, já que as lojas da marca, até então, eram voltadas para o público B/C e tinham 50% do faturamento de perfumaria e os outros 50% de maquiagem. A nova loja era 100% maquiagem e um conceito de loja diferenciado, como novo mobiliário, arquitetura diferenciada e voltado ao público A/B.

Muitas clientes daquele *shopping* ainda não conheciam a marca – apesar de, naquela altura, já termos sete anos de operação no varejo – e se surpreendiam ao entrarem na loja. Percebíamos que uma loja especializada em maquiagem agregava valor à marca e ela estava instalada em um ponto adequado ao seu perfil. No segundo mês de operação, se tornou a melhor loja da rede, validando o novo conceito. Poucas empresas tiveram êxito em um reposicionamento estratégico de público e de marca. O projeto foi assertivo e um sucesso.

Decidimos abrir outra loja nesse conceito no então novíssimo Bourbon Shopping, em 2008. Inauguramos a loja no mesmo dia da inauguração do *shopping*, com todas as lojas em clima de festa. Também estávamos oferecendo um coquetel para nossas clientes e alguns convidados da rede. Conversando com o diretor da marca, do lado de fora da loja, acompanhando o movimento, ele comentou: "Alberto, este é um *shopping* novo, demorará para maturar, é provável que você não tenha o mesmo resultado das outras lojas no começo da operação". O relógio marcava 14 horas. Fomos até o caixa ver o faturamento do dia: R$ 400. A loja estava lotada, estávamos no meio do dia, minha previsão era de faturar R$ 5 mil por dia naquela loja e, até aquele momento, só tinham R$ 400 no caixa. O diretor disse: "Está vendo, é um *shopping* novo. Levará tempo", em tom de conformismo.

Fiz a minha leitura da situação. Várias mulheres sendo maquiadas, as vendedoras animadas, clima de festa. Chamei a gerente e disse: "Avise para cada vendedora nossa que quem vender R$ 1 mil hoje ganhará um bônus de R$ 50". Em pouco tempo, ela espalhou a notícia às sete vendedoras/maquiadoras da loja e rapidamente pude perceber a diferença na abordagem e no atendimento. Enquanto maquiavam, já induziam a cliente a efetivar a compra do produto. Resumindo, fechamos o dia com R$ 4,7 mil. Viramos o jogo durante o dia! Em pouco tempo, essa loja se tornaria a melhor operação da rede.

O diretor me ligou no dia seguinte, perguntando o que tinha acontecido. Expliquei que precisamos fazer ajustes na hora, dar as orientações certas e, lógico, essencialmente, era uma equipe bem treinada. Com um investimento de R$ 150, pois três vendedoras bateram a meta, as outras quatro tentaram, conseguimos virar o jogo e atingir os R$ 4,7 mil no fim do dia.

A questão é a seguinte: não estou dizendo que o operador, o dono da loja, precisa ficar com a "barriga no balcão", ou seja, abrindo e fechando a loja, atendendo todos os clientes. Mas precisa conhecer extremamente seu negócio para conseguir dar as orientações assertivas à sua equipe para ter os melhores resultados. Procurar sempre evoluir, como profissional, gestor e líder. Por isso, estamos sempre buscando aprender mais, fazendo novos cursos, para desenvolver a nós mesmos e também a nossa equipe.

Aliás, com a evolução do varejo multicanal, o franqueado tem que ter uma gestão mais estratégica e menos "barriga no balcão". Ele tem que trabalhar para o seu negócio e não dentro do negócio.

Temos um foco muito grande em gestão de pessoas. Nos primeiros anos, a franqueadora tinha dois treinamentos: de vendas e de produtos. Fomos buscar outros tipos de treinamentos para cuidar das pessoas que estavam trabalhando conosco. Naquela época, tínhamos em média seis/sete funcionários por loja.

CADA UM FAZENDO SUA PARTE

Voltando um pouco para 2002, tínhamos acabado de contratar o promotor para a loja do centro da cidade. Em um sábado chuvoso, esse rapaz ficou o dia inteiro na rua, debaixo do guarda-chuva, tentando atrair algum cliente para dentro da loja, enquanto a equipe da loja – que ficou quase o dia inteiro vazia – passou o sábado inteiro limpando e organizando.

Até que entrou uma cliente. Ela disse que tinha entrado por pena do menino que estava do lado de fora, na chuva, trabalhando. Nos importava, naquele momento, dar o melhor de nós para que aquela cliente saísse, pelo menos, satisfeita por ter conhecido a nossa loja. Mas ela acabou comprando algo conosco.

Fechamos a loja às 17 horas e nos reunimos com a equipe. O dia não tinha sido bom, porque, toda vez que chove, loja de rua não vende bem. Mas tinha sido um dia muito especial para nossa equipe, para a empresa e, especialmente, para mim. Um dia dificílimo de venda, mas enquanto aquele menino tinha ido lá fazer o papel dele, a equipe da loja deu um *show* de atendimento para compensar o esforço daquele colega. Cada um fez a sua parte. Por enquanto, eu disse, nós só temos essa loja, mas sabemos onde queremos chegar e cada um de vocês que está aqui crescerá conosco. Daquelas cinco pessoas, a gerente virou supervisora, duas vendedoras tornaram-se gerentes e o promotor, hoje, é gerente de loja. Todos tiverem treinamento e desenvolvimento.

No varejo, é comum nos depararmos com estudantes de outros segmentos, que buscam uma vaga temporária até encontrarem seus estágios nas áreas pretendidas. Quando encontro um jovem com esse perfil, sempre digo: "Sabemos que uma hora você buscará o estágio na sua área de atuação, mas, enquanto você estiver aqui na nossa empresa, vamos ensinar algo que talvez sirva até para a sua carreira. Então, enquanto estiver aqui, doe-se ao máximo, pois também vamos contribuir para ensinar alguma coisa. Espero que lá na frente este aprendizado ajude a ter sucesso na sua carreira". Essa é a mensagem que passamos aos nossos funcionários. Essa é a nossa cultura do desenvolvimento constante das pessoas.

Inclusive, já tivemos uma vendedora que virou subgerente, gerente, supervisora e, hoje, é franqueada da marca. Temos a maior satisfação em contribuir com o crescimento e desenvolvimento das pessoas que passam pela nossa empresa.

ERROS E ACERTOS

Empreender é isso. Depois de apostar nesse novo projeto para o público A/B, percebi que tinha sete lojas no antigo formato, para o público B/C. Precisava encontrar uma solução. A primeira tentativa aconteceu na loja do Shopping Taboão, voltada ao público B/C. Estava exatamente em um momento de reformar a loja. Decidi que reformaria, mas já para transformá-la no novo conceito. Convenci o *shopping* e a franqueadora e fizemos isso. No meio da reforma, recebi um telefonema daquele franqueado que tinha ido à inauguração da loja no Shopping Villa Lobos. Dessa vez, o tom foi bem mais ameaçador.

Ele dizia que eu estava maluco. Uma coisa era inaugurar o novo modelo em um *shopping* voltado ao público A/B. Outra coisa, era fazer o que eu estava fazendo naquele momento. Eu expliquei que estava preocupado com o novo caminho que a marca estava tomando e, como tinha sete lojas no formato antigo, precisava testar alguma solução. Ele me xingou e, acho que a torcida contra foi tão forte, que a loja não vingou. Fechamos depois de um ano.

O novo projeto realmente não contemplava o público B/C. Em contrapartida, as lojas instaladas em *shoppings* voltados ao público A/B deram muito certo, o faturamento médio das lojas aumentou. Assim, resolvi fechar as sete unidades que tinha no formato antigo. Das 17 lojas que eu operava, fiquei somente com dez, faturando mais do que quando tinha 17. Para mim, foi um bom negócio à época, mas percebia que outros franqueados que estavam em *shoppings* mais populares teriam problemas.

Esse é um dos desafios de uma virada de estratégia da marca, mesmo em franquias. Se a mudança for muito grande, a rede absorverá as consequências de um lado e ganhará de outro.

PONTO BOM É AQUELE QUE AINDA NÃO CHEGOU AO MERCADO

Como um bom parceiro da franqueadora, participava de todos os projetos e a busca pelo ponto é um dos papéis fundamentais do empreendedor. Desde o dia em que consegui aqueles dois primeiros pontos, concluí que o bom ponto é aquele que ainda não chegou ao mercado. Porque, quando chega ao mercado, as grandes redes pegam primeiro.

Assim, se eu queria um bom ponto dentro do *shopping*, sempre dava uma volta pelos corredores e observava as lojas. Às vezes, o negócio está ruim, mas o lojista não oficializa isso para o centro. Então, conversava com vendedores e lojistas para fazer meu mapeamento. Claro que nunca cheguei em uma loja daquela grande rede de beleza, por exemplo, dizendo que queria aquele ponto, pois certamente eles não venderiam ou me cobrariam uma fortuna. Mas sempre conseguia identificar as melhores oportunidades, ter uma boa visão de mercado e fechar negócios buscando sempre o que era bom para todas as partes envolvidas.

O MOMENTO DE DIVERSIFICAR

Depois que você começa a expandir, a crescer e a pegar gosto por isso, surgem muitas oportunidades de novos negócios. Não posso afirmar se são, de fato, todas boas oportunidades, mas posso assegurar que terá muitas ofertas.

Sempre busquei concentrar minha atuação na cidade de São Paulo e, como tenho como premissa trabalhar com plano de carreira, estruturar o negócio, enfim, meu foco são operações que tenham oportunidade para expansão. Se você tem um bom negócio, mas só dá para abrir uma unidade, duas no máximo, então, esse não é meu foco. Naquela época, eu já trabalhava o conceito de multifranqueado, operador com várias unidades.

Em um domingo de 2013, em casa com a família, recebo um telefonema. Do outro lado da linha, o interlocutor dizia que estava em Nova York, nos Estados Unidos, falando em nome do CEO mundial de uma reconhecida marca de cosméticos de origem francesa, e que ele gostaria de me convidar para um almoço. Oba, vou para a França!

Nesse mesmo período, a marca em que atuávamos e grande parte das empresas nacionais estavam sendo sondadas por compradores em potencial. Imaginei que a rede francesa estaria interessada na marca nacional.

Estava acostumado a conversar com candidatos compradores, pois eles sempre buscam a visão dos franqueados. Marcamos o almoço e, logo que me apresentei, perguntei ao CEO o que ele queria saber sobre a marca. Ele respondeu que, naquele momento, não queria saber nada sobre essa marca, mas que estava para lançar uma nova marca no Brasil do grupo francês, voltada ao País, e me convidou para ser o seu primeiro franqueado.

Foram mais de duas horas conversando e, quando ele perguntou novamente se eu teria interesse, eu respondi, brincando: "Depende. Você me deixará ter cem lojas?" Rimos e encerramos o almoço.

Ah, o almoço foi em um bistrô francês, mas aqui mesmo, no Brasil. Não fui para a França.

Passamos os três meses seguintes negociando até que começamos a parceria e abrimos a primeira unidade da nova marca com alma francesa e coração brasileiro, de um grupo consolidado globalmente e que me dava condições para fazer esse trabalho de expansão. Iniciamos como desenvolvedores de área na cidade de São Paulo e Grande São Paulo.

Estou contando a parte boa, mas todos temos desafios, necessidades de rever os investimentos e repensar seus negócios. Comigo não foi diferente.

Como todo empresário, seja de qualquer área, sempre passamos por um momento de análise, no qual precisamos definir estrategicamente por qual caminho seguir.

Durante essa trajetória, diversificamos um pouco a atuação. Fui franqueado de uma rede do segmento de alimentação, com *delivery* e *food service*. Fui conhecer o modelo de negócios de uma rede de pizzarias americana, achei muito interessante e operei durante um ano. Implementamos processos, gestão de pessoas, novos indicadores e obtivemos crescimento expressivo nos resultados, até que vendi para a franqueadora.

Também lançamos uma marca própria de *frozen yogurt* com dois sócios, que surfou na onda do alimento e também sucumbiu com a baixa na procura pela guloseima após alguns anos. Aliás, essa loja rendeu uma história interessante.

Quando lançamos a marca, decidimos que queríamos entrar no Shopping Center Norte. Um renomado consultor de franquias, que estava administrando uma marca concorrente, comentou que nós e mais dezenas de marcas de *frozen yogurt* queriam entrar naquele *shopping* e que seria muito difícil, ainda mais para uma marca desconhecida como a nossa.

Mas eu já tinha um bom relacionamento com o empreendimento, pois possuía uma loja da marca de beleza lá e sempre participava das ações do *shopping*. Como o desfile de moda promovido anualmente, contribuindo com a maquiagem das modelos e também com brindes para as clientes. Depois do desfile, tive uma reunião com a gerente de marketing sobre os resultados do evento. A profissional, na época, era a Gabriela, da família acionista do empreendimento. Ela estava agradecendo nossa parceria e, no final da reunião, aproveitei para mostrar nosso novo projeto de *frozen yogurt*. O *shopping* sempre busca algo diferente e nossa marca tinha isso. Tínhamos personagens divertidos, ótimos produtos e *layout* inovador. Um dia recebi uma ligação dizendo que o nosso projeto tinha sido aprovado e que havia uma loja disponível para essa operação. A marca desconhecida ganhou a concorrência para entrar no Shopping Center Norte.

DESENVOLVIMENTO CONTÍNUO

Devemos buscar nosso desenvolvimento a todo momento. Sempre procuro participar dos fóruns e congressos da ABF, onde nos encontramos com todos os elos da cadeia do *franchising*, sejam franqueados, franqueadores ou fornecedores.

Quando tinha somente cinco lojas, insisti para participar do curso *Franchising University*, do Grupo Cherto. Mesmo sendo voltado para franqueadores, queria me especializar cada vez mais no segmento e entender mais como funcionava o sistema. Foi necessário pedirem autorização, à época, para a marca de beleza e para os demais participantes, pois eu seria o único franqueado no meio dos franqueadores.

É importante entender o que o franqueador espera com essa parceria, como ele pensa o negócio. Se você for candidato a franqueado, também precisa saber que faz parte de uma engrenagem maior, que não está sozinho, faz parte de um grande sistema.

Também tem a visão do *shopping*, o que ele busca, qual a sua estratégia de *mix* de lojas. Não adianta ficar insistindo para entrar em um empreendimento que não tem espaço para uma loja fora do perfil definido por ele como estratégia de operação.

Sempre falo que problemas todos têm e no varejo, muitas vezes, eles são parecidos. Nosso desafio é encontrar soluções diferentes. Eu gosto muito de encontrar essas soluções. Sou apaixonado pelo que faço, que é lidar com pessoas, trabalhar com varejo e *shopping centers*. Talvez não tenha conhecimento ou qualidades técnicas para tocar uma indústria, mas gosto de pessoas, do desafio de sempre buscar os melhores resultados nas lojas e da área de expansão.

Tinha 25 anos quando deixei aquele emprego e ainda hoje falo para as pessoas que é muito importante que elas saibam o que querem da vida e, se não souberem, que pelo menos saibam aquilo que não querem. Aí, é possível começar o processo por eliminação.

Estou sempre aberto a conhecer, aprender, ouvir, mas, durante esse período todo, me envolvi em duas ou três operações. Busquei me especializar em algumas áreas. E o prazer de se fazer o que gosta, e ainda com conhecimento, é o que nos motiva a fazer bem-feito todos os dias.

Tenho enorme satisfação em fazer parte do Núcleo de Desenvolvimento de Expansão Varejista (NDEV), participando e aprendendo com um grupo de profissionais extremamente competentes e de valores ímpares. E contribuir com o desenvolvimento do *franchising* brasileiro, como diretor de Franqueados na gestão 2017/2018 da ABF, que tem o propósito fomentar o sistema para que ele seja próspero, sustentável, inovador, inclusivo e ético.

Entendo que não construímos nada sozinhos na vida, por isso, tenho muito a agradecer à minha família, que é a fonte da minha energia interior, sempre me apoiando em todos os momentos, tanto nos mais difíceis da vida do empresário, como nas conquistas.

Agradeço também aos amigos, que estão sempre dispostos a trocar experiências e assim minimizar os riscos dos negócios. Aos franqueadores, que apostam no nosso trabalho, formando parcerias estratégicas. E, por último, mas não menos importante, aos nossos colaboradores e todos aqueles que fazem parte da nossa história – agora e no passado –, cada um contribuindo da sua forma, engajados e alinhados com os valores que acreditamos e desenvolvemos.

UM PROCESSO EM EVOLUÇÃO

Continuo com foco em expansão e acredito que as marcas continuarão buscando seu desenvolvimento por meio do *franchising*, focando no desenvolvimento dos multifranqueados, operadores que trazem melhoria na gestão, sinergia, economia de custos, processos eficientes e entrega de resultados acima da média.

A maior parte das redes, entretanto, ainda trabalha com contratos que exigem a não concorrência dentro do mesmo segmento. Mas no médio prazo, o mercado chegará à conclusão que é muito melhor expandir com um operador que já tem *know how* naquele segmento do que tentar com outro, que não tenha tanta experiência e acabe gerando ainda mais riscos do que benefícios. Então, acredito que logo veremos marcas concorrentes sendo operadas pelo mesmo franqueado, o que será uma evolução no sistema, assim como aconteceu no mercado de automóveis. Esse é um caminho que fortalece a cadeia como um todo.

Outra mudança que já está em curso no *franchising* são os franqueadores criando novas marcas e tendo sinergias de operações, oferecendo novos negócios para sua própria rede de franqueados.

Resta também acompanharmos, aqui no Brasil, o aporte dos fundos de investimento apostando não apenas nas marcas franqueadoras, mas nos multifranqueados. Nos Estados Unidos é comum vermos multifranqueados capitalizados pelos fundos e gerindo, com sucesso, redes de 200, 500 e até mil lojas.

Quer adivinhar quais serão os nossos novos passos? Acompanhe-nos!

Empreendedorismo, Desenvolvimento, Inovação e Gestão

SÉRGIO IUNIS

"A VIDA SEM REFLEXÃO NÃO MERECE SER VIVIDA."
SÓCRATES

Neste capítulo, irei compartilhar minha experiência de 27 anos nas áreas de desenvolvimento, empreendedorismo e inovação no varejo e na indústria, em grandes empresas como Shell, CSN, Parmalat, BioClean Energy, BFFC (Bob's, Pizza Hut, KFC, Doggis e Yoggi), Grupo Habib's (Habib's e Ragazzo) e alguns negócios próprios como posto de gasolina, centro automotivo e lanchonete.

Servindo também como reflexão para minha vida profissional, posso resumi-la em uma palavra *"Maktub"*, palavra árabe que significa "estava escrito" ou melhor, "tinha que acontecer".

Minha primeira experiência profissional foi aos 13 anos de idade, quando resolvi estampar e vender camisetas. Comprava as camisetas na rua 25 de Março, na famosa Ladeira Porto Geral; desenvolvia os desenhos que eram estampados; organizava reuniões com amigos, conhecidos e parentes; e simplesmente vendia tudo. Intuitivamente fazia pesquisa de mercado, preço, desenvolvia produtos, fornecedores, fluxo de caixa e relacionamento com clientes.

Sempre tive excelentes referências em casa. Meu pai trabalhou por 42 anos no Grupo Votorantim e minha mãe foi professora por 30 anos. Tenho dois irmãos mais velhos, que sempre foram ótimos alunos e amigos, um médico e outro engenheiro, ambos formados nas melhores instituições de ensino.

Estudei 13 anos no colégio Dante Alighieri, onde mantenho a amizade com muitos colegas. Acabei optando por fazer faculdade de Economia, na Universidade Mackenzie. Os dois primeiros anos foram maravilhosos, só estudava e praticava esporte. A partir de então, teve início minha carreira profissional.

MEU PRIMEIRO EMPREGO

No 3º ano de faculdade encontrei um amigo, da faculdade, do clube e do colégio, que estava estagiando na Shell. Ele me disse que existia uma oportunidade na empresa e lá fui eu. Após quatro horas de entrevista, consegui a vaga de "Estagiário da Shell Brasil S.A.", na área de Planejamento. Minha primeira missão foi colocar (espetar) 1,5 mil alfinetes em um mapa da Grande São Paulo. Ninguém merecia, mas missão dada, é missão cumprida. Cada alfinete representava um posto de gasolina, que era cadastrado no computador pelo número do quadrante do mapa, com as informações de venda e mercado. Acabei o mapeamento rapidamente e logo memorizei o nome de cada posto, venda e localização.

Tive muita sorte com meu primeiro chefe, pois ele me ensinou muito e proporcionou espaço para que eu pudesse crescer. Participava das reuniões dos departamentos: vendas, estratégia, controladoria e fazia as análises de mercado e investimento dos novos postos de gasolina. Nas épocas de apresentação e aprovação do plano estratégico e orçamentário para o ano seguinte, atravessava a noite trabalhando.

"OS DIAS PRÓSPEROS NÃO VÊM POR ACASO; NASCEM DE MUITA FADIGA E PERSISTÊNCIA."
HENRY FORD

Minha primeira grande vitória profissional aconteceu na época em que estava finalizando a faculdade. Consegui a vaga como funcionário dentro do departamento de planejamento, concorrendo com funcionários experientes e estagiários cursando USP e FGV. Fui recompensado pela dedicação, resultado e relacionamento.

Foram centenas de estudos de viabilidade econômica e mercadológico para renovação de contratos e implantação de novos postos de gasolina.

Várias apresentações para aprovar investimentos e orçamentos. Naquela época, quando o *fax* tinha acabado de ser lançado, ter um computador, dominar planilhas e saber programar era um grande diferencial.

Após dois anos, fui promovido para a área comercial. Atendia os franqueados de postos de gasolina, que chamávamos de revendedores. Posso dizer que a maioria das reclamações eram resolvidas somente escutando o revendedor. Aprendi a importância de desenvolver o relacionamento com o cliente, entender sua particularidade e criar estratégias distintas para cada cultura – portuguesa, árabe, chinesa, espanhola, russa, armênia, nordestina, entre outras.

Sempre procurei compreender o máximo sobre o negócio: as oportunidades, dificuldades e problemas e, principalmente, necessidades do consumidor, com o objetivo principal de aumentar a lucratividade da revenda. Logo isto foi traduzido em melhoria do atendimento ao cliente que abastecia, na apresentação do posto, em promoções oferecidas, na melhor política e posicionamento de preço, no desenvolvimento de conveniência e nas boas práticas da administração financeira.

Foram anos valiosos, nos quais pude aprender sobre lojas de conveniência. Á época, estava iniciando as lojas "Express" em sociedade com o Grupo Pão de Açúcar, e que algum tempo depois viriam a ser as unidades da "Shell Select". Nesse período, pude desenvolver e aplicar inúmeras técnicas e teorias que utilizo até hoje nas atividades de expansão e desenvolvimento de novos negócios, como análise da densidade demográfica, polos geradores de tráfego, renda, potencial de consumo, PEA dia, principais concorrentes, *mix* de produto, posicionamento de preço, projeto do empreendimento, lei de zoneamento e aprovações, análise financeira do investimento e seu retorno, qualidade da operação do revendedor, entre outras demandas que o negócio exige.

Após três anos trazendo ótimos resultados e vencendo as principais campanhas de vendas, deixei minha carteira de clientes com o crescimento de 150% nas vendas de combustível e 360% de lubrificantes. Fui promovido para área de marketing lubrificantes no Rio de Janeiro. Com 26 anos já estava lá, morando no Leblon e recém-casado. Meu primeiro desafio foi lançar a nova linha de lubrificantes Shell Helix. Foi um sucesso!!! Uma oportunidade de aprender e aplicar os 4 P's do Marketing (Preço, Promoção, Produto e Praça) e ter acesso às melhores práticas de mercado do Grupo Shell no mundo. Treinei mais de mil revendedores, gerentes e frentistas, e criei várias campanhas para rentabilizar e aumentar as vendas nos postos; exemplo, a campanha "Tampa Premiada" que durou muitos anos, mesmo após minha saída. Aprendi que, aplicadas juntas, treinar e motivar pessoas são estratégias de gestão de pessoas essenciais para o sucesso do negócio. A equipe de vendas precisa estar treinada para saber oferecer o produto, criar sua estratégia de vendas, mas também precisa estar motivada para querer oferecer o produto, com muita energia e sorriso.

Viajei pelo país inteiro, onde conheci as características de cada região, estado e cidade. Me relacionei com as equipes de vendas de todo o Brasil, treinando e motivando. Ganhava novas responsabilidades e desafios. Fui transferido três vezes em dois anos e, mesmo sendo o mais jovem, fui promovido a chefe dos meus colegas de departamento.

DIFERENTES ESTRATÉGIAS PARA CADA CANAL DE VENDA

Como chefe do departamento de canais, era responsável pela implantação da estratégia de marketing e *pricing* de lubrificantes nos canais de venda de postos de gasolina, concessionárias, indústrias, supermercados, montadoras e distribuidores. Não era fácil administrar os conflitos entre os diferentes segmentos. Nunca esqueço da discussão com o vice-presidente de varejo postos. Ele queria que eu reduzisse o preço dos lubrificantes para aumentar as vendas, mas as consequências seriam enormes, com a queda de margem e conflito nos outros canais de venda. Fiquei firme na reunião e acabei não reduzindo o preço, demonstrando que o problema era de alguns vendedores, onde 30% da equipe conseguia ótimos resultados e vendiam para 80% da sua carteira de clientes, e 70% dos vendedores, que por coincidência eram novos na empresa, só vendiam para menos de 10% da carteira de clientes. Foi uma época muito dura, em que a Shell demitiu vários funcionários antigos, com grande conhecimento e relacionamento de mercado, substituindo-os por funcionários sem experiência e com baixos salários. Foi a famosa reengenharia, onde se perderam ótimos profissionais para a concorrência. Saí arrasado desta reunião, mas consegui garantir a margem, lucratividade e a política de *pricing*.

"OS GRANDES NAVEGADORES DEVEM SUA REPUTAÇÃO AOS TEMPORAIS E TEMPESTADES."
EPÍCURO

Depois do furacão, veio a oportunidade. Tinha 28 anos, voltei para o escritório e pedi demissão, mas meu chefe acabou me convencendo que a situação iria mudar. Então acabei realizando um sonho, consegui seis meses de férias para estudar nos EUA. Após meses estudando em Boston, Vancouver e São Francisco na Universidade de Berkeley, voltei para a Shell com o desafio de desenvolver os canais hipermercado e centro automotivo. Ah! Ahhhh e o vice-presidente, o que aconteceu??? Foi demitido da Shell um pouco antes do meu retorno, caso raro dentro da empresa demitir um funcionário que veio transferido da Europa, mas acontece.

De 1998 a 2001 experimentamos os anos dourados e de consolidação do setor hipermercado, onde a Shell tinha baixa participação. O principal *player* era a Castrol. Os distribuidores não conseguiam atender com eficiência por conta das baixas margens praticadas e estrutura necessária para promover as vendas no PDV.

CRIAÇÃO DA FRANQUIA CENTRO AUTOMOTIVO SHELL HELIX

O Grupo Pão de Açúcar tinha a necessidade do serviço automotivo no estacionamento. As lojas com este serviço, triplicavam as vendas de óleo e pneus. Seu concorrente, o Carrefour, tinha a troca de óleo da Castrol em seu estacionamento indo muito bem.

A Shell considerava o canal de venda hipermercado estratégico. Na França, representava 35% das vendas de óleo, no Brasil eram 7% e crescendo rapidamente. A Shell tinha apenas 9% de participação de mercado no canal hipermercado, queria atender diretamente pelos altos volumes concentrados em poucos clientes, mas não tinha bons resultados.

Foi quando desenvolvi a proposta do Centro Automotivo Shell, com o serviço de troca de óleo, montagem de pneus, suspensão, freio e escapamento, com os principais *players* como parceiros. O conceito criado, com padrão de atendimento e sinergia com a loja e PDV foram vencedores. Em seis meses, foram desenvolvidos e implantados os três primeiros Centros Automotivos nos hipermercados Extra: João Dias, Itaim e Sorocaba. Sucesso total!!! Em janeiro de 2001 o Grupo Pão de Açúcar e a Shell assinam o compromisso de construir 48 Centros Automotivos.

MUDANÇA DE COMANDO – TUDO MUDOU!!!

No final do ano de 2000, o vice-presidente comercial da Shell foi para um novo desafio na CSN – Companhia Siderúrgica Nacional, empresa estatal privatizada, multinacional brasileira do ramo siderúrgico. O novo VP, com quem eu já havia trabalhado junto e com sucesso, veio com novas propostas. Porém, era um crítico ferrenho do que vinha sendo realizado. Após 12 anos de dedicação nas áreas de planejamento, operação e marketing, estava na hora de pedir demissão e aceitar um novo desafio na CSN. Não foi nada fácil, a Shell foi meu 1º emprego, minha grande escola.

REPLICAR O CONCEITO DE PRODUÇÃO EM GRANDE ESCALA PARA O *FRANCHISING*

Pode ser estranho, mas levo minha experiência profissional na CSN para o mercado de franquia e expansão. Vivenciei a siderurgia e principalmente a indústria de alimentos e bebidas por cinco anos, analisando o processo produtivo em alta velocidade e escala. Produção de 700 latas por minuto, milhões de toneladas de aço. Replicar este conceito de processo e organização para o *franchising*, com o objetivo de acelerar o crescimento, na abertura de novas lojas e captação de novos franqueados. Um exemplo: na BFFC (Brazil Fast Food Corporation) abrimos 500 novas lojas Bob's, Pizza Hut, KFC, Doggis e Yoggi em três anos e, no Habib's, mais de 150 lojas Habib's e Ragazzo nos últimos dois anos, em plena crise política e econômica.

Trabalhei de fevereiro de 2001 a outubro de 2005 na CSN, na época com 13 mil colaboradores diretos e 12 empresas coligadas. Em 2005, o faturamento foi de R$ 8,5 bilhões, o lucro líquido de R$ 2 bilhões e a geração de caixa, pelo conceito EBITDA, de R$ 4,6 bilhões. Fui responsável pelo departamento de marketing e também gerente comercial e novos negócios. Meu principal foco era o desenvolvimento de novos produtos para o mercado de embalagem, linha branca, construção civil, automotivo e distribuição. Entender as necessidades do consumidor era fundamental para desenvolver e implantar o plano de negócio. Parcerias estratégicas com a indústria, varejistas e fornecedores de equipamentos para o desenvolvimento de novas tecnologias era o diferencial competitivo.

Neste período criei, estruturei e implantei mais de 100 novos produtos lançados no varejo, com faturamento acima de milhões. *Cases* de sucesso como a nova lata com *shape* do Leite Condensado Moça Nestlé, lata do Nescau, fazendo toda a interface com a área industrial, comercial, compras e financeira da CSN e com as áreas de marketing, industrial, compras e comercial da Nestlé. Na CSN tive a oportunidade de me relacionar com diretores e realizar negócios com grandes empresas: Nestlé, Parmalat, Unilever, Bunge, Cargill, ADM, Gomes da Costa, JBS, Ambev e Coca-Cola.

"NENHUMA MENTE QUE SE ABRE PARA UMA NOVA IDEIA VOLTARÁ A TER O TAMANHO ORIGINAL."
ALBERT EINSTEIN

O período de 2001 a 2007 foi bastante intenso na busca de conhecimento e desenvolvimento acadêmico. Foram dois anos fazendo o MBA na USP – Universidade de São Paulo, com ênfase no varejo e três anos no mestrado em administração com ênfase em planejamento estratégico na PUC-SP.

Tive artigos científicos publicados e convites para palestrar. Participava de feiras internacionais nos EUA, Europa e China. Neste período, desenvolvi minha própria metodologia de trabalho, fundamentada nas teorias que tratavam sobre planejamento estratégico, marketing, financeiro, recursos humanos e consumidor. Grande influência dos mestres Michael E. Porter, Philip Kotler, Napoleon Hill e principalmente Arnoldo Hax, com o Modelo Delta. Em vez do processo de formulação da estratégia baseado na competição, o modelo enfatiza a amarração, que pode ser obtida entre consumidores, fornecedores, concorrentes, substitutos e complementadores. Neste modelo, três formas essenciais de posicionamento competitivo, representadas por um triângulo em que cada um dos vértices marca uma das seguintes formas: **melhor produto, soluções totais para o cliente e *lock-in* do sistema**, definindo como a empresa vai competir e servir seus consumidores no mercado. O *lock-in* do sistema tem um escopo mais amplo, onde o foco não está somente no produto e no cliente, mas também nos demais fatores do sistema que contribuem para a criação de valor e na amarração.

"NENHUM VENTO SOPRA A FAVOR DE QUEM NÃO SABE PARA ONDE IR."
SÊNECA

Com a globalização e a transformação dos mercados, a tendência de expansão das empresas para o mercado internacional fez surgir, ao mesmo tempo, um novo padrão de exigência dos clientes, impondo a premência quanto ao atendimento de suas expectativas, além de produtos e serviços voltados às suas necessidades específicas. Porém, a evolução da tecnologia da informação, principalmente com o advento da internet, aproximou diferentes clientes com as mesmas aspirações, em diversas partes do globo, tornando o mundo dos negócios cada vez menor e mais acessível a um número cada vez maior de consumidores mais exigentes e melhor informados A livre movimentação do capital, que flui entre os países em busca da melhor remuneração, é outro fator importante da globalização. As empresas vivem em um ambiente altamente competitivo, buscando obter retornos acima da média, enquanto os clientes procuram comprar a custos cada vez menores. Isto faz com que estas empresas tenham que investir em tecnologia e novos processos de produção para disponibilizar aos mercados produtos diferenciados e com custos inferiores aos dos concorrentes. Vários negócios que aparentemente pareciam promissores e bem posicionados não atingiram os objetivos esperados, gerando grandes e irreversíveis prejuízos às empresas tidas anteriormente como *cases* de sucesso.

Frente a este novo cenário, decidi, em novembro de 2005 mudar totalmente minha carreira, já me sentia preparado para arriscar. Estipulei a meta de 6 anos para ousar no mercado. A economia brasileira em pleno crescimento, batendo recordes na geração de empregos, crescimento do PIB e o real ganhando força frente ao dólar. Para os especialistas, a economia estava em um período de "ciclo virtuoso" de crescimento.

Foi exatamente isto que aconteceu. Aceitei a proposta de um grande empresário, empreendedor e visionário português, criando o IMA-Instituto Mercadológico das Américas, empresa *startup* de prestação de serviços de consultoria nas áreas comercial, marketing, comércio internacional, distribuição e novos negócios para o setor de alimentos e bebidas. Como diretor executivo, meus principais desafios eram a estruturação e contratação da equipe, relacionamento com o varejo, a indústria de alimentos, governos federais, estaduais e prefeituras, fundos de investimento, compradores americanos das redes de hipermercados e *food service* (brokers). Negociava e implantava a estratégia de vendas com os *brokers* americanos nas principais redes de hipermercado e *food service* no Estados Unidos. Desenvolvemos um centro logístico para produtos latinos na cidade de Chicago-EUA para comercialização de produtos brasileiros. Criamos o 1º Fundo de Investimento para a Indústria de Alimentos, selecionado pelo Comitê de Enquadramento e Crédito do BNDES, no valor de R$ 60 milhões para investir em empresas emergentes focadas no setor de alimentos. Participamos como expositor nas feiras internacionais da NRA – National Restaurant Association em Chicago, Anuga em Paris e Fispal em Miami.

Estruturamos um plano de desenvolvimento para o governo da Bahia na área de alimentos e energia, com o objetivo de atrair novos investidores, fomentando o desenvolvimento econômico e social sustentável. O plano de negócio era dividido em três fases: mercadológico, técnico industrial e financeiro, com os seguintes tópicos:

- **Sócio-Econômico e Demográfico:** classe social, renda, distribuição demográfica, PIB dos municípios e capacitação da mão de obra.
- **Varejo e Comércio:** redes de varejo, médios e pequenos comerciantes, distribuidores, atacadistas e serviços de alimentação.
- **Industrial:** empresas de alimento, bebida, embalagem, ingredientes, serviços e tecnologia.
- **Insumos, Serviço e Infraestrutura:** produtores, recursos naturais e logística.
- **Suporte Financeiro e Benefícios:** linhas de financiamento (crédito, taxas de financiamento, prazos de pagamento, etc.), benefícios fiscais e outras vantagens.

Fiquei um ano conhecendo o estado da Bahia, suas riquezas naturais, seus gestores e estrutura política, sua cultura e o sofrimento dos que viviam na caatinga, onde a principal escassez era a água.

Mas meu ciclo no IMA estava chegando ao fim, após o sócio-investidor vender sua principal empresa para um fundo de investimento. Acabei recebendo o convite para trabalhar na Parmalat, que estava em restruturação após uma crise financeira. Não me adaptei ao estilo de comando da empresa, apesar de gostar da função, atendendo às principais redes de hipermercado, atacadistas e distribuidores, pela área de trade marketing, inovação, criação e desenvolvimento de campanhas de incentivo, venda porta a porta e avaliação de empresas para aquisição.

Oportunidades de Investimento no Estado da Bahia

Oportunidade	Localização sugerida	Investimento (R$/milhões)
Usina Cana de Açúcar	Extremo Sul	995,428 (7 usinas)
Indústria Café Solúvel	Feira de Santana	36,085
Extração de Óleo e Biodiesel	Região Oeste	176,212
Frutas Congeladas	Juazeiro	5,285
Vegetais Desidratados	Irecê	2,218
Indústria Milho	Região Oeste	1,924
Doces de Banana e Goiaba	Bom Jesus da Lapa	1,584
Frutas Desidratadas	Barreiras	1,163

"A ALEGRIA ESTÁ NA LUTA, NA TENTATIVA, NO SOFRIMENTO ENVOLVIDO. NÃO NA VITÓRIA PROPRIAMENTE DITA."
MAHATMA GANDHI

Eu ainda tinha uma ligação muito forte com a Bahia, e não conseguia me desligar dessa situação e do desafio. O contato com o campo, da oportunidade do novo negócio que estaria gerando emprego e ajudando muitas famílias necessitadas, me contagiava de energia.

Em 2007 o mercado de ações no Brasil se fortalecia com o maior número de aberturas de capital da história. Com as boas perspectivas do mercado brasileiro, 63 empresas lançaram ações na bolsa, cresceram 142% frente a 2006, movimentaram R$ 55,1 bilhões. Os países emergentes e o Brasil, foram beneficiados pela conjuntura internacional que proporcionava um fluxo crescente de capitais. O PIB chinês registrava aumento de 10,7% em 2006, o mais alto índice desde 1995. Petrobrás investindo US$ 1,5 bilhão no país entre 1997 e 2005.

Foi quando resolvi criar a BioClean Energy, empresa *startup* de extração de óleo e biodiesel, onde a planta seria na cidade de Luís Eduardo Magalhães, oeste da Bahia, em sociedade com meu irmão, que na época trabalhava em um importante fundo de investimento no setor de tecnologia. Rapidamente desenvolvemos o plano de negócio e a abertura da empresa. O primeiro fundo de investimento que recebeu a apresentação do plano de negócio aprovou o projeto e fechamos o acordo de acionistas. Criamos a estrutura da nova empresa, em seis meses já tínhamos feito a aquisição do terreno e aprovado a construção da indústria nos órgãos públicos competentes, inclusive na secretaria de meio ambiente da Bahia. Como CEO e sócio-fundador, minha rotina era São Paulo no escritório, para reuniões com os fornecedores de equipamentos; Brasília no ministério da agricultura; Salvador nas aprovações e relacionamento com o governo e na cidade de Luís Eduardo Magalhães junto aos principais produtores de soja e algodão.

Minhas principais atribuições eram na preparação do *Road Show* para captação de R$ 300 milhões junto a investidores e banco de investimentos de 1ª linha, confecção do material de marketing *("private placement memorandum", "roadshow presentation", "teaser"*), negociação dos benefícios fiscais com o governo e prefeitura, seleção do fornecedor para construção da fábrica de preparação, armazenagem, extração e transesterificação, no valor de R$ 180 milhões.

Obtenção da licença ambiental, negociações com os bancos BNDES, Banco do Nordeste, Banco do Brasil, entre outros e seguradoras *(completion bond)*, a fim de compor a estrutura de garantias no processo de obtenção do financiamento.

Infelizmente a crise financeira nos EUA começou a ser agravar. O dia 15 de setembro de 2008 entra para a história. A quebra do banco de investimentos Lehman Brothers marca o início da maior crise econômica mundial desde 1929. Os riscos de uma crise profunda no sistema financeiro congelaram o mercado de crédito global, desvalorizando os preços de ativos, trazendo pânico na maior potência econômica do mundo.

Com a crise financeira profunda nos Bancos de Investimento e o congelamento do mercado de crédito, o plano de investimento na BioClean Energy foram reduzidos. Em abril de 2009 vendi minha participação para o fundo de investimento. Esta foi minha maior decepção profissional.

"NÃO EXISTE O ESQUECIMENTO TOTAL: AS PEGADAS IMPRESSAS NA ALMA SÃO INDESTRUTÍVEIS."
RALPH WALDO EMERSON

Com o banho de água fria no mercado financeiro, resolvi continuar com os meus planos de ter um negócio próprio e principalmente fazer o que gostava. Com tempo para tomar café com os amigos, entendi as necessidades do mercado. De maneira resumida todos diziam a mesma frase "preciso crescer meu faturamento e lucratividade". Mesmo com algumas propostas de trabalho, fiquei firme no meu objetivo e abri a IUNIS Marketing e Vendas, empresa de consultoria e assessoria empresarial nas áreas de marketing, planejamento estratégico e vendas, atuando no segmento de varejo automotivo, alimentação, financeiro, energia e siderurgia.

Rapidamente vieram os resultados, com projetos e clientes como: MasterCard, RedeCard, Cosan, Grupo Pão de Açúcar, GetNet Santander, Valeo, Editora Abril e a Japonesa Nippon Steel. Desenvolvíamos soluções criativas e únicas, na maioria das vezes entrávamos no risco e responsabilidade na venda. Nunca esqueço do primeiro contrato acima de R$ 1 milhão com uma empresa adquirente de cartão. Foi uma campanha de vendas com camisas autografadas e cards, contando os principais feitos de alguns dos campeões mundiais de futebol das Copas de 1950 e 1954. Foi um sucesso e acabamos replicando no ano seguinte, com outros campeões das Copas de 1970 e 1994. Neste período também ministrava aulas no MBA da Fundação Getulio Vargas (FGV-RJ).

Segue modelo conceitual de análise criada e implantada em clientes com sucesso:

Competências Analisadas

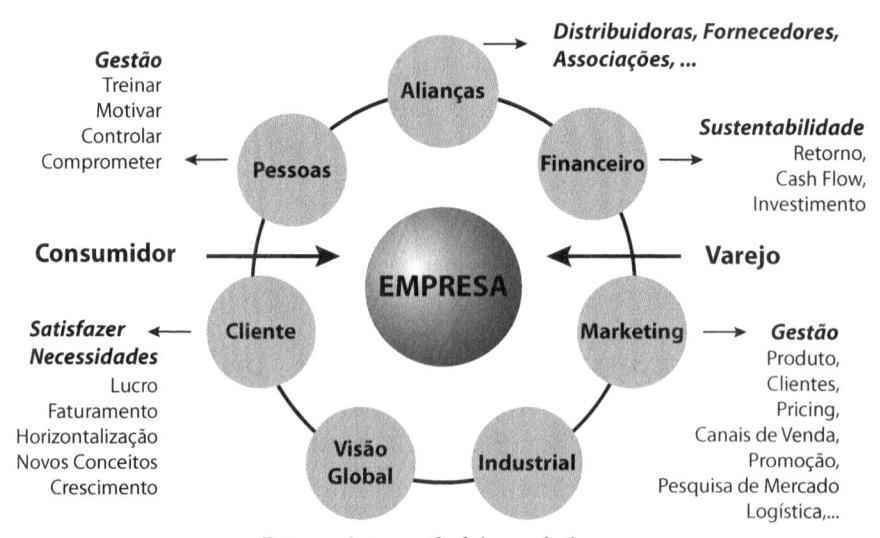

Gestão
Treinar
Motivar
Controlar
Comprometer
← **Pessoas**

Alianças → *Distribuidoras, Fornecedores, Associações, ...*

Financeiro → *Sustentabilidade*
Retorno,
Cash Flow,
Investimento

Consumidor → **EMPRESA** ← **Varejo**

Satisfazer ← **Cliente**
Necessidades
Lucro
Faturamento
Horizontalização
Novos Conceitos
Crescimento

Marketing → *Gestão*
Produto,
Clientes,
Pricing,
Canais de Venda,
Promoção,
Pesquisa de Mercado
Logística,...

Visão Global — **Industrial**

Externa, Interna, Cadeia produtiva, ...

"NÃO DEVEMOS PERMITIR QUE ALGUÉM SAIA DA NOSSA PRESENÇA SEM SE SENTIR MELHOR E MAIS FELIZ."
MADRE TERESA DE CALCUTÁ

Em 2009 ingressei no Rotary Club, uma grande oportunidade para contribuir com projetos sociais, fazer novas amizades e criar novos projetos com diversas ONGs. Uma das campanhas criadas, foi o "Natal Mágico Cruz Vermelha", promovida todos os anos, beneficiando milhares de crianças carentes e especiais. O último projeto realizado foi no final de 2016 - o Mutirão da Saúde na Comunidade da Vila Andrade, quando centenas de exames oftalmológicos foram feitos nas crianças.

Nesse período, voltando para março de 2012, aceitei o desafio na BFFC – Brazil Fast Food Corporation, franqueadora da marca Bob's e Yoggi, franqueada do Pizza Hut, KFC e Doggis, como diretor de expansão e inteligência de mercado. Minha missão era reestruturar a área de expansão e acelerar o crescimento. Em três anos, abrimos mais de 500 novas lojas e captamos mais de 50 novos franqueados, gerando milhões de taxa de franquia e faturamento. Dobramos o número de lojas do Pizza Hut na Grande São Paulo em 18 meses. Reuniões diárias com os empreendedores de *shoppings*, hipermercados, aeroportos, centros comerciais, imobiliárias e proprietários de imóveis.

Como captar novos franqueados, este é um grande desafio. O trabalho de prospecção é realizado em várias ações distintas: nas feiras de franquias e empreendedorismo; nas redes sociais; no *site* da empresa e de terceiros; na loja; abordando varejistas da região prospectada; na recomendação de amigos; em *shoppings* e franqueados existentes. É uma grande responsabilidade, pois acabamos influenciando na decisão, que por vezes transforma a vida da pessoa e de sua família, no aspecto profissional, pessoal e financeiro. Muitos dos candidatos são executivos que ficaram desempregados e empresários que decidiram investir toda sua economia na franquia, sem ter experiência no varejo, e, nunca terem trabalhado aos finais de semana. O varejo alimentício necessita de muita dedicação, principalmente aos finais de semana, que são os melhores dias de faturamento.

A minha experiência de negócios próprios com posto de gasolina, centro automotivo e lanchonete, me ajudou a entender melhor esta responsabilidade. Minha querida esposa Flávia, com quem estou casado há 23 anos, foi a administradora dos negócios. Trabalhava nos finais de semana e feriados, não se desligava da operação e permanecia sempre preocupada com sua equipe, seus clientes e o faturamento.

Em maio de 2015 abriu-se um novo ciclo profissional no Grupo Habib's, como diretor de desenvolvimento, com o objetivo de estruturar a área de expansão, inteligência de mercado, engenharia e custos e implantar o Ragazzo Express. Hoje, são mais de 100 lojas próprias inauguradas do Ragazzo Express em São Paulo e Rio de Janeiro.

Temos a missão diária de encontrar o melhor ponto comercial, com o menor custo de ocupação, o melhor projeto arquitetônico, e oferecer os melhores equipamentos, com a melhor equipe na operação, treinada e motivada, com o objetivo de encantar nossos clientes, com a melhor experiência de consumo. Além disso, o maior desafio está na gestão de pessoas, nos funcionários que irão se relacionar com os nossos clientes. **O desafio de ter um gerente, não um porteiro, o desafio de ter um garçom vendedor, não um tomador de pedidos.**

Inovação, mesmo com o cenário negativo da economia brasileira, estamos desenvolvendo uma nova rede de postos de combustível para o Grupo Habib's. Inovar sempre fez parte da minha motivação no trabalho, pois posso por em prática várias habilidades necessárias nas áreas de marketing, comercial, financeiro, industrial, planejamento e distribuição. Criar um ambiente para a inspiração e a criatividade, onde a pressão do dia a dia e a rotina interferem continuamente.

Aos sábados tenho a honra de sair com o presidente, para visitas e analisar a viabilidade de novos negócios. Durante esse tempo, algumas coincidências só vieram a confirmar as ligações com a empresa: tenho descendência árabe, italiana e portuguesa. Trabalho numa rede de restaurantes árabe e italiana, para um português. Meu aniversário é no dia que a rede Habib's mais fatura. O sanduíche que mais vende é o beirute, criado em 1951 pelo meu tio Fares Sader. Temos muitos amigos em comum, e faço o que gosto. *Maktub*, "Estava escrito trabalhar no Habib's".

Aproveito para agradecer todas as pessoas que me ajudaram na construção da minha vida profissional, que acreditaram e me proporcionaram a oportunidade de realizar meu trabalho, MUITO OBRIGADO!!!

SHOPPING CENTERS

Novos Mercados, Grandes Emoções

LUIS FELIPE SALLES

Neste capítulo, falarei sobre as oportunidades e os desafios intrínsecos ao desbravamento do interior do Brasil para a instalação de um grande *shopping*. A interiorização dos *shopping centers* vem sendo uma tendência já há alguns anos. Segundo dados da Associação Brasileira de Shopping Centers (Abrasce), no Brasil, no ano de 2016, cerca de 52% desses centros comerciais estavam instalados fora das capitais, em cidades com menos de 500 mil habitantes.

Muito mais que uma oportunidade, construir um *shopping* numa cidade do interior vai além de uma tendência: é pura emoção. Muitas vezes, quando se visita o interior e se conversa com pessoas da região, verifica-se que elas desconhecem o funcionamento de um *shopping center*. Descobre-se, inclusive, que muitas delas sequer já se utilizaram de uma escada rolante, mas anseiam por isso. Há pessoas que viajam até 500 km simplesmente para ir a um *shopping*; elas querem ter a experiência de assistir a um filme num cinema de última geração, de comer nas consagradas redes de *fast food*, e de comprar produtos de marcas de expressão nacional. É aí que surge a demanda reprimida e *shoppings* desenvolvidos em cidades polarizadoras em regiões interioranas arrebatam um grande número de consumidores oriundas do entorno com enorme desejo de consumo.

O INÍCIO DA EXPERIÊNCIA

Tenho 21 anos de experiência na área comercial. Durante esse tempo trabalhei para redes de empreendedores líderes do setor, focados inicialmente nas capitais. Hoje tenho a minha empresa de concepção, planejamento e comercialização. Nos últimos nove anos atuei como diretor comercial, como a Multiplan e Almeida Junior, sendo a última com a missão é lançar *shoppings* em cidades médias próximas das capitais, que apresentam demanda neste sentido. Meu foco é a concepção, o desenvolvimento e a comercialização de lojas.

Tudo começou no Rio de Janeiro quando eu ainda era gerente do BarraShopping, da Multiplan, a maior empresa do setor no Brasil. Na época, aquele era o maior centro de compras do País, com mais de 500 lojas. Minha função era gerir o departamento comercial. Em reconhecimento por esse trabalho de seis anos, durante os quais houve muita negociação com lojistas, e pelo conhecimento que adquiri do varejo, acabei sendo contratado pela Ancar Gestão de Shoppings. Assumi a área comercial para realizar um projeto específico: o reposicionamento de dois *shoppings* de decoração no Rio de Janeiro. O objetivo era readequar o *mix* de lojas do Rio Design Barra e Rio Design Leblon, transformando-os em *shoppings* de moda *fashion* voltada para a alta classe carioca. Havia uma lacuna de mercado para isso.

Liderei o processo de negociação comercial, e enquanto prospectava lojistas tradicionais de moda de alto padrão, vendendo-lhes um novo conceito de *shopping* e em paralelo renegociava a retomada dos pontos dos lojistas de decoração e foi uma por uma. Foram dois anos de muito trabalho no setor comercial (2003 e 2004).

Ao longo do processo, contei com a grande colaboração da Ancar, com o apoio total do marketing e do CEO da empresa e, inclusive, pude escolher minha equipe de trabalho. Desse grupo destaco a querida Marilene Araújo, coautora deste livro – que, aliás, juntamente comigo e Ângelo Costa, arrebentou na comercialização desse reposicionamento. Ao final do projeto, que envolveu mudanças de ambientação e marketing, além da grande alteração do *mix*, o trabalho da empresa conquistou o troféu Prata na categoria de Projeto de Melhor Revitalização de todos *shopping centers* inscritos no congresso internacional de *shoppings* do ICSC. (Associação Internacional de Shopping Centers).

SAINDO DO EIXO RJ/SP

Com a entrega do trabalho, veio um "presente" (que na hora não sabia se "de grego" ou não!): a tarefa incluía sair do Leblon, no Rio de Janeiro, e ir morar em Cuiabá, no Mato Grosso. Era 2004, e o mais importante é que eu havia ganhado a confiança da empresa. É óbvio que aceitei o desafio e tive como missão comercializar o Pantanal Shopping, primeiro grande *shopping center* da capital do Mato Grosso. Fiquei lá um ano e meio, focado apenas no trabalho comercial. Eu me envolvi com todos os varejistas locais e negociei as marcas nacionais para o maior *shopping* de Cuiabá. Toda a gestão foi muito bem conduzida por Ilton Nobrega, também deslocado do Rio. Trabalhamos muito bem juntos para inaugurar aquele empreendimento. Lembro-me de que quando cheguei ao terreno havia uma obra abandonada. Era apenas um esqueleto, com laje e pilares prontos (uma herança da falida construtora Encol). Na chegada, conheci o engenheiro Fernando Castanheira, que também entrou para o time da Ancar. Somos amigos até hoje, porém ambos agora são diretores da Saga Malls.

Vale lembrar que, naquela época, a maioria dos empreendedores não tinham grandes recursos em caixa para expansão. Os financiamentos para grandes investimentos eram muito difíceis, inclusive no BNDES e a prospecção de capital externo era tarefa muito complicada. Todos os empreendedores estavam com o freio de mão puxado e a economia brasileira, de certa forma, travada, por conta dos seus juros elevados. Naquele tempo ainda não existiam alternativas como a participação de fundos internacionais ou fusões de empreendedores com as maiores empresas do setor nos EUA, como é comum atualmente.

Nesse cenário, já estávamos terminando a comercialização do Pantanal Shopping, que aconteceu com muito sucesso. Já me sentia com certa experiência nessa área. Na ocasião percebi que nenhum novo empreendimento estava na agenda da empresa para ser lançado e que o desenvolvimento de novos *shoppings* no mercado nacional estava meio parado. Foi então que um dos sócios locais do empreendimento me perguntou se eu já conhecia a cidade de Porto Velho, em Rondônia. Ele disse: "fica a 1.000 km daqui e sei que muitas pessoas saem de Porto Velho para consumir em Cuiabá, porque não tem nada naquela região. Como a Ancar já tem o Shopping Conjunto Nacional de Brasília, e vocês estão terminando este aqui em Cuiabá, por que vocês não olham Porto Velho?". Agradeci a dica e fiquei com aquela conversa na cabeça. Foi então que enxerguei uma oportunidade. Ora, se não temos mais empreendimentos novos e existe uma capital brasileira que ainda não tem um *shopping*, talvez eu devesse ir até lá olhar esse mercado. Pensei: "Se é uma capital, tem gente, e é óbvio que deve ter dinheiro!".

Fui de imediato consultar a diretoria da empresa. Perguntei se eles topavam olhar a cidade, fazer uma pesquisa de mercado para ver se realmente caberia um *shopping* na região, conhecer a população, entender o tamanho do mercado local e estudar a possibilidade de se fazer um negócio por lá.

Esperei a próxima reunião de comitê, no Rio, e indaguei sobre o tema. Marcos Carvalho, vice-presidente, com perfil mais financeiro, me disse: "Olha baixinho, de jeito nenhum, nem pensar, você está louco. É longe demais e o mercado é pequeno, sem chance". Já seu irmão, Marcelo Carvalho, co-vice-presidente, que tinha perfil mais comercial e era o meu superior direto, disse: "Essa me parece uma boa ideia, por que não vamos olhar? Vou pensar, me procura depois."

Então consultei o CEO, Evandro Ferrer. Perguntei: "Evandro, que tal analisarmos Porto Velho na sequência do trabalho de Cuiabá, afinal, minha missão comercial por aqui está chegando ao fim?". Ele respondeu: "É o seguinte, se não atrapalhar seu tempo em Cuiabá, se você conseguir ir para Porto Velho eu penso como introduzir o assunto por aqui. Te apoio, mas não quero que você perca mais do que dez minutos com isso!".

E AÍ COMEÇOU A HISTÓRIA – ERA CARNAVAL DE 2006

A solução foi aproveitar a folga do carnaval. Peguei o carro e segui uma reta de 1.000 km pela BR 386. Depois de um dia de viagem cheguei para desbravar Porto Velho. Lá comprei dois jornais para entender um pouco da economia, da sociedade e da política local. Havia poucos anos desde que a cidade ganhara *status* de capital. Antes, Rondônia era um território comandado pelo general Jorge Teixeira, que foi o responsável pela mudança de território para Estado e pela criação da capital Porto Velho.

Porto Velho tinha 400 mil habitantes e a grande novidade que me motivou a continuar o estudo e a me aprofundar mais foi o lançamento de duas grandes hidrelétricas (Santo Antônio e Girau). Juntas, ambas movimentariam mais de R$ 3 bilhões e levariam para a região milhares de pessoas para morar lá.

O momento era perfeito para se construir um *shopping center* na cidade. Imagine uma capital que ainda não tinha sequer um McDonald's e nem cinema! Se eu conseguisse levar a inovação de um *shopping* para lá, encontrasse um bom terreno e trouxesse os lojistas nacionais, com certeza o empreendimento viraria um *case* de sucesso. Na época não se tinha *smartphones* nem esse tanto de *apps* de hoje. O celular era analógico e de tecla; a internet contava com uma velocidade bem mais baixa, bem diferente do que conhecemos hoje. Ela era ligada por cabo e a conexão fazia aquele tradicional barulho: "tuutuuu, biii". Ainda se usava *fax*. Nosso trabalho inicial de desenvolvimento de *shopping centers* e a busca por terrenos era toda feita com mapeamento aéreo.

Fui até o aeroporto. Não tinha um teco-teco disponível. Estava no meio do carnaval e eu precisava sobrevoar a cidade para fotografar de qualquer jeito. Encontrei um aeroclube. Fui até lá e perguntei como fazia para alugar um helicóptero. O rapaz que me atendeu disse: "Helicóptero? Está brincando, só em Manaus, três dias de viagem daqui!"

Respondi que não dava tempo, expliquei que precisava sobrevoar a cidade, tirar umas fotos, entender a logística da região, mapear uns terrenos. Aí, ele disse: "Tem um piloto ali que é instrutor de *Trike*. Você sabe o que é *Trike*?" Respondi: "Claro que não, o que é isso". Descobri que era uma espécie de ultraleve com uma cadeira de plástico. Atrás dela vinha o motor, uma grande hélice que mais parecida com um ventilador antigo (daqueles de repartição pública). Quando eu olhei aquele negócio fiquei apavorado. O instrutor que se aproximou, se chamava Erick, e eu perguntei: "É nisso aí que você voa?" Ele disse: "Sim. Tem um voo duplo que eu faço para treinamento". Explicou que bastava colocar mais um banco na plataforma, naquela espécie de asa delta com um grande motor de Fusca atrás, que parecia um triciclo voador. Enfim, naquele momento só conseguia sentir medo e adrenalina!

Como percebi que esse voo seria o início de uma nova história, precisava criar um fato novo na empresa, então pensei: "Acho que vou encontrar esse fato aqui mesmo". Falei para o instrutor: "Bora, acelera essa bagaça para ver se voa mesmo". E levantamos voo. Sobrevoamos a cidade a mais ou a menos mil metros de altitude.

Uma verdadeira aventura! Me sentia solto enquanto fotografava, pois não tinha porta nem carenagem. Mapeei a região e escolhi quatro terrenos que poderiam ser interessantes para a instalação do *shopping*. Fui atrás para ver quem eram os donos dos terrenos e comecei a fazer uma pesquisa de mercado sobre a cidade: perfil da população, renda, número de habitantes, enfim, dados que me ajudariam a embasar uma apresentação na sede no Rio de Janeiro. O mais interessante é que, por acaso, o melhor terreno da cidade e tinha como dono o pai do piloto do *Trike*, juntamente com outros sócios. Santo voo!

Enquanto eu fazia todo o trabalho técnico de contextualização do mercado para justificar o investimento de um empreendimento naquela região, Marcelo Carvalho, um dos vice-presidentes da Ancar participava de um evento no Canadá. Vale ressaltar, que ele era o único empreendedor brasileiro que, naquele momento, tinha acento no *board* do ICSC (Associação Internacional dos Shopping Centers). Naquela viagem, ele estava participando de um evento da própria associação no Canadá e, ao mesmo tempo, tentando uma grande negociação de captação de recursos de um fundo de pensão canadense. E foi muito competente, pois a empresa se associou a Ivanhoe Cambridge, que investia em *shoppings* naquele país e na Europa. Com isso, foi criada uma *joint venture* e a empresa ficou capitalizada. Teve início a Ancar Ivanhoe, e o projeto que eu estava desenvolvendo poderia ser o primeiro *shopping* com dinheiro de um fundo internacional e também o primeiro totalmente liderado pela segunda geração da empresa – os dois irmãos que dividiam a vice-presidência.

Voltei para a sede e apresentei o estudo para aquelas mesmas pessoas do início – os dois irmãos e o CEO –, mas a resposta foi exatamente a mesma da ida. Disse o Marcos: "Legal, mas você continua maluco. Vou ver com Marcelo e depois te digo"; já o Marcelo disse, "Baixinho, muito bom, me parece que tem grandes chances, vamos avançar"; já o CEO disse, "Felipe, está bem feito, acho que temos que contratar uma pesquisa ampla para validar seu estudo e chamar nosso conselho". Fui estreitando a negociação com o dono do terreno, tomando conhecimento dos lojistas líderes e aprofundando o relacionamento com o Clube de Dirigentes Lojistas (CDL) local. Enfim, fui sedimentando o negócio para criar um cenário favorável. Assim, se a empresa aprovasse o projeto, abrisse a negociação firme para a compra do terreno eu poderia ajudar a desenhar o novo *shopping*. Todo o processo demorou um ano entre estudo e aprovação.

A COMPRA DO TERRENO

Os proprietários do terreno eram três pessoas e tinham alguns entraves na questão comercial. Foi uma briga bravíssima, pois dois deles eram irmãos e pensavam e decidiam juntos, mas estavam em divergência com um terceiro sócio. O maior incentivador do negócio era José Wilson Rocha, pai do piloto da cadeira voadora, junto com seu irmão, mas os dois não se acertavam com o esse terceiro sócio. Nossa estratégia foi convencê-los a vender metade da área, que já era suficiente para o empreendimento – a pesquisa indicava um *shopping* de 25 mil m² de Área Bruta Locável (ABL) que geralmente se precisa de cerca de 60 mil m² para realizar. Estávamos falando em 140 mil m², ainda era muita área, com reserva para a expansão do *shopping* ao longo dos anos. Os 100 mil m² remanescentes ficariam para a família explorar com projetos imobiliários.

Expliquei aos donos que com aquela briga o negócio não sairia. Eles deveriam se alinhar nessa hora. Unir forças para facilitar o investimento da Ancar, pois poderiam capitalizar muito mais se o *shopping* acontecesse, e criarem um empreendimento imobiliário deles incorporado posteriormente à inauguração na área remanescente.

Shopping é igual a vinho: quanto mais velho mais valioso. Um *shopping* bem gerido fica cada vez mais cheio; com a sedimentação do fluxo, ele valoriza muito o entorno.

Deu certo! Marcelo Carvalho foi muito hábil na negociação final para a assinatura, assim como os advogados da Ancar. Fechamos o negócio. Após uma bateria de documentações e meses de reuniões para a assinatura acertamos a compra do imóvel. O início dessa estratégia de negociação com a família dos "terrenistas" aconteceu em um boteco; foram quatro horas de papo e não senti nem o cheiro dos bolinhos de bacalhau!

MAS HAVIA UM CONCORRENTE LOCAL

Naquela época, tinha apenas um voo de dez horas de viagem do Rio – era mais rápido ir para Miami do que para Porto Velho. Decidido fazer a compra do terreno, fomos apresentar ao prefeito a ideia do *shopping*. Nesse período, fiquei praticamente morando lá, fazendo o trabalho sozinho para não desgastar a empresa inteira enquanto decidiam se iríamos ou não fazer o negócio. E foi aí que surgiu uma novidade!

Já na fase final de negociação para compra do terreno, descobrimos em uma apresentação na prefeitura que tínhamos um concorrente. Um empreendedor local da construção civil tinha um projeto para abrir um *shopping* na região e já estava em tramitação. O terreno e o projeto eram menores que o nosso, mas ele estava na frente com cartas de intenção assinadas com grandes âncoras, como Riachuelo, C&A, Lojas Americanas e Marisa.

O empreendimento se chamaria Porto Madero e a localização do terreno, que ficava fora do centro, na entrada da cidade, local de pouco adensamento e à beira da BR 386. O empresário local estava sendo bem assessorado por uma empresa de desenvolvimento e comercialização de São Paulo, com *expertise* em consultoria de *shoppings*. Nessa disputa, conheci Paulo Carneiro e seu filho Gustavo. Dono da PCA Shopping que estava conduzindo o planejamento e comercialização do Porto Madero Shopping. Mesmo com aquele embate de ano e meio, nós nos relacionamos socialmente muito bem até hoje.

Ele tinha uma vantagem fundamental: independentemente do tamanho e local do terreno, chegou primeiro e estava com as âncoras negociadas! Surgiu ali um grande problema para nós e, por consequência, para o cenário da indústria de *shopping*. Foi a primeira disputa entre dois empreendedores para construir o primeiro *shopping* em uma cidade que, pelo tamanho, só comportaria um. Essa questão foi emblemática e marcou o início da fase da interiorização do segmento no Brasil.

ESTRATÉGIA GERAL

Iniciou-se uma nova missão: acabar com o concorrente. Para isso, seria necessário convencer as âncoras a desistirem do outro empreendimento e migrarem para o nosso. Foi um ano de grande embate empresarial, em todos os níveis que se possa imaginar. A cidade comportaria um *shopping*, seja qual fosse o local bastando que o mesmo tivesse um bom acesso.

Fomos em cada uma das âncoras para tentar reverter a situação e demovê-las da ideia desse empreendimento e conquista-las, de maneira técnica, para que migrassem para o nosso *shopping*. Achei até que seria fácil, pelo número de argumentos que tínhamos, mas não foi.

Os atributos técnicos – de gestão com varejo, marketing e tecnologia avançada de obras – eram reconhecidamente comprovados pelo mercado em relação à nossa empresa. Além disso, havia o sucesso recente do Pantanal Shopping, e o grande volume de vendas do Conjunto Nacional de Brasília, no qual as mesmas âncoras estavam operando muito bem. Faria muito mais sentido para elas desistirem do projeto local e migrar para nosso empreendimento. Afinal, já havia uma parceria com nossa rede nacional.

Porém, havia um fator que eu desconhecia na época. Paulo Carneiro havia se preparado bem. Como sentiu a ameaça, além de ter as cartas de intenção assinadas individualmente, fez um acordo com as âncoras para que ficassem juntas no projeto dele e, inclusive, tinha um documento assinado por todas elas. Isso nos dificultou muito, pois nenhuma das quatro âncoras deixava de reconhecer que nosso projeto era melhor, no entanto, não se decidiam por mudar. Seria um jogo longo, pois nenhuma delas queria ser a primeira a declinar.

Tinha de forçar muito a barra como os interlocutores, pois, se não fosse marcação cerrada, com muita técnica e diplomacia, perdíamos o jogo. Aos poucos, fui fazendo acontecer. Consegui convencer algumas marcas a fazer a adesão ao nosso projeto, a Lojas Americanas foi a primeira a aderir. E na sequência outras megalojas regionais que não estavam no acordo com o concorrente. A Riachuelo foi a única que não aceitou. Na época, o diretor de Patrimônio Sr. Pedro Siqueira, responsável também pela expansão das lojas, me disse: "Luís, se as outras âncoras mudarem e forem para o seu empreendimento, nada podemos fazer, a decisão é delas. Mas não podemos fazer isso agora, pois assinamos uma carta de intenções e vamos manter o compromisso."

Sem a Riachuelo era difícil continuar, visto que a marca era a líder no Norte e Nordeste. Então, mudei a estratégia e desenvolvi várias conversas, com quem hoje é o diretor de Expansão da Riachuelo, e também coautor deste livro, Marcos Tadeu. Na época, ele estava assumindo a área depois de uma longa carreira como gestor de Lojas.

Tentei de tudo para influenciá-lo, de modo que nos ajudasse a fazer com que o comitê interno de sua empresa mudasse de ideia, mostrando-lhes que o nosso negócio era o melhor. Consegui que ele pegasse um avião e fosse ver nosso terreno. Óbvio que deu em nada. A decisão do Pedro Siqueira, diretor de Patrimônio, foi mantida no *board*. Não era uma questão de melhor ou pior, mas uma decisão conceitual.

Como a C&A, Riachuelo, Marisa estavam amarradas com o concorrente local pelo acordo do Paulo Carneiro (PCA Shopping). Tínhamos a necessidade de uma âncora de moda de expressão nacional, então fomos buscar uma marca forte, que ainda não estava na pauta de Porto Velho. Fui atrás da Lojas Renner.

Tínhamos uma parceria de longa data e sabíamos que estavam em franca expansão no Norte e Nordeste, pois queriam entrar nesse mercado. Marquei com o Sr. Ademir Muller, gerente sênior de Expansão, que além de ser um dos colaboradores mais antigos da empresa é um profissional super respeitado no mercado. Com muita técnica, mostrei nosso projeto, começando pelo tamanho do mercado, o belíssimo conceito arquitetônico, a localização privilegiada, os vetores de crescimento e todos os dados da pesquisa que só indicavam nosso terreno como o mais adequado em Porto

Velho. Citei tudo com absoluta transparência, incluindo a existência do concorrente local, que estava firme com a Riachuelo e demais âncoras.

Após várias reuniões conseguimos agendar a visita dele a Porto Velho, para conhecer o terreno e comprovar nossa estratégia. Ele fez as análises para justificar o investimento ao seu Conselho de Administração, que chegou a uma conclusão positiva. Assim, finalmente assinamos o contrato. A marca estava completamente isenta e era independente; não tinha até então conhecimento do projeto concorrente. Conseguimos nossa primeira grande âncora de moda. Agradeço muito a Ademir Muller e sua equipe por entenderem e apostaram no nosso projeto. Sei que, motivado pela credibilidade e pelos bons resultados da Renner nos *shoppings* da Ancar, valorizaram o que viram lá e previram que nosso oponente não tinha total consistência para acompanhar o embate. Eles logo escolheram a melhor localização para a loja, e conseguiram uma boa negociação para chancelar sua presença, como pioneiros do nosso projeto.

Expansão internacional

Visão de longo prazo leva a um relacionamento de longo prazo. Prova disso é que, recentemente, a Lojas Renner contratou minha empresa, a Mix Retail Malls para prestar consultoria comercial na busca de pontos para ajudar a promover a internacionalização da marca. Com êxito, fechamos a implantação de quatro lojas no Uruguai, num trabalho conjunto com Mateus Moretto e Rafael Puerta, que compõem a equipe do Ademir. O processo envolveu muita costura com os empreendedores uruguaios. Os executivos cuidaram de várias etapas internas para preparar a aprovação do projeto, que precisou ser mantido em sigilo durante dois anos, até a publicação do fato relevante da Bovespa, em maio de 2016. Foi uma satisfação participar com eles desse negócio, e mais uma mostra de grande confiança e de parceria.

Voltando à história de Porto Velho, pouco a pouco fui revisitando as demais âncoras, tentando convencê-las a mudar de projeto, mostrando-lhes como exemplo a força da Renner, já demarcada na planta. Na sequência, consegui fechar com a Lojas Marisa, em que o diretor da época meu amigo Boris, teve um bom entendimento da situação e decidiu em fazer até duas lojas novas na cidade, caso o concorrente evoluísse, mantendo o acordo com eles, mas também aderiu ao nosso.

Desenvolvemos também negociação com outras âncoras. Assinamos com a rede de Cinema Araújo, do amigo Marcos Araújo – motociclista de Harley Davidson como eu. As salas de cinema dele davam excelente resultado em Cuiabá, no Pantanal, portanto, negociar a expansão para mais um complexo foi natural. Assim, também aconteceu com a megaloja de entretenimento infantil, Planet Park, do querido Mauricio Menezes.

Também fechamos com a megaloja de sapatos, a Studio Z, rede que vendia muito bem em Cuiabá, do grande amigo Sr. Mário Zanata. Atualmente, a marca está com quase cem grandes lojas, e é um exemplo de marca que conhece bem a interiorização no Brasil. Hoje a Studio Z está sob comando dos filhos, liderados por Juliano Zanata. Bacana ver uma família crescer unida nos negócios, sendo iniciada pela matriarca da família, Valma, na garagem da casa em Cuiabá onde montou sua primeira lojinha.

Outro diferencial que conseguimos foi levar para o Porto Velho Shopping uma universidade: a Universidade de Cuiabá (Unic). Negociei o segundo *campus* da Unic em um *shopping*, visto que a primeira experiência deles havia sido no Pantanal, em Cuiabá. Fazer uma expansão para Rondônia foi uma consequência. Mudaram o nome para o projeto e criaram a Universidade de Rondônia (Uniron). A negociação foi direta com Rodrigo Galindo, hoje presidente da Kroton, maior empresa de ensino da América Latina.

Em Manaus acertei outra operação de grande porte para o *shopping*, a loja de departamentos Bemol. Com isso, os varejistas começaram a perceber nossa desenvoltura comercial e a obra no terreno do concorrente não avançava.

Mas fazer um *shopping* somente com uma âncora de moda, no caso a Renner, ainda gerava dúvida no nosso segmento. Tinha quem afirmasse que iríamos adiar a obra e outros duvidavam que realmente construiríamos o *shopping*. Tínhamos de conquistar pelo menos mais uma grande loja de moda: tentar novamente mudar a decisão da Riachuelo ou da C&A. A composição da ancoragem é muito importante, garante geração de fluxo, o que é básico no setor. Precisávamos de uma segunda marca para ficar no lado oposto da localização da Renner, a fim de provocar a circulação perfeita dos consumidores no corredor, de uma ponta à outra do *shopping*.

TÁTICA 1 – SOLUCIONANDO CONFLITOS "FORA DA CAIXA"

No meio do caminho surgiu uma grande ideia. Paulo Carneiro, que era meu adversário técnico no diálogo com Pedro Siqueira, da Riachuelo, pensou em uma possível solução. Eles dividiram comigo o assunto e manifestamos interesse de fazer dessa triangulação um racional ousado, completamente "fora da caixa". Propusemos uma união entre os empreendedores – isso mesmo, uma sociedade entre eles. Eu e Paulo Carneiro tínhamos de conversar internamente em nossas bases, afinar os detalhes e as expectativas. Coloquei-me à disposição para levar a ideia, com o conceito de propor ao concorrente local uma pequena participação societária no nosso projeto, fazer um único *shopping* e unir todas as âncoras. A cidade teria um empreendimento grande e forte no nosso terreno e para isso o empresário local ganharia um percentual do *shopping*, abrindo mão de sua obra (que caminhava bem devagar) e teríamos Riachuelo, C&A e Renner juntas. Achei excelente a solução, seria a melhor decisão.

Paulo Carneiro levou seu cliente para a nossa sede no Rio, onde fizemos uma grande apresentação. Contamos a nossa história de 30 anos no segmento, sobre os milhares de lojistas que estavam em nossos empreendimentos. Enfim, elencamos várias razões para que ele abdicasse de ser nosso concorrente, aceitasse uma pequena participação no projeto e, assim, terminasse toda aquela briga técnica. Moral da história: não deu certo. Ele não quis se associar. A disputa não acabou, piorou, a "chapa esquentou" na mídia. Recebíamos alfinetada em cima de alfinetada nos jornais e nas rádios da cidade. Mantínhamos nossos argumentos, mostrávamos como uma gestão nacional poderia trazer modernidade à capital, mas não entrávamos no mérito de avaliar ou falar mal do concorrente. Era como se ele não existisse, até para não dar mais margem de notícias que fomentassem adversidades.

Com a Riachuelo sem chance de mudar de ideia, nosso CEO, Evandro Ferrer, que tinha sido por muitos anos diretor de RH da C&A antes de ingressar na Ancar, entrou na negociação para ajudar a resolver a questão da segunda âncora de moda. Ele soube achar o caminho das pedras e convenceu a marca a migrar do projeto. Dessa forma, ficamos bem ancorados, com Renner e C&A, além da Lojas Marisa e Lojas Americanas e das megalojas regionais, dos cinemas e de uma universidade, e estávamos prontos para aplicar todas as logomarcas na planta e fazer uma festa de lançamento. A comercialização do *shopping* decolou e a obra já poderia começar com toda energia. Naquele momento o projeto estava aprovado e o terreno já contava com terraplenagem.

Depois desse embate, o *shopping* do concorrente parou. Até hoje, o projeto não saiu do papel. Com toda essa questão equacionada, voltei e oficializei ao Pedro Siqueira, da Riachuelo, que C&A e Renner estavam conosco. Eu disse: "temos duas âncoras de moda e agora a nossa obra vai avançar com força e o projeto do concorrente está inviabilizado". Com ética e transparência, precisei dizer que já não tínhamos mais área disponível para a Riachuelo e que o nosso *shopping* iria acontecer. Informei que até mesmo C&A havia mudado seu posicionamento por entender que seria o melhor para o negócio, do que o risco de ficar de fora.

> ### *O legado*
>
> Digo a vocês que tenho muito orgulho de ter motivado (até meio sem querer) na batalha com Paulo Carneiro, uma coisa boa. Ela originou um diálogo mais consensual entre as marcas nacionais de varejo e os empreendedores de *shopping centers*. Pedro Siqueira procurou as demais âncoras para que se unissem, e defendeu a ideia de criar uma espécie de conselho de varejo. Até hoje, passados cerca de dez anos, continuamos discutindo regularmente e de maneira muito organizada todas as questões das duas pontas, como um verdadeiro conselho em que varejistas nacionais debatem as questões do negócio.
>
> Os empreendedores de *shopping* também são sempre convidados a apresentar os projetos em primeira mão, logo na fase de pesquisa e implantação, a fim de evitar problemas de "bola dividida". Tem sido de grande valia, pois isso já deu certo em vários casos de embates.
>
> Acredito que muito mais do que um simples grupo ou conselho organizado, o que interessa é que discutamos tendências, resultados e promovamos a união dos setores. Hoje, mesmo que todos tenham objetivos e estratégias diferentes, a relação está bem mais madura e com grande foco no resultado. Há muita coisa em comum entre os setores de *shoppings* e grandes varejistas de rede nacional, no qual as âncoras exercem liderança. *Um setor depende totalmente do outro.*
>
> O conselho é atuante e profissional, e o que me orgulha é que surgiu das minhas conversas com Pedro Siqueira e Paulo Carneiro. Atualmente quem vem conduzindo esse "Conselho Nacional de Varejo", que tem sede na Associação Comercial de São Paulo, é Nelson Kheirallah, da Camisaria Colombo. Ele preside o conselho e, em conjunto na liderança encontra-se outro amigo antigo, Boris Timoner, que na época da disputa em Porto Velho era o diretor da Lojas Marisa, responsável pela expansão que negociou comigo a adesão da loja.

> Porém, vale salientar e deixar claro que o setor de *shopping* tem sua representatividade oficial há mais de 40 anos. A Abrasce é a única entidade reconhecida internacionalmente e que tem o objetivo de fomentar, fortalecer e desenvolver o setor, bem como de buscar o desenvolvimento contínuo dos *stakeholders* da indústria, além de promover os equipamentos e defender os interesses do setor em todas as esferas. Além disso, promove um grande congresso anual, com abertura à participação de toda cadeia produtiva, incluindo fornecedores e lojistas. Ademais, reconhece lojistas e empreendedores. É uma grande entidade que atua e ajuda todos em prol da indústria do *shopping*, contemplando também a evolução do setor varejista.

UMA NASCENTE DE ÁGUA NO MEIO DO NOSSO TERRENO!

Quando o concorrente percebeu que tínhamos vencido mais uma etapa e nosso empreendimento estava decolando, começou a última jogada! Foi divulgado, por meio de uma ONG, que nosso terreno tinha impedimentos ambientais e que a obra deveria ser embargada. Segundo a denúncia, supostamente haveria uma nascente de água no meio do terreno. O projeto acabaria com ela, cometendo um crime inafiançável. Ou seja, mais grandes emoções por vir! Agora, na esfera jurídica da cidade. Lá se foi mais um tempão com questões de ordem ambiental e técnica. Essa etapa envolveu muito as áreas Jurídica e de Engenharia. Entrou em cena outro diretor de primeira linha da empresa, Paulo Brito, que também brilhou tanto na parte da aprovação quanto na condução do gerenciamento de toda obra.

Na verdade, a água em nosso terreno era causada por falta de parte da canalização do esgoto da cidade. O córrego vinha canalizado por baixo do asfalto da rua, mas quando chegava no nosso terreno, que era vazio e tinha a largura de duas quadras, desembocava na terra e escoava a céu aberto. O problema tomou as manchetes dos jornais locais com títulos como: "Canadense está destruindo a Amazônia", "Empresa de *shopping* canadense está destruindo as fontes de água de Porto Velho", "Grupo do Rio está fazendo um *shopping* ilegal". Foi um período difícil. Em negócio grande, a ameaça sempre é grande (e lá não era diferente). Não faltaram momentos difíceis. Novos mercados, grandes emoções! A opinião pública estava dividida; havia enquete nos jornais e rádios e problemas com associação de moradores. Imagine o clima!

Os executivos das âncoras nos questionavam, pois não sabiam se acreditam ou não no que liam quando recebiam *clippings*. O concorrente alardeava que retomaria seu empreendimento, pois o nosso seria embargado. Todos os envolvidos esperavam para ver o que aconteceria. Metade na torcida a favor, metade contra. Era um ambiente muito desgastante, mas, também muito emocionante. Vivemos exatamente isso, uma emoção diferente todo santo dia. Esse tipo de problema não foi exclusividade de Porto Velho, embates de ordem técnica, jurídica e ambiental acontecem com frequência no nosso segmento.

Conseguimos avançar e provar legalmente a verdade dos fatos. Na época, fiquei amigo de um advogado local, Dr. Rochilmer, um flamenguista doente. Assisti a vários jogos na casa dele, com direito a bandeiras e torcida organizada dos amigos. Vencemos a questão ambiental de maneira técnica. Esse tipo de situação acaba criando muitas dúvidas sobre a continuidade do projeto, pois as paralisações jurídicas atrapalham muito. Os *prospects* que estão em negociação não decidem; eles param e esperam para ver como fica a situação. Como temos metas mensais de contratos assinados, deparamos com duas hipóteses: "sentar e chorar" ou "trabalhar mais". A empresa havia anunciado na imprensa 18 meses antes a data e a hora da inauguração, que seria dia 30 de outubro 2008 às 10:00h. O mais bacana é que, mesmo com todos esses problemas, não atrasamos nada. O *shopping* foi inaugurado como prometido.

TÁTICA 2 – ADEQUAÇÃO DA ARQUITETURA À COMUNIDADE LOCAL

Como trazer a cultura local e a diversidade dos ecossistemas da Amazônia? Como traduzir todos os anseios da comunidade no projeto arquitetônico? Comecei a pensar sobre tudo isso e foi uma experiência muito rica.

Para termos referências na criação da logomarca do *shopping*, estudamos as tribos indígenas da região, assim como a história da Estrada de Ferro Madeira Mamoré, o marco da cidade. E olhando as "Três Marias" – três caixas d'água de ferro suspensas, uma herança dos americanos que ali se instalaram para a obra da estrada de ferro, em 1910, que se transformaram em ponto turístico da cidade, tivemos a ideia da logomarca. Chamamos a agência de propaganda local e sugeri que fizéssemos uma releitura daquilo, com um desenho estilizado, incorporando alças de sacola de compras e sugerindo um movimento da cúpula das caixas d'água suspensas, para que pudéssemos simbolizar o varejo de uma forma simpática e leve, associado a um ícone da cidade. Deu super certo!

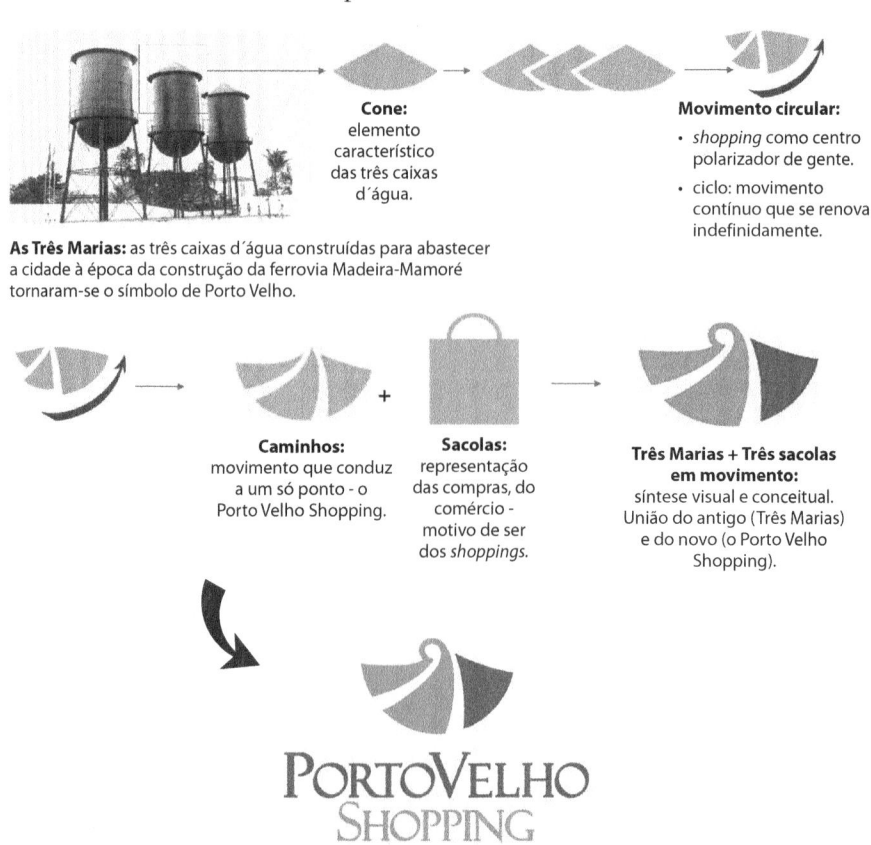

Cone: elemento característico das três caixas d'água.

Movimento circular:
- *shopping* como centro polarizador de gente.
- ciclo: movimento contínuo que se renova indefinidamente.

As Três Marias: as três caixas d'água construídas para abastecer a cidade à época da construção da ferrovia Madeira-Mamoré tornaram-se o símbolo de Porto Velho.

Caminhos: movimento que conduz a um só ponto - o Porto Velho Shopping.

Sacolas: representação das compras, do comércio - motivo de ser dos *shoppings*.

Três Marias + Três sacolas em movimento: síntese visual e conceitual. União do antigo (Três Marias) e do novo (o Porto Velho Shopping).

PortoVelho SHOPPING

Para desenvolver o projeto arquitetônico do empreendimento, a Ancar contratou a Design Corp. do Canadá, um dos melhores escritórios de arquitetura do setor.

Levei os proprietários, Mr. Jeremy e Ms. Hilda, casal de arquitetos canadenses, para conhecerem as ruínas da estrada de ferro Madeira Mamoré, a tribo indígena local, que ainda tem alguns integrantes, o Rio Madeira e o visual da Amazônia. Toda essa diversidade cultural e natural foi incorporada ao projeto, Enquanto eles pensavam na arquitetura do empreendimento, eu ficava focado na comercialização do *shopping*, mas ajudei muito na concepção conceitual. Fizemos um projeto muito rico, com detalhes em plena sintonia com a cultura e os anseios da comunidade.

PONTO DE ENCONTRO: O CHAFARIZ

Eu havia acabado de retornar de um *tour* por 20 *shopping centers* nos Estados Unidos – um evento promovido pela empresa para que aprendêssemos o que tinha de mais moderno no setor naquela época – e uma das coisas que me chamou muito a atenção, especialmente nos grandes centros de compras da Califórnia, foi a presença de fontes de água nas praças. Eram muitos chafarizes em cada *shopping*. Esses pontos atraiam as crianças, que brincavam de jogar moedas para dar sorte, e ficavam ali, escutando o barulhinho e observando o movimento das águas.

Nas minhas primeiras estadas em Porto Velho, calor intenso, entre 39°C e 43°C, senti falta de um ponto de encontro e um lugar mais fresco. Não havia uma praça central ou um local mais convidativo para caminhadas. O local mais ameno da cidade era a sala de espera do aeroporto que tinha ar-condicionado. Sugeri em colocar no projeto um grande chafariz na entrada principal do *shopping*. Eram coisas simples, mas importantes e que não existiam por lá. Me dá uma tremenda satisfação saber que conseguimos tirar as ideias do papel e está tudo lá, funcionando. As crianças adoram o chafariz. São iniciativas como essas que fidelizam e encantam o cliente. *Shopping* não é só compras, é um grande *hub* social.

A PRAÇA DE ALIMENTAÇÃO

Foi quase um capítulo à parte convencer as grandes redes de *fast food* a aderir ao Porto Velho Shopping. O principal motivo era a logística. O *shopping* mais próximo era o de Cuiabá, distante 1.000 km. Imagine transportar alface, pão, tomate, o leite para o sorvete, enfim, todos os ingredientes de um bom *fast food* que são perecíveis e recebidos três vezes por semana. Qual o custo para abastecer somente uma loja? Ao Norte, o *shopping* mais próximo era no centro de Manaus, que não tinha conexão terrestre com Porto Velho. Entre as marcas de *fast-food* só havia apenas a Casa do Pão de Queijo e o Rei do Mate no aeroporto. Mas era o McDonald's o grande sonho da população. Aliás, isso quase levava os jovens ao desespero naquela época.

Centenas de pessoas certamente viriam de outras cidades do entorno, viajando 300 ou 400 quilômetros apenas para comer em uma boa praça de alimentação no *shopping*. O difícil mesmo foi convencer o McDonald's de que as pessoas viajariam cinco horas para comer um Big Mac. Fui em São Paulo na sede da rede, foram quase 18 meses de trabalho, negociando com o Fernando Brandini, que logicamente se tornou meu amigo. Eu insisti muito, demonstrando o tamanho do mercado, a carência da região e o amor da população pela marca. Mas a logística continuava representando um grande entrave. Fomos evoluindo até a decisão da viabilidade passar pela ousadia de Dorival Oliveira, na época, diretor responsável pela expansão e que topou esse desafio de investir em Porto Velho. A loja é um enorme sucesso até hoje.

Outro entrave era a cultura local. Lembro-me muito do amigo José Renato Romão, que esteve comigo lá e, à época, era responsável pela expansão do Spoleto. Ele dizia: "a população de Porto Velho não tem o hábito de se alimentar fora de casa, especialmente no almoço. A cidade é muito quente, as pessoas têm o costume de voltar às suas residências para almoçar. Não iriam comer nossa massa, que é servida bem quente". É verdade, muitas pessoas têm o hábito de chegar em casa para o almoço, tomar banho e ainda tirar um cochilo com ar-condicionado ligado. O Spoleto era outra marca de desejo de *fast food*, e no fim conseguimos viabilizar a loja. Apresentamos um candidato com potencial e conhecimento local para tocar a franquia. Era o dono de uma pizzaria no aeroporto que arriscou e contratou a franquia com o Renato. E deu tudo certo. Atualmente, o amigo José Renato se transformou em mestre cervejeiro de sucesso, com sua marca artesanal DUZÉ, sediada em Petrópolis RJ.

FAZENDO NOVAS AMIZADES

Nesse tipo de negócio certamente se encontram grandes oponentes e bons interlocutores. O segredo é transformá-los em amigos. Na batalha pela busca por marcas de grande expressão nacional e para compor o *mix* do empreendimento, havia duas marcas que não podiam faltar: Arezzo e O Boticário. Qual não foi minha surpresa ao descobrir que em Porto Velho, um mesmo franqueado, Sr. Antônio Carlos, detinha as duas marcas! Eram dele as franquias de oito lojas dessas marcas espalhadas pelas cidadezinhas do entorno. Se isso não bastasse, ele ainda era o proprietário da única galeria comercial no centro da cidade. Ele reclamava que eu poderia quebrar seu negócio, a galeria que ele levara anos para construir e locar para outros comerciantes. Então eu lhe disse em uma dessas conversas: "Antônio, quebrar mesmo não vai, mas mudará o foco do seu comércio, popularizando-o um pouco. O eixo de consumo vai migrar para nosso *shopping*. Por isso, antes que isso aconteça, é melhor que aceite aderir ao nosso *shopping* com suas franquias, pois a venda aqui vai cair muito. Temos as melhores condições para suas lojas, pois são marcas muito importantes. Além disso, sua liderança como empresário local ajudará na formação de opinião diante dos outros". E completei: "esse nosso negócio não tem volta. É melhor nos tornarmos amigos desde já e vamos fazer um bom negócio". Começamos uma boa relação e seis meses depois, já com contrato assinado da Arezzo e O Boticário, ele realmente se tornou um grande braço direito, ajudando a convencer os demais comerciantes da cidade a apostarem no empreendimento.

TÁTICA 3 – TRANSFORMAR MULTIMARCAS EM FRANQUIAS

A cidade não tinha muitos varejistas de marca de expressão nacional, contava com algumas fortes redes regionais: CityLar, Novo Mundo, Avenida e Giovana. Era preciso tê-las do nosso lado, pois isso tudo gera muita credibilidade e mostrar que grandes marcas da região também estavam lá. O problema é que isso representava poucas unidades comercializadas. O *shopping* teria 120 lojas e o processo precisava ser acelerado. Montei uma equipe de comercialização. Em Cuiabá contratei Giuliano Bragaglia e Marne Prates. Eles foram para Porto Velho e arrebentaram lá com a comercialização. Aliás, ambos tiveram longas carreiras na Ancar. Hoje, após dez anos e muita experiência, os dois são experientes superintendentes de *shopping*.

Porto Velho tinha duas ruas grandes de comércio: uma de lojas populares e outra de perfil um pouco mais elitizado. As melhores lojas eram multimarcas e vendiam Forum, Triton, Ellus, VR, M.Officer. Em termos de franquias de monomarcas de moda só havia Colcci e Taco, que também já eram nossos lojistas no Pantanal e certamente iriam para o nosso *shopping*.

Colocamos em prática uma série de novas táticas, criadas para desenvolver ou inventar lojistas. Ou seja, começamos a garimpar aquele comerciante que já tinha multimarcas na cidade e então tentávamos transformar sua loja de rua, criando uma identidade diferente, sugerindo melhorias no projeto de arquitetura, fazendo um *upgrade* para possibilitar sua entrada no *shopping*. A primeira estratégia comercial foi dar esse "banho de ambientação" no comerciante que já tinha uma clientela fiel e operava com boas marcas, mas que, pela falta de concorrência (o que é comum no interior), não tinha muito compromisso com visual *merchandising* e *design* de arquitetura.

Começamos convencendo dois ou três desses lojistas a irem para o *shopping*, com um formato de loja mais elitizado, com um *mix* de produtos mais reduzido, concentrado somente em duas ou três grifes. A ideia era buscar marcas mais sinérgicas, que falassem a mesma linguagem. Outra tática que tentamos foi a de fazer com que os lojistas de multimarcas se tornassem franqueados daquela marca que eles mais vendiam.

TÁTICA 4 – CRIAR FRANQUEADOS DE MODA

Mas ainda restava muito a fazer. Tínhamos de trazer para o *shopping* marcas nacionais via *franchising* – de fato, precisávamos inventar lojistas. Para isso, seria necessário resolver um assunto nada fácil: encontrar investidores para franquias. Todavia, os franqueadores consideravam Porto Velho uma aventura que não fazia sentido para marcas fortes no Sudeste, cujo viés de expansão se concentrava apenas nas capitais do Nordeste, como Recife e Salvador, ambos mercados mais potentes em vendas e com muito mais visibilidade.

Na visão do franqueador, não era interessante autorizar uma nova franquia, treinar toda a equipe de vendas, despachar mercadorias e fazer visitas mensais em um mercado tão distante. E tudo isso sem a segurança de faturamento, ainda mais para candidatos sem experiência. Assim, tornou-se necessário fazer o movimento contrário. Isso incluía: 1) encontrar na cidade alguém com potencial para investir em uma franquia, que quisesse crescer com o varejo e, ao mesmo tempo, tivesse capital na mão para investir; 2) descobrir o perfil dessa pessoa e sugerir uma marca com que ela se encantasse e que lhe desse a vontade de colocar a "barriga no balcão". Para isso, minha estratégia foi visitar a marcas do eixo RJ-SP levando comigo o potencial candidato à franquia. Afinal, ele saberia falar mais sobre a cidade e também sobre o potencial do mercado, e, assim, transmitiria maior credibilidade para tentar fechar o negócio.

Com isso em mente, desenvolvi uma nova ação. Ela consistia em uma série de encontros entre empresários. Nessas reuniões eu ministrava palestras sobre *shopping center*, explicava o funcionamento do mercado e do varejo. Em paralelo, convidava gerentes de expansão de marcas de renome, explicava a eles sobre a importância do nosso projeto para gerar uma boa oportunidade de expansão para as marcas. Esse foi o início das *"feiras de franquia no interior"*.

Foi uma experiência muito rica e cheia de emoções, especialmente ao convencer as famílias a tirarem suas economias do banco ou vender algo para apostar em uma loja de *shopping*. O trabalho valeu a pena, pois conseguimos comercializar cerca de 40% das lojas usando apenas as imagens e a planta.

A questão é que *shopping* e varejo têm relações de longo prazo e de parceria mútua. Sabemos como criar negócios. A essência do sucesso de um *shopping* está na negociação "ganha-ganha". É essa a equação que proporciona a longevidade e o bom faturamento do lojista. O empreendedor profissional de *shopping* tem a visão de *varejista*, e não apenas de *construtor*. E esse é um dos segredos já compartilhados ainda nos anos 80 em frase de José Isaac Peres, fundador da Multiplan: "*shopping* é *mix* e marketing".

O DIA QUE NÃO FUI

Alguns meses antes da inauguração, quando a área comercial já estava dentro das metas traçadas, recebi uma nova missão. Meu trabalho seria prospectar novos mercados. Como minha função era Novos Negócios, viajei para realizar o mesmo tipo de prospecção em Manaus, Belém, Natal e Maceió. Meu objetivo seria apresentar alguma boa opção para o desenvolvimento de novos *shopping centers* ou para a compra de algum empreendimento local já em funcionamento. Desse trabalho culminou a aquisição do controle do Natal Shopping pela Ancar.

Porém, faltando bem pouco para a inauguração do Porto Velho Shopping, recebi um convite da Multiplan, empresa líder do setor. O cargo era de diretor comercial com base em São Paulo. A empresa tinha vários projetos novos, lançamento do Shopping Vila Olímpia e as expansões do Anália Franco, Ribeirão Shopping, ParkShopping Barigui, além da gestão comercial do MorumbiShopping e os futuros projetos greenfield Jundiaí e São Caetano. Percebi uma oportunidade de crescimento muito mais forte. Eu adorava a Ancar, uma empresa moderna, de resultados e focada em gente, mas a mudança seria muito boa para minha carreira.

Numa manhã de quinta-feira, dia 30 de outubro de 2008, estava numa reunião do comitê da Multiplan do Shopping Vila Olímpia, e toca o celular, vi o nome, era o Marcelo Carvalho e foi assim: "Alô, Baixinho". Respondi: "Oi Marcelo tudo bem". E ele: "Baixinho, estamos inaugurando agora..., poxa... só falta você aqui! Seu filho ficou lindo e está lotado, estamos abertos". Imediatamente comecei a lacrimejar e exclamei: "Nossa!!!" Os meus pares no comitê perguntaram: "Felipe, o que foi? Alguém morreu?" E eu disse: "Não pessoal, é que nasceu". Então um deles retrucou: "Não entendi, quem nasceu?" E eu expliquei: "O Porto Velho Shopping!"

O *shopping* inaugurou com 29 mil m² de Área Bruta Locável (ABL) com enorme sucesso. Hoje, além de referência no Norte, ponto turístico e de compras, a Ancar faz um grande trabalho social. Mantém uma creche das Irmãs Marcelinas, ao lado do *mall*, que atende a 500 crianças. Ao mesmo tempo a empresa beneficia cerca de cem funcionários do condomínio do *shopping*, que podem deixar seus filhos lá enquanto trabalham.

Inauguração do Porto Velho Shopping.

Após cinco anos de funcionamento, em 7 de novembro de 2013, o empreendimento dobrou, foi realizada sua expansão. Atualmente ele conta com 44 mil m² de ABL e continua um sucesso. Lembra da Riachuelo que não entrou no início? Pois é, ela só inaugurou sua loja na expansão de 2013. Diga-se de passagem, ela está indo muito bem, pois era muito esperada na cidade.

Acho importante ressaltar que participar de um projeto como esse, que partiu do zero e ver a felicidade das pessoas, promover a geração de empregos e saber que você contribuiu para tudo isso, são os maiores prêmios do nosso trabalho.

O FUTURO QUE NOS ESPERA

Acredito que o que deverá mudar radicalmente no futuro é o formato do *shopping*. O nicho em que a indústria mais atuou nos últimos anos foi o de criação de *shoppings* tradicionais nos mercados de 300 mil a 500 mil habitantes. Entre os empreendedores, haverá muitas fusões entre os mais capitalizados e especializados com os menores. Aparecerão novos modelos de desenvolvimento de projetos, incluindo os de interior. Creio que essa mudança envolverá projetos mais híbridos, multiuso, que integrarão varejo, gastronomia e lazer, além de edificações corporativas e residenciais.

Existe uma forte tendência no varejo de que ocorra uma grande adição de elementos tecnológicos. As lojas serão cada vez mais "nichadas" e personalizadas; elas serão cada vez menos generalistas e, portanto, mais focadas no seu público-alvo. É provável que haja diminuição das áreas de vendas para dar lugar ao que gera mais experiência, como áreas para cafés e *lounges* e espaços de entretenimento. Cada vez mais o ambiente se transformará em *showrooms*, com parte das vendas feita na loja e outra parte pela *web*. O aumento do *e-commerce* tem chamado nossa atenção. Estamos conhecendo, na prática, o conceito do O2O (união do *on-line* com o *off-line*) e o *shopping* será um dos palcos dessa mutação com uma nova adaptação da mídia, arquitetura, dimensão da área, e oferta de lojas com alinhamento a nova geração de consumidores. O famoso hábito de compra por impulso está diminuindo bastante. A racionalidade entrou no jogo. A busca pelo propósito tem agora peso na decisão de compra. O conceito do consumo consciente será mais latente. A razão e o engajamento estão caminhando de mãos dadas, além de haver maior preocupação com elementos como rapidez, praticidade e conveniência. É uma grande mudança de comportamento, e o novo *shopping* contemplará isso em seu projeto, no marketing e no *mix* de lojas. O que manterá os clientes no *shopping* será o desejo de encontrar uma melhor experiência na loja física.

Uma das mudanças que poderá dar sustentação ao fluxo nos *shoppings* serão lojas diferentes no *mix*, impulsionadas pelos pilares da gastronomia, entretenimento e serviços. Os *shopping centers* serão verdadeiros *playgrounds* sociais para a criação de experiências. Eles terão muitos mais eventos, para promoção do convívio pessoal. O fato é que o modelo de negócio, tanto dos investidores, construtores, empreendedores e varejistas, está em profunda transformação. O objetivo é fazer com que a nova equação financeira seja rentável, ou seja, "fazer a conta fechar".

"O novo mercado" será a grande união do "*CLICK* com o *BRICK*". Isso provavelmente demandará muito do poder de adaptação dos varejistas e empreendedores. "Novas emoções" estão chegando e os mercados a serem dominados irão muito além das cidades do interior. Ele agora é global. Sem qualquer pretensão pessoal, e deixando de lado a futurologia, uma coisa posso afirmar: "o varejo é feito de pessoas e a relação de compra continuará; o bom atendimento olho no olho é imortal". Estou certo de que desejo participar dessa mudança e ir aprendendo com as novas gerações. Quero acompanhar o bonde da história e continuar a conquistar novos mercados com as grandes emoções.

Shopping Centers, da Euforia à Reinvenção: Uma Visão dos Bastidores

ALEXANDRE LUERCIO

O meu ingresso na indústria de *shopping centers* acabou tendo um motivo curioso. Por volta de 2002, eu trabalhava na área de vendas de uma grande empresa do mercado de bebidas e, como gerente, era responsável por uma vasta área geográfica, andando diariamente com minha equipe pelas ruas do Rio de Janeiro para visitar nossos clientes, donos de bares e restaurantes.

Quem já viveu na Cidade Maravilhosa pode imaginar que não é nada aprazível andar por horas a fio debaixo de um sol intenso e com uma temperatura algumas vezes superior a 40º. Mas essa era a minha rotina. Só que, para minha felicidade, nossa unidade possuía alguns clientes que estavam localizados dentro dos *shoppings* e, quando íamos visitá-los eu literalmente me refestelava naquele oásis de ar condicionado, aromas agradáveis, múltiplos estímulos, gente bonita e lojas encantadoras. Então pensava: "um dia ainda ei de trabalhar por aqui".

Acreditando nos ensinamentos da minha mãe, afinal pensamento tem poder – encaminhei meu currículo por um amigo que tinha contato com uma grande empresa administradora de *shopping centers* e, poucos meses depois, lá estava eu trabalhando como gerente comercial de um dos seus estabelecimentos, localizado na Baixada Fluminense. É fato que o calor naquela região era ainda maior do que eu estava acostumado a experimentar, mas, daquele dia em diante, eu passaria boa parte do meu tempo do lado de dentro. Bingo!

PERSPECTIVAS DE UM ETERNO APRENDIZ

De lá para cá, vivi incríveis experiências. Dediquei 13 dos melhores anos da minha carreira profissional a esse mercado e nele vivenciei diversas áreas e funções: comercial, marketing, operações; tendo sido gerente, superintendente e diretor e morado em vários estados. Fui um dos que teve o privilégio de viver a época de ouro dos *shopping centers*, participando do grande desenvolvimento do varejo nacional, compreendido entre 2003 e 2013, a década de ouro, na qual a indústria se profissionalizou, cresceu, se expandiu para novos mercados e colheu muitos frutos. Anos de muito aprendizado, já que um *shopping center* é um ecossistema fascinante, repleto de complexidades e nuances e onde a história se desenrola continuamente, seja no interior das lojas, nos corredores ou mesmo nos bastidores que o público não vê.

É um organismo que nunca descansa. Durante as 24 horas do dia algum tipo de atividade estará sempre em andamento. O que faz com que o equipamento esteja continuamente se renovando, se preparando para construir um novo capítulo a cada abertura das suas portas para o público. São novas lojas, eventos, obras, espaços, consumidores e colaboradores. Aliás, essa sempre foi uma das características desse mercado que mais me motivou: a rotina nunca é a mesma. Também pudera, com tantos agentes interagindo simultaneamente, são tantas as situações que, devidamente catalogadas, já bastariam para escrever um livro completo. Algumas engraçadas, outras emocionantes ou até mesmo trágicas, mas todas muito representativas de um pequeno experimento social razoavelmente controlado. Afinal, são milhares de pessoas convivendo todos os dias, com todas as possibilidades imagináveis que essas diversas interações podem resultar. Essa sempre foi, sem dúvida, a faceta que mais me atraiu nesse mercado. Até porque, nunca fui grande amante da dinâmica da engenharia civil como fim em si mesmo, mas sim das maravilhas que ela pode erguer para possibilitar o contato natural e cotidiano entre pessoas, o olho no olho.

Mais do que uma atividade de incorporação imobiliária, desenvolver um *shopping center* sempre foi um árduo exercício de compreensão da mente humana, com a peculiaridade de um elemento muito importante: o *feedback* imediato. Por mais planejamento com que uma ação possa contar, ao se colocar um elemento novo para rodar dentro do *shopping*, obtém-se um *feedback* imediato dos clientes. Não foram poucas as vezes em que executávamos alguma ação e os resultados eram completamente diferentes do que havíamos imaginado.

Por falar de expectativas, não são somente as dos clientes que um gestor desse mercado precisa saber gerenciar corretamente. Talvez o grande desafio desse profissional seja a habilidade de compatibilizar os múltiplos interesses dos *stakeholders*, em especial dos empreendedores e dos lojistas que, a despeito dos eventuais pontos de atrito decorrentes das dinâmicas comerciais, dependem de um espírito de colaboração e parceria genuíno, uma vez que o objetivo final para o sucesso desse casamento será sempre a geração de vendas sustentáveis.

No campo das relações, creio que tenha sido sempre visto como um ser estranho por muitos dos meus pares, pois sempre fiz questão de ser inteiramente disponível para todos os lojistas. No passado da indústria, era comum que o superintendente de *shoppings* adotasse um perfil distante, quase que inacessível aos lojistas, com poucas interações e baixa empatia. Talvez pelas minhas crenças pessoais, nunca compreendi os benefícios desse comportamento e, portanto, meus esforços sempre foram para que os lojistas com os quais eu tinha contato pudessem me acessar a qualquer momento.

Lembro-me claramente de um episódio em que a equipe de um tradicional *shopping*, onde eu havia acabado de assumir a superintendência, tentava me convencer para que eu declinasse da intenção de inserir o número do telefone celular no meu cartão de visitas, pois diziam que, daquele dia em diante, os lojistas não me deixariam mais em paz. Eu retruquei, dizendo que eu era pago justamente para isso e que, se quiséssemos realizar um trabalho digno à frente daquele equipamento, precisaríamos urgentemente evoluir nosso modelo mental para um novo paradigma. Fico feliz de ver que hoje esse assunto já não é mais o tabu que foi em passado recente. As novas gerações de gestores já têm uma visão mais moderna sobre o tema.

Dessa forma, munido dessas crenças e ávido por deixar legados por onde passei, durante uma década inteira, colecionei várias conquistas com os times os quais eu tive o privilégio de integrar. Participei de diversas inaugurações de novos empreendimentos e expansões que eram motivadas por vendas constantemente superiores a dois dígitos. Novos varejistas surgiam, muitas redes se expandiram e finalmente as fronteiras da indústria se estendiam vigorosamente pelos interiores do País. De fato, aqueles foram anos de muita bonança.

E DE REPENTE, TUDO MUDOU

Mas eis que, por volta de 2014, o varejo começou a apresentar os primeiros sinais preocupantes de desaceleração generalizada. Foi então que, após anos contínuos de vigoroso crescimento, em 2015 o setor perdeu bruscamente seu fôlego, crescendo apenas 6,5%[1]. Ou seja, o crescimento foi menor que a inflação oficial medida pelo Instituto Brasileiro de Geografia e Estatística (IBGE) e o Índice Nacional de Preços ao Consumidor Amplo (IPCA), que ficou em 10,67%, a maior apurada desde 2002[2]. Ainda, de acordo com a Confederação Nacional do Comércio (CNC), nesse mesmo ano foram fechadas mais de 95,4 mil lojas, tal como se todos *os shopping centers* tivessem encerrado suas atividades[3]. A festa parecia ter acabado.

E o cenário não daria sinais de melhoria tão cedo. O que observamos em 2016 foi uma continuação da depreciação do cenário econômico e o Brasil permanecendo na contramão mundial. Os níveis de endividamento das empresas levaram milhares à recuperação judicial, entre elas tradicionais varejistas de *shoppings*. Não obstante, os projetos recém-inaugurados desde 2013 registrariam taxas de vacância de inacreditáveis 45%[4]. Não por acaso, afinal de contas, eles foram concebidos em um passado recente de euforia e bonança, cenário bem diferente do que se depararam quando das inaugurações. O fato é que nenhum empreendedor, mesmo os mais experientes e bem-sucedidos do mercado, havia se preparado para enfrentar o maior período de recessão da economia brasileira em toda a história.

Crises financeiras são cíclicas e elas costumam ser sucedidas por períodos de recuperação vigorosa, o que, até o momento em que escrevo esse texto, infelizmente ainda não aconteceu. De toda forma, ao contrário de outras crises do passado, mesmo quando esse momento chegar, inevitavelmente o mundo estará bastante diferente daquele no qual um dia nos habituamos a viver.

O motivo é que, em paralelo à crise cíclica, vivemos uma época de mudanças sem precedentes, que alguns economistas inclusive chamam de a "Quarta Revolução Industrial". Está em curso um movimento irreversível e bem mais impactante do que o mero infortúnio econômico que conseguimos enxergar e vivenciar no dia a dia. Verdadeiramente, estamos lidando com uma complexa revolução global que vem criando e destruindo diversos modelos de negócios. No vórtex desse furacão, a atividade varejista tem sido uma das mais impactadas por toda a avalanche de inovações frenéticas. Mais do que uma "era de mudanças", vivemos uma "mudança de era".

Essa dinâmica decorre, principalmente, da combinação dos comportamentos e valores das novas gerações com os avanços tecnológicos, gerando inovações absolutamente disruptivas. E, ao contrário da crise cíclica, ela é mais difícil de se notar, pois é silenciosa e muito veloz.

NOVAS GERAÇÕES, NOVOS COMPORTAMENTOS

Com o aumento da expectativa de vida mundial, atualmente, experimentamos a convivência entre cinco gerações[6]:

- Veteranos: nascidos antes de 1946.
- *Baby Boomers*: nascidos entre 1946 e 1964.
- Geração X: nascidos entre 1965 e 1979.
- Geração Y: nascidos entre 1980 e 1995.
- Geração Z: nascidos depois de 1995.

Cada uma delas traz consigo características bastante diferentes entre si. As três primeiras gerações têm visto seu espaço no mercado de trabalho e no ambiente de consumo ser ocupado pelos outros dois grupos mais jovens, as Gerações Y e Z. Aparentemente, são até similares, porém quando vistas de perto, possuem distinções essenciais. São elas que naturalmente estão ditando os novos comportamentos e modificando o mundo como conhecíamos.

A Geração *Y*, também chamada de *Millennials*, é a da globalização, liberdade e inovação. Ela se desenvolveu em um período marcado pelo rápido avanço tecnológico e crescimento econômico, tendo tido acesso a uma abundante variedade de bens e confortos que seus pais não tiveram. Apesar de, em geral, serem centrados e egoístas, paradoxalmente, os indivíduos dessa geração fazem uso intenso das redes sociais para compartilhar experiências e impressões, realizar comparações, gerar e promover conteúdos, extrapolando quaisquer limites geográficos.

Sempre conectada, a geração Y é reconhecida no mercado de trabalho por sua grande flexibilidade e pelo pensamento não linear, lidando melhor com ambientes multitarefas e com predileção pelo foco em projetos ricos em valores intangíveis, ao invés de buscar estabilidade ocupando seu tempo em uma rotina previsível por conta de uma carreira estável.

Por outro lado, esse comportamento impregnado de rapidez e instantaneidade acaba se tornando fonte de ansiedade e instabilidade para toda essa geração, prejudicando-a em diversos momentos, quando seus membros não são capazes de absorver experiências em sua plenitude, nem mesmo planejar as etapas de uma vida. Tendo sido poupados pelo pais, investem pouco em sua inteligência emocional e, portanto, acabam tendo uma necessidade de *feedback* constante, o que reflete no seu desempenho.

A predileção pelo conhecimento prático é outra armadilha já que, por vezes, negligenciam o embasamento teórico primordial. Empreender em algo de grande impacto para o mundo é a escolha da maioria, porém, supervalorizam a busca de uma grande ideia em sobreposição às competências técnicas e emocionais necessárias para trilhar esse caminho. Ainda, têm dificuldade de abandonar o conforto da tecnologia para manter uma rede de contato presenciais, bem como de reconhecer e respeitar a hierarquia e os jogos de poder das organizações[7, 8 e 9].

Os jovens da Geração Z, também conhecidos como "nativos digitais", não conheceram o mundo sem tecnologia, nem mesmo conhecem direito o significado da palavra já que, para eles, todo esse aparato faz parte indivisível da vida. São maduros, questionadores (porém, com bons argumentos), dinâmicos, bastante exigentes, sabem o que querem, autodidatas, não lidam bem com hierarquias ou com horários poucos flexíveis.

Se por um lado, a Geração Y diverte-se indo a bares, restaurantes e saindo para dançar, por outro, jogar *games*, praticar esportes e ouvir música são as atividades mais importantes. Valorizam bastante os estudos, enxergam o mundo inteiramente interligado, estão permanentemente conectados e são bem mais preocupados com o meio ambiente e a justiça do que as gerações anteriores.

Além disso, a geração Z é menos motivada por dinheiro que a Y e têm ainda mais ambições empreendedoras. Buscam o prazer no trabalho e, se a carreira que almejam ainda não existir, são capazes de inventá-la por conta própria. Enquanto a Geração Y gasta perdulariamente, os jovens da Geração Z preferem economizar, pois cresceram em um ambiente de volatilidade, terrorismo e alta complexidade. Como ponto de observação, têm dificuldade de se aprofundar nos assuntos, tendo em vista a profusão de informações com que lidam diariamente[10].

SURGE UM MUNDO INTEIRAMENTE CONECTADO

Se de um lado temos um conjunto de novos valores das gerações ditando comportamentos, do outro lidamos com uma inédita hiperconectividade a serviço do conhecimento e do aprendizado contínuo. Com o acesso à internet na palma das mãos dos cidadãos a qualquer instante, a complexidade sistêmica alavanca a produção de conteúdo e cria uma infinidade de ramificações que aceleram radicalmente a velocidade global em diversos aspectos.

Dados do Facebook[11] mostram que, em 2015, 3,2 bilhões de pessoas tinham acesso à rede (apenas 43% do mundo), um crescimento de 10% em relação aos 2,9 bilhões de 2014. Até 2020, mais 1,1 bilhão de pessoas deverão estar conectadas. No Brasil, temos cerca de 58% da população *on-line* e ainda outros 86 milhões de pessoas que ainda não possuem acesso.

Os primeiros e mais elementares efeitos do aumento da base de usuários da internet já vêm sendo sentidos há algum tempo pelos *shopping centers* por conta do significativo crescimento do *e-commerce*. Em 2015, no Brasil, segundo o relatório *Webshoppers*, publicado pela empresa E-Bit/Buscapé[12], o faturamento das vendas apresentou crescimento nominal de 15,3% na comparação com 2014, alcançando faturamento de R$ 41,3 bilhões (3,3% das vendas totais do país), enquanto as vendas do varejo restrito brasileiro, que exclui veículos, materiais de construção e combustíveis, acumulou queda de quase 4% no mesmo período, de acordo com estimativas divulgadas pelo IBGE.

No total, 39,1 milhões de consumidores virtuais realizaram pelo menos uma compra em 2015, volume 3% maior do que em 2014 e 12% dos pedidos foram realizados por meio de dispositivos móveis. Entre outros fatores, as vendas para as classes A/B e de categorias com maior valor agregado contribuíram para aumentar o tíquete médio para R$ 388, equivalente a 12% acima do ano anterior.

A tendência de aumento do *e-commerce* é refor*çada* por uma melhoria contínua na satisfação do cliente demonstrada pelo indicador NPS (*Net Promoter Score*), que aumentou de 60% em 2014 para 65% em 2015. Ou seja, a competição do mundo físico meramente com o emergente mundo virtual ganha novas dimensões.

O MODELO DE NEGÓCIOS DOS *SHOPPING CENTERS* EM CHEQUE

Para acompanhar o crescimento do *e-commerce* e atender às novas demandas dos consumidores, as empresas varejistas começam a adotar estratégias *ominichannel* usando todos os canais simultaneamente, assim como ambientes físicos e digitais, com o objetivo de promover uma experiência do consumidor integrada. Entretanto, detalhando os segmentos que apresentam as mais altas taxas de crescimento no mundo digital, percebe-se claramente que o desafio dos *shopping centers* é ainda maior, já que 47% do volume de pedidos *on-line* são provenientes dos principais segmentos de varejo presentes nos *shopping centers*.

Por exemplo, o segmento líder em volume no *e-commerce* – o de moda e acessórios –, com 14% de participação, é também o principal segmento na montagem do *mix* de lojas em um projeto convencional de *shoppings* e responsável por boa parte da sua rentabilidade. Não obstante, no segundo, terceiro e quarto lugares no *ranking* do *e-commerce* estão, respectivamente, os segmentos de eletrodomésticos (13%), telefonia/celulares (11%) e cosméticos/perfumaria (10%). Esses segmentos também contribuem decisivamente na composição dos resultados dos *shopping centers*, pela ocupação intensiva das áreas (caso dos eletrodomésticos) ou pelos aluguéis mais elevados (as outras três categorias). Por outro lado, os *shopping centers* ainda parecem resistir entrincheirados em segmentos como os de joias/relógios e alimentação. Ao menos por enquanto.

Ao mesmo tempo em que disputam mercado, em uma frente, com o mundo virtual, os *shoppings* se deparam com um crescimento intenso na demanda dos consumidores por segmentos que, justamente na composição do *mix* de lojas, figuram entre os de menor rentabilidade de aluguéis, que são os de restaurantes, conveniência/serviços e lazer, fruto de novas demandas da sociedade. Em outras palavras, olhando pelo lado das receitas, independentemente da crise cíclica, temos uma demanda dos consumidores por um rebalanceamento forçoso da oferta de lojas, afetando toda a estrutura tradicional de receitas que viabilizava a construção de um *shopping center*.

Como se não bastasse, o tradicional modelo de negócio que a indústria segue há décadas no país também enfrenta grandes dificuldades de fechar suas contas pelo lado das despesas. Aproximadamente 70% dos custos condominiais repassados aos lojistas estão relacionados a despesas com energia elétrica, segurança e limpeza *e* o aumento nessas rubricas, por motivos diversos, têm sido historicamente muito maiores do que os índices de inflação oficiais.

Em suma, nesse exato momento, empreendedores, administradores e varejistas de *shopping centers* começam a se dar conta de que a fórmula de sucesso que os trouxe até aqui parece não ser mais sustentável. Mas a boa notícia, se é que podemos assim dizer, é que a indústria brasileira do setor, acostumada com décadas de monótona previsibilidade, não está sozinha nessa jornada rumo ao desconhecido. Muito pelo contrário, *a* instabilidade agora é a nova condição para o jogo na economia mundial.

A CONCORRÊNCIA AGORA É OUTRA

A cada dia presenciamos o surgimento de novas empresas que se mostram muito mais inovadoras, eficientes, conectadas aos clientes e rentáveis do que os antigos e exauridos modelos de negócios das organizações que conhecíamos até então. Essas novas organizações crescem exponencialmente e vêm transformando os mercados por meio da adoção inteligente de tecnologias, processos enxutos e ágeis, gestão simplificada, equipes empoderadas e engajadas e alavancando ativos terceirizados, entre outros fatores.

Basta dizer que, nesse exato instante, temos empresas que valem bilhões de dólares, mas que possuem características muito curiosas: o Uber é a maior empresa de transportes no mundo e não possui um veículo sequer; o AirBnB é a maior empresa de hospedagem e não possui um único imóvel; o Alibaba é o maior varejista do mundo sem ter qualquer inventário; e o Facebook é a maior empresa de mídia sem produzir qualquer conteúdo. É fato: há toda uma nova ordem surgindo no horizonte e devastando empresas da economia tradicional, que lutam desesperadamente pela sobrevivência.

Mas não apenas os *marketplaces* – *sites* e aplicativos pelos quais produtos e serviços de vários vendedores são transacionados – são os expoentes mais evidentes dessa revolução. O capital também já não está mais concentrado na mão de alguns poucos agentes da economia e, agora, pode ser levantado pulverizadamente, por plataformas de *crowdfunding* (financiamento coletivo). Como exemplo, a empresa americana Gustin, de moda masculina *premium*, não possui uma única loja e vende seus produtos exclusivamente no ambiente virtual da seguinte forma: cada peça a ser produzida exige uma quantidade mínima de pedidos dentro de um prazo definido. Se os compradores atingirem a meta, a empresa recebe os pagamentos deles, inicia a produção das encomendas e envia para todo mundo. Caso contrário, os compradores recebem de volta o pagamento e a empresa cancela a produção da peça. É justamente esse tipo de empresa enxuta que concorre com as empresas tradicionais de moda estabelecidas em *shopping centers*, que operam um modelo de negócio muito mais intensivo em capital e arriscado, pois precisam lidar com toda uma cadeia de produção, logística e varejista encarando um sem número de riscos de mercado até a venda ao consumidor. Dispensável dizer quem leva vantagem nessa disputa.

Outra tendência clara para os próximos anos é o crescimento e amadurecimento da economia compartilhada. Impulsionada pela tecnologia que aproxima as pessoas cada vez mais, os consumidores estão trocando a posse pelo uso; o ter pelo usufruir. Um dos exemplos mais contundentes desse movimento é o crescimento vertiginoso das plataformas de *streaming* de vídeo e música, como Netflix e Spotify, respectivamente, que têm superado massivamente as operadoras de tevês a cabo e os serviços de compra de arquivos digitais de música. Mesmo na economia exclusivamente do mundo físico, diversas novas empresas têm optado pelo compartilhamento, favorecendo o acesso dos clientes a uma ampla oferta de bens: veículos, equipamentos, malas, bolsas e toda sorte de bens já podem ser utilizados por um número cada vez maior de usuários.

A despeito de toda a mudança que já presenciamos até aqui, as tecnologias emergentes previstas para brilharem nos próximos anos prometem acelerar ainda mais o movimento disruptivo. Tecnologias como *big data* (análise do imenso volume de dados – estruturados e não estruturados – que impacta os negócios no dia a dia), computação nas nuvens, inteligência artificial, impressão 3D, internet das coisas, realidade virtual, holografia, veículos autômatos, drones, robótica, nanotecnologia, biotecnologia entre várias outras, prometem criar um mundo repleto de mudanças radicais na forma em que vivemos.

Para se ter uma ideia da dimensão dessa ruptura, um estudo da John M. Olin School of Business da Universidade de Washington estima que 40% das atuais empresas da Fortune 500 no S&P não existirão nos próximos dez anos[13]. Apesar de não haver dados semelhantes quanto ao mercado brasileiro, tendo em vista as fragilidades já conhecidas da nossa economia, há de se esperar impacto ainda maior por aqui.

A REINVENÇÃO DOS *SHOPPING CENTERS*

Sendo assim, o futuro dos *shopping centers*, tal como do resto da economia, permanece uma incógnita. Tão certo quanto à sua pouco provável extinção é também sua mais que necessária reinvenção, tendo em vista o claro esgotamento da fórmula convencional.

Deve-se considerar uma vantagem indiscutível dos empreendimentos, que vem a ser a vocação para exercer a função de *hub* social das comunidades em que estão inseridos. Há que se ressaltar, ainda, que a tecnologia parece jogar a favor, uma vez que ela tem se prestado, cada vez mais, a aproximar as pessoas no mundo físico, a exemplo da rede social denominada Meetup, uma das que mais crescem atualmente e que se propõe a reunir pessoas da mesma cidade que compartilham interesses comuns. Todas essas possibilidades consideram que as compras, como prioridade dos motivos de visita aos *shopping centers,* estão com seus dias contados e, assim sendo, toda a estratégia e as premissas do negócio devem ser adaptadas às novas condições irrefutáveis.

O movimento de transformação precisará ser capitaneado por um novo perfil de lideranças, capaz de compreender em profundidade a amplitude das inevitáveis mudanças, bem como de implementar as inovações e aumentar o nível de responsividade dos equipamentos em um mercado no qual ainda predomina um modelo mental conservador, que historicamente privilegia soluções pasteurizadas, de baixo risco e escassa tolerância ao erro.

Parece difícil, não? Bom, trivial certamente não é. Mas para aqueles que se propuserem a trilhar com resiliência o caminho e desvendar o mundo que se descortina à frente, as recompensas equivalerão a protagonizar o papel de pioneiro em mercados inteiramente virgens, adormecidos sob as cansadas fundações existentes. Competência para isso nossas empresas já demonstraram ter de sobra, levando-se em conta a internacionalmente reconhecida qualidade de tudo o que a indústria brasileira de *shopping centers* já desenvolveu até aqui. Resta incorporarem, daqui em diante, o verdadeiro espírito da revolução que modificará para sempre a sociedade tal como um dia conhecemos.

E A SAGA CONTINUA...

Enquanto tudo isso acontece, pretendo assistir a essa reviravolta torcendo pelos grandes amigos que fiz nesses anos de *shopping* a partir de uma nova perspectiva. Isto porque, no final de 2015, resolvi abrir mão da minha carreira de executivo na indústria de *shopping centers* e iniciei uma nova etapa de vida, empreendendo em diversos projetos ligados à educação, inovação e tecnologia, justamente por conta de ter percebido muitas oportunidades a partir das análises que tive a oportunidade de expor nas linhas acima.

Assim, entre outros projetos, acabei tornando-me sócio-diretor de uma rede de franquias de programação e robótica para crianças e adolescentes, que possui atuação nacional e tem realizado uma série de eventos de férias em diversos *shopping centers* de todo o País. Ou seja, quis o destino que eu, de alguma forma, não me afastasse daquele mercado para o qual durante tanto tempo me dediquei e no qual colecionei tantas boas recordações. O mais interessante é que, justamente pela natureza inovadora do meu novo negócio, agora tenho condições de influenciar as mudanças nos *shopping centers* como um parceiro um tanto quanto diferente, que conhece em detalhe os desafios que precisam ser enfrentados.

Espero, pois, poder continuar escrevendo sobre esse tema em uma outra oportunidade, mas, dessa vez, com o título: "Como a Indústria de *Shopping Centers* Brasileira foi Capaz de Voltar a Crescer Vigorosamente". Muita pretensão? Não, se formos capazes de embarcar todos juntos nesse admirável mundo novo. Vamos lá?

Referências

1. http://www.portaldoshopping.com.br/monitoramento/desempenho-da-industria
2. http://g1.globo.com/economia/noticia/2016/01/inflacao-oficial-fica-em-1067-em-2015.html
3. http://economia.estadao.com.br/noticias/geral,crise-economica-acabou-com-100-mil-lojas-no-ano-passado,10000016115
4. http://economia.estadao.com.br/noticias/geral,centro-oeste-e-norte-tem-mais-shoppings-vazios,10000024537
5. Revista Exame, edição 1112, 27/04/16, Fonte: GO Associados e Oxford Economics
6. Fonte: suite101.com/Veterans, Baby Boomers, Gen X andGen Z – UnderstandingtheDifferentGenerationsandTheirCharacteristics
7. http://sucessojovem.com.br/as-geracoes-x-y-e-z/
8. http://redeglobo.globo.com/globociencia/noticia/2013/10/veja-caracteristicas-que-marcam-geracoes-baby-boomer-x-y-e-z.html
9. http://exame.abril.com.br/carreira/noticias/as-piores-armadilhas-de-carreira-para-quem-e-da-geracao-y
10. http://brasil.elpais.com/brasil/2015/02/20/politica/1424439314_489517.html
11. https://tecnoblog.net/192063/internet-brasil-mundo-facebook/
12. http://img.ebit.com.br/webshoppers/pdf/33_webshoppers.pdf
13. http://www.proxxima.com.br/home/proxxima/2016/01/04/A-transformacao-digital-e-o-impacto-no-mrketing.html

CENTROS COMERCIAIS E VAREJO DE RUA

Expansão de Redes de Varejo e o Desenvolvimento de Strip Centers

MARCOS SAAD

Caro (a) leitor (a):

Tenho tido a honra de participar do NDEV (Núcleo de Desenvolvimento da Expansão do Varejo) organizado pela BG&H, desde o ano de 2015. Tem sido um enorme prazer conviver com profissionais de sucesso em seus segmentos de atuação.

O objetivo deste capítulo é passar de forma sintética a minha vivência no varejo ao longo destes 25 anos, em um texto descompromissado com o formalismo, relatando os principais critérios que foram sendo desenvolvidos em minhas diversas experiências – bem e mal-sucedidas.

DÉCADA DE APRENDIZADO

No ano de 1982, no decorrer do meu primeiro ano da faculdade de direito na PUC/SP, participei da seleção para o Centro Preparatório de Oficiais de Reserva – CPOR/SP. Naquela época, já há alguns anos, tinha decidido entrentar esta experiência pela qual alguns amigos já haviam passado. Fiz o curso no ano seguinte e foi uma fase de grande aprendizado e desafios, pois optei por dar sequência à faculdade no decorrer do ano, o que significou uma agenda incrivelmente justa, onde a solução foi abrir mão de horas de sono diariamente. Foi uma experiência incrível, onde conheci ótimos amigos, com os quais convivo até hoje, além do aprendizado de táticas militares, aprimoramento físico, comando, sobrevivência e autoconhecimento.

Além disso, nesta época eu era responsável por administrar diversas propriedades industriais que meu pai tinha com os irmãos na região da cidade de Guarulhos. Era um trabalho insano, pois tinha que enfrentar constantes tentativas de invasão e processos judiciais, além das diversas questões e tratativas envolvendo problemas com a Prefeitura.

No ano de 1984, quando cursava o terceiro ano da faculdade, montei meu primeiro escritório de advocacia com uma advogada bem mais experiente, que já atuava na indústria de roupas da família. Na sequência vieram mais dois sócios também bem experientes. As coisas vinham caminhando bem e eu estava estimulado com meu primeiro negócio.

Nos anos de 1986 e 1987, com o advento dos seguidos planos governamentais, o mercado e as empresas enfrentaram sérios problemas. Tive que tomar a opção de me unir a meu pai e enfrentar a situação econômica ruim, e deixei a advocacia. Foram anos difíceis, de muito trabalho, sem resultados. No ano de 1990, com o Plano Collor, tivemos todas as nossas reservas de caixa "sequestradas", e a empresa passou a contrair dívidas em bancos, nos levando à decisão de encerrar as atividades da empresa, desfazendo-nos de praticamente todo o patrimônio para pagar os credores.

Em 1991, com os maquinários e parte dos funcionários da empresa constituí, com meu irmão e mais dois sócios, outra indústria no mesmo segmento de vestuário, mas voltada para um mercado mais elitizado. Não tivemos êxito, e após 2 anos a empresa também foi encerrada. Estes anos foram muito marcantes na minha formação, pois me aproximei de forma intensa de um dos irmãos do meu pai, que nos ajudou financeiramente, diante da condição de abdicarmos totalmente do convívio familiar e social, foram 3 anos de trabalho intenso de segunda a domingo. Apesar da sensação de tempo perdido diante do insucesso empresarial, a experiência acumulada foi fator fundamental ao resultado dos anos que se seguiram. Seria muito mais doloroso atravessar tantos anos de problemas, não fosse o intenso apoio de alguns amigos e da minha família, em especial dos meus pais, sempre presentes nos momentos difíceis.

COMO TUDO COMEÇOU

No ano de 1983, conheci o Sergio Villas Boas, pois estávamos prestando serviço militar no CPOR de São Paulo, e acabamos nos tornando bons amigos. Anos depois, em 1993, o Sergio, além do dia a dia da loteadora CIPASA, dedicava-se a prospectar pontos comerciais para a implantação de lojas McDonald´s. Aquele foi um período muito oportuno para profissionais independentes, que conheciam bem, tanto o mercado imobiliário quanto o varejista, buscarem parcerias com as grandes redes que estavam expandindo suas lojas de rua.

Naquela oportunidade, o Sergio havia sido convidado para atender a rede de restaurantes KFC. Como tratava-se de conflito de interesses, uma vez que ele já atuava para o McDonald's, fui apresentado por ele para colaborar com este mesmo trabalho para a rede KFC. No decorrer dos anos, constatamos a dificuldade destas e de outras grandes empresas em contar com um serviço profissional de análise de mercado, prospecção, negociação e assessoria jurídica, voltada para este segmento específico. O Sergio, foi então procurado para desenvolver o mesmo trabalho em caráter de exclusividade para a rede Blockbuster. Foi o ingrediente que faltava para que decidíssemos nos unir, no ano de 1994, com da criação da *Real Estate Partners* – Sócios no Segmento Imobiliário, traduzida na sigla REP, com o objetivo de realizar consultoria de expansão para grandes redes varejistas. Um amigo de infância, Flavio Haddad Buazar, por mim convidado, e que já desenvolvia trabalhos para a KFC, foi o terceiro sócio trazido para a empreitada e que permaneceu por quase 20 anos, tendo o Sergio deixado a mesma no ano de 2005, para se dedicar ao crescimento da CIPASA. Foram anos extremamente gratificantes em todos os aspectos, pois além de estarmos trabalhando entre amigos, nos identificávamos com o trabalho que fazíamos, e os resultados apareciam a cada ano que se passava. A nossa estrutura era pequena, pois além dos sócios, contávamos apenas com uma recepcionista, um contínuo, e uma profissional do mercado imobiliário chamada Elisa Staut, e com o nosso parceiro estratégico Marcelo Lessa, na cidade do Rio de Janeiro, que foram também responsáveis pelo nosso sucesso ao longo de muitos anos. Diante desta estrutura enxuta, restava-nos apenas trabalhar muito, abraçando as oportunidades que surgiam.

Atendemos várias empresas de renome: McDonald's, Blockbuster, Haagen Dazs, Fotoptica, Pão de Açúcar, Walmart, Applebee's, Drogaria São Paulo, Banco Bradesco, dentre outras.

Ao longo dos anos, aprendemos as peculiaridades de cada um destes segmentos, e o abrangente processo para tomada de decisão, para a escolha da localização mais adequada à abertura de uma loja, consideradas as peculiaridades de cada cliente, tendo realizado mais de 100 negócios para a rede McDonald's e, durante 8 anos, a expansão nacional da rede Blockbuster, em caráter de exclusividade. Esta atividade nos proporcionou um amplo conhecimento das demandas de vários segmentos do varejo, além de um aprendizado das metodologias adotadas para a aprovação dos *sites* destinados às futuras lojas.

Naquela época, não contávamos com o volume de informações mercadológicas que hoje encontram-se disponíveis, o que nos levava a um trabalho intenso no campo. Definida a região de interesse, considerado o adensamento e público alvo, nos concentrávamos em prospectar as melhores localizações, aprofundando-nos na dinâmica do público residente e passante, nos diversos momentos de consumo, sempre priorizando o acesso e visibilidade dos imóveis de interesse. Dentre outros conhecimentos transmitidos, havia aprendido uma fórmula simples e eficaz com o Ricardo Rabello, que era o profissional responsável pela expansão da KFC, que defendia que o êxito na prospecção demandava necessariamente "gastar sola de sapato".

O SURGIMENTO DOS *STRIP CENTERS*

Diante de algumas demandas coincidentes, por regiões específicas, envolvendo vários clientes, e através da parceria com outra empresa com histórico em desenvolvimento de Centros Comerciais, denominada KELP, através de seus sócios Sérgio Luz e Arthur Mendes, enxergamos a oportunidade de implementarmos Centros Comerciais de rua nestas regiões, de forma a atender vários clientes lojistas simultaneamente, inspirados no conceito dos *strip centers*, *strip malls*, ou ainda *street centers* americanos, com denominação tropicalizada para CCS - Centro de Conveniência e Serviços.

Da mesma forma que idealizamos o início da REP para atender ao nicho de mercado de expansão de redes de varejo, enxergamos neste modelo de negócio um campo extremamente fértil a ser explorado.

As deficiências do poder público na gestão da segurança, transporte e escoamento do trânsito, e a dificuldade na geração de vagas de estacionamento para os veículos, além da otimização do tempo por parte do consumidor, certamente eram ingredientes essenciais ao desenvolvimento deste tipo de negócio.

Sendo a cidade de São Paulo nosso mercado inicial, onde terrenos de maior porte têm elevados custos, fomos obrigados a adaptar o conceito dos grandes *strip centers* americanos para empreendimentos menores, considerando porém o *mix* original, englobando os segmentos de conveniência, serviços e alimentação.

Através do conhecimento adquirido ao longo dos anos e da colaboração técnica de nossos clientes, definimos conjuntamente os ingredientes necessários, quais sejam:

- LOCALIZAÇÃO (legislação urbana, acesso, visibilidade, estudos geo mercadológicos da área de influência primária);
- IMÓVEL (topografia, contaminação, vegetação, metragens, tombamento);
- PROJETO (metragens das lojas, peculiaridades, vagas, áreas remotas, paisagismo, gerador, CFTV);
- COMERCIALIZAÇÃO (quantidade de lojas, ancoragem, *mix*, valores de aluguel mínimo e percentual, condomínio, taxa de adesão, potencial de vendas);
- CONSTRUÇÃO (*funding*, projetos, concorrência de preços, licenças)
- GESTÃO (financeira, administrativa, comercial, jurídico, predial, operações).

Obviamente, a questão documental relativa à titularidade dos imóveis, sempre foi extremamente aprofundada, visando a proteção jurídica da aquisição.

A principal característica que norteou a realização de aproximadamente 20 empreendimentos desta modalidade foi a segurança adotada por meio de um modelo de negócio estruturado, ingrediente essencial para o sucesso dos mesmos, ou seja, a aquisição do imóvel escolhido só se dava após superadas as fases acima mencionadas e assinatura da quase totalidade dos contratos com os futuros inquilinos, o que implicava na validação das localizações e dos projetos pelos mesmos.

Tal procedimento nos permitiu ajustar o projeto às demandas de cada varejista, além de atrair o capital necessário dos investidores para viabilização dos projetos. O modelo por nós desenvolvido, se assemelha à diversas operações *built to suit* (construção sob encomenda) de lojas, dentro de um mesmo empreendimento.

Esta metodologia nos levou à superação dos resultados esperados na quase totalidade dos empreendimentos, porém implicou em uma velocidade menor de geração de negócios, pois dependíamos da disponibilidade e agilidade dos parceiros varejistas na participação nos trabalhos de concepção dos projetos, trâmites internos de aprovação e tomada de decisão.

Os primeiros projetos tiveram como características a simplicidade construtiva, ausência de detalhes arquitetônicos e acabamentos na fachada, de corredor de circulação de clientes e mercadorias, de áreas externas de mesas, paisagismo e áreas remotas, limitando-se a um galpão com subdivisão de espaços para as lojas e vagas de estacionamento.

Os dois primeiros projetos inaugurados, ambos na cidade de São Paulo, foram o CCS Saúde em frente ao Shopping Plaza Sul, no ano de 1996, e o CCS Anália Franco, localizado na zona leste, no bairro do Tatuapé, na confluência das avenidas Abel Ferreira e Regente Feijó, no ano de 1997. Após apenas dois anos de criação da REP, iniciamos os projetos, dando sequência a uma ou duas inaugurações, em cada um dos anos seguintes.

Enfrentamos inúmeros desafios naquela época, pois este conceito de Centro Comercial, era um produto novo no Brasil, a economia contava com elevadas taxas de juros, e os investidores e varejistas tinham que ser convencidos de estarem diante de uma oportunidade, tudo isso somado a nossa falta de capital.

NO CAMINHO DO CRESCIMENTO

CCS Aclimação.

No decorrer do desenvolvimento dos projetos, a evolução se deu através de fachadas mais atrativas, implantação de paisagismo, vagas exclusivas para idosos e PNE (portadores de necessidades especiais), criação de áreas remotas (depósito, vestiário e refeitório), corredores de abastecimento, área coberta para circulação de clientes, bicicletário, locais para os *pets*, mesas externas às lojas para clientes, e áreas destinadas aos caixas eletrônicos, muitas das quais hoje utilizadas por quiosques.

Com o crescimento do volume de empreendimentos e da otimização dos projetos, nos vimos pressionados pela necessidade de criar um sistema de gestão eficiente pois, diferentemente dos *shopping centers* convencionais, os *strip centers*, não têm dimensão e volume de receita que permita a manutenção de uma equipe local de trabalho administrativo (financeiro, marketing, operações e comercial) fixa, em cada empreendimento.

Diante disso, criamos uma equipe interna, em uma central administrativa, e outra externa itinerante – móvel, formada por profissionais especializados nas diversas áreas, além de adotar o mesmo aparato documental utilizado nos *shopping centers*, consistente de contrato de locação atípico, normas gerais, regimento interno, caderno técnico e constituição de associação de lojistas, com a importante colaboração da GWM Advogados e sua equipe liderada pelo Dr. Fábio Juliani.

A expectativa dos lojistas nesta modalidade de negócio, é contar com os mesmos serviços praticados nos *shopping centers* tradicionais, principalmente com respeito à gestão das áreas comuns, abrangendo, paisagismo, manutenção, limpeza e segurança.

A evolução da concepção dos *strip centers* aconteceu projeto a projeto, atendendo aos focos de nossas preocupações e erros em cada período, iniciando pelas questões operacionais, passando pela melhoria do resultado visual, definição do *mix*, relacionamento com os lojistas e, por fim, buscando a geração de uma experiência diferenciada ao consumidor.

Além de necessidade de um pátio de estacionamento generoso, a criação de áreas agradáveis para permanência do consumidor foram fundamentais na busca em proporcionar uma experiência de consumo.

No modelo de desenvolvimento que adotamos, a nossa remuneração pelo trabalho de desenvolvimento e implantação dos empreendimentos, se deu através de uma participação da REP nos mesmos. Esta questão foi fundamental para a nossa cumplicidade aos olhos dos nossos sócios investidores, e um maior comprometimento, inclusive na gestão dos empreendimentos.

Inicialmente foi sim desinteressante, economicamente falando, pois, como jovens empresários, contávamos com o recebimento do capital para realização de sonhos de consumo e, ao invés disso, passamos a receber aluguéis. No entanto, ao longo dos anos, certamente foi mais benéfico, pois possibilitou a construção de um patrimônio imobiliário para os sócios fundadores da REP.

SOCIEDADE INTERNACIONAL

Principalmente nos primeiros anos do século XXI, com a dificuldade de acesso a capital nacional para gerar crescimento, as empresas de *shopping centers* vinham se associando a fundos e empresas internacionais de grande porte, que enxergavam uma oportunidade de crescimento no mercado brasileiro. Naquele momento, havia estabilidade econômica e um campo fértil para novos investimentos.

No ano de 2006, fomos procuramos por um destes fundos que buscava uma empresa para desenvolver *shoppings* de menor porte, denominados *shoppings de vizinhança*, em cidades com mais de 150.000 habitantes, ancorados por supermercados. Tratava-se do fundo americano KIMCO, maior do mundo neste segmento. Para se ter uma idéia da sua dimensão, eles contavam com mais de 4.000 funcionários para administrar mais de 2.000 empreendimentos próprios, localizados nos Estados Unidos, Canadá e México. A condição dos americanos para a parceria, era exclusividade apenas do nosso lado e liberdade total para eles desenvolverem outras parcerias no território brasileiro. Discordamos, e após 10 meses de negociações, concretizamos uma *joint venture*, com exclusividade de ambos os lados, na proporção de 70% KIMCO e 30% REP. Foi motivo de muito orgulho para todos nós, pois a REP era uma empresa de pequeno porte e, de repente estávamos sendo tratados pelo mercado como uma empresa de destaque. O compromisso dos americanos era de investir 150 milhões de dólares em um primeiro momento. Além de termos realizado alguns empreendimentos conjuntamente, a maior contribuição desta parceria, foi o conhecimento que adquirimos com eles, especialmente com o Mike Melson e o Gonzalo Castro. Um dos aspectos que mais gerou impacto nos nossos projetos, foi a consciência da importância da dimensão e quantidade de vagas, dos corredores de circulação de veículos, além da priorização pelos supermercados na ancoragem dos projetos. Desenvolvemos o Shopping Valinhos, uma operação *built to suit* para uma loja do Walmart na cidade de Rio Claro/SP, e o Shopping Hortolândia, que não foi concluído pela *joint venture*, pois com a crise mundial de 2008, eles imediatamente suspenderam os investimentos, optando pelo desfazimento da parceria no ano de 2012.

UMA NEGOCIAÇÃO INESQUECÍVEL

As tratativas com os profissionais da KIMCO e seus advogados contratados para representá-los no Brasil, certamente foram o maior desafio que enfrentei na minha trajetória junto à REP.

Conforme mencionei acima, foram aproximadamente 10 meses de "medição de forças", levando-nos a um comportamento extremamente racional e posturas planejadas para não gerar fragilidades ou consequências desfavoráveis aos nossos interesses como grupo. A geração de cláusulas prevendo o imprevisível, agregavam páginas e mais páginas ao contrato, o qual mais se assemelhava a um tratado internacional.

A "montanha-russa" emocional deixou um importante legado: buscar sempre resultados positivos nas grandes negociações que se seguiriam ao longo dos anos. Os inúmeros e intermináveis debates e mecanismos desenvolvidos na construção do contrato de parceria geravam reuniões que se estendiam por horas, e algumas vezes, noite adentro. Me recordo da última reunião que culminou com as assinaturas do contrato, que se iniciou no período da manhã, estendendo-se até a madrugada do dia seguinte. Diante do imprevisível horário de término daquela reunião, minha esposa Sabrina, grávida de seis meses do meu quarto filho, foi me encontrar no escritório e acabou passando a noite em um sofá. Foi nesta e em outras diversas oportunidades e momentos difíceis que sempre contei com o companheirismo, sabedoria e apoio de minha esposa.

No final, a concretização da parceria através das assinaturas, de ambos os lados, certamente gerou uma enorme satisfação, e um sentimento de conquista proporcional aos inúmeros desafios superados.

O GRANDE LEGADO

Os profissionais da KIMCO nos conscientizaram da classificação do pátio de estacionamento como sendo o "pulmão" dos empreendimentos, traduzido na frase *no parking no business*". Como o tempo de permanência de cada veículo é reduzida, em razão da necessidade do consumidor de fazer uma parada rápida (*one stop shop*), a disponibilidade de vagas é um fator de sucesso no resultado nas vendas das lojas. A relação ideal é de uma vaga para cada 20 m² de ABL (Área Bruta Locável). Além disso, nos transmitiram conhecimento em diversas outras áreas como: desenvolvimento de projetos, *mix* e gestão.

No decorrer dos anos, implementamos o mesmo modelo utilizado nos *shopping centers*, o de cobrança de um aluguel percentual sobre as vendas das lojas com uma garantia de aluguel mínimo. Nos projetos onde a quantidade de vagas é maior, constata-se ao longo dos anos um crescimento real nos resultados para os lojistas e, por consequência, para os investidores.

Através do relacionamento com a KIMCO, conhecemos a ICSC (*International Council of Shopping Centers*), entidade à qual nos filiamos, tendo aproximadamente 60.000 participantes em mais de 50 países. Participamos de congressos e exposições nos EUA (Las Vegas), Panamá e México (Cidade do México), tendo sido nesta última, na qualidade de palestrante.

Chegamos a realizar no ano de 2007 um evento para empreendedores, investidores, lojistas e empresas de serviços no Jockey Clube de São Paulo, onde lançamos conjuntamente 6 empreendimentos, sendo dois *shopping centers* e quatro CCS. Este momento foi um divisor de águas, que alçou a REP à condição de um *player* relevante no mercado nacional de empresas empreendedoras de Centros Comerciais. Participamos ativamente dos eventos, feiras e congressos de varejo, além de termos sido convidados para palestras e reportagens, através da imprensa escrita e falada.

Esta experiência da *joint venture* nos foi muito proveitosa pelos fatores já mencionados, mas acima de tudo, porque tivemos a determinação de buscar um contrato equilibrado e, infelizmente, só não foi mais bem sucedida pela dimensão da crise de 2008, que levou algumas empresas americanas do segmento a encerrarem suas atividades e, diante da decisão de preservação de caixa, levado à KIMCO a desistir do Brasil.

Para o êxito de parcerias internacionais é fundamental um assessoramento jurídico especializado, equilíbrio entre direitos e obrigações, regras claras de convivência e, acima de tudo, contar com uma equipe qualificada, pois são produzidos inúmeros relatórios e planilhas, reuniões e comitês, ou seja, uma enorme burocracia para escolha dos melhores projetos, elaboração de *due diligence*, e liberação de verbas. Além disso, toda a condução do desenvolvimento dos projetos deve respeitar de forma contundente a legislação em todas as esferas, seja municipal, estadual ou federal.

REMODELANDO O PRODUTO

Diante do aumento real do valor dos terrenos urbanos nos anos seguintes, e da consequente dificuldade de gerar retornos atrativos para os investidores, buscamos redução de custos construtivos sem comprometer a qualidade dos materiais e acabamentos, além da construção de pisos superiores em alguns projetos para ocupação por "operações de destino" como, por exemplo, nos empreendimentos desenvolvidos na cidade de São o Open Mall Panamby, inaugurado no ano de 2006, na Rua José Ramon Urtiza e o CCS Lapa, na Rua Tito, tendo neste último piso superior destinado também a salas comerciais.

No CCS Lapa, enfrentamos um inesperado desafio de atrair escritórios convencionais, pois o hábito no Brasil é de buscar a instalação em edifícios comerciais. Apesar dos diferenciais favoráveis de se manter um escritório em um local com operações de serviços e alimentação, a aceitação deste conceito se demonstrou lenta e conturbada.

O Open Mall Panamby tem dois andares superiores de lojas, o que representou um desafio ao longo dos dez anos de sua existência, em razão da rotatividade de lojas nos pisos superiores, as quais, por se tratarem de operações de destino de maior porte, ocupam uma ABL maior, com o pagamento de aluguel e condomínio por metro quadrado menores, se comparados aos valores médios praticados no empreendimento. Além disso, este centro comercial apresenta quase que a totalidade das vagas localizadas no subsolo, o que levou a solução da implantação de um serviço de *valet* nos horários de maior movimento.

Open Mall Panamby.

O número de lojas no conceito de *strip center* não deve ser superior a 12 na média, pois é fundamental que o *mix* seja composto por lojas de conveniência, serviços e alimentação e, com um número elevado de espaços, além do risco de descaracterização do *mix*, a implantação de lojas de roupas, calçados e acessórios não se mostrou viável, pois esta modalidade de compras é feita, por hábito do consumidor, nos *shopping centers* tradicionais, principalmente por oferecerem mais alternativas de lojas, permitindo a compra comparativa. O único destes segmentos que mostrou-se adaptado aos *strip centers* é a loja de roupas e acessórios no modelo *outlet*.

A concepção dos *strip centers* é inspirada no modelo *built to suit,* ou seja, "construção sob encomenda", em que as lojas são concebidas com as características e necessidades de cada operação contratada. Este modelo de negócio acaba por implicar em um planejamento artesanal, pois para a segurança e sucesso do projeto, a construção idealmente ocorre apenas após a validação da sua localização pela maioria dos varejistas que aderirem ao mesmo.

Ressalto também a importância de otimizar o projeto de cada loja, atendendo às peculiaridades de cada segmento envolvendo, carga de energia, pé direito, exaustão, pontos de entrada de energia, água, gás e esgoto, testada, profundidade, peso dos equipamentos, etc.

CRESCIMENTO DO MERCADO SEM PLANEJAMENTO

Com o surgimento de várias empresas focadas neste produto nos últimos anos, a busca de volume através da criação de uma linha de produção, se tornou objetivo comum. Cheguei a ouvir, em mais de uma oportunidade, que *"faremos por ano o que a REP levou vinte anos para realizar"*.

As consequências desta busca por velocidade foram diversas:

- localizações inadequadas.
- projetos mal concebidos.
- *layouts* restritivos para vários segmentos.
- ancoragem insuficiente.
- comprometimento da qualidade do *mix* e visibilidade das lojas.
- inauguração com excessiva vacância.
- problemas operacionais pós inauguração.
- redução do pátio de estacionamento.
- comprometimento das taxas de retorno dos investidores.
- desvalorização dos empreendimentos.

A redução das vagas de estacionamento merece destaque pois, com o aumento exacerbado do valor dos terrenos e para que os projetos apresentassem estudos de viabilidade favoráveis, os empreendedores prescindiram de parte delas, para gerar aumento de ABL (área bruta locável), e aparente aumento de receita, o que se demonstrou um erro incorrigível.

Uma solução de médio e longo prazo que alguns empreendedores tem adotado para os novos projetos é a busca de terrenos maiores, com vocação híbrida, objetivando a implantação de projetos multiuso, a exemplo do que vem sendo desenvolvido já há vários anos em países asiáticos, europeus, América do Norte, e em alguns países da América do Sul. Temos na cidade de São Paulo um projeto que expressa de forma competente este conceito, onde a REP mantém seu escritório, o Brascan Century Plaza, localizado na cidade de São Paulo, no Bairro do Itaim, na esquina das ruas Joaquim Floriano e Bandeira Paulista.

Este modelo de negócio implica no desenvolvimento de projetos contemplando um centro comercial, edifícios (flat/hotel/escritórios) com implantação modular, ou seja, num primeiro momento, a construção do centro comercial e, com a consolidação de cada mercado, a instalação dos demais equipamentos, de forma que coexistam em harmonia.

Foi inspirado neste conceito que meu sócio Flávio primeiro idealizou e depois, com o apoio dos sócios originários das empresas convidadas, foi criado o grupo LDI, englobando a REP e outras empresas especializadas em segmentos sinérgicos no ramo de desenvolvimento urbano: CIPASA, com especialidade em loteamentos residenciais; a construtora Adolpho Lindenberg e a incorporadora Lindencorp, com o objetivo de proporcionar empreendimentos completos, alinhados com as sinergias e potencialidades das empresas envolvidas. No ano de 2011, a PDG Incorporadora, que detinha participações minoritárias na LDI e na REP, adquiriu o controle da REP, quando então optei pela venda das minhas ações e saída do grupo. Minha decisão foi inspirada nos problemas vividos por acionistas de outras empresas, nas quais presenciei situações similares, pois diante da mudança do controle e, por consequência, de comando, o "choque cultural" é inevitável. Além disso, pelo perfil da PDG, eu sabia que seria questionado por jovens executivos sobre meus métodos de desenvolvimento e gestão.

Ao longo dos anos que se seguiram, por vários motivos, a minha decisão se mostrou acertada. A nova administração da REP dispensou profissionais experientes e comprometidos, vendeu todas suas participações nos *strip centers*, e passou a focar no mercado de *shoppings*, decisão esta que, seja em razão da elevada concorrência, seja pela desaceleração da economia, implicou em um elevado aumento de endividamento e desvalorização da empresa, culminando com a decisão, no ano de 2015, de ofertar a sua venda ao mercado, efetivada no ano de 2016, para o mesmo Grupo LDI.

NOVOS PLANOS

Criei então, no ano de 2012, a MEC Empreendimentos para desenvolver novos projetos, e a MEC Gestão e Consultoria, esta última juntamente com dois profissionais advindos da REP, Mario Sergio Thurler e Lucelia da Silva Alves, com os quais trabalhei na REP durante vários anos, para administrar empreendimentos no formato de *strip centers*, e prestar consultoria de projetos. Na MEC Gestão, temos também como sócios a Marilda Nascimento, que já havia trabalhado comigo na REP e mais recentemente o Flavio Ribeiro, e nosso colaborador Ilton Santana, responsável pela nossa equipe de Gestão Móvel. Trata-se de um time coeso e experiente, responsável atualmente pela consultoria de desenvolvimento e gestão de 8 projetos.

Escolhi este caminho da criação da MEC Empreendimentos, pois o mercado dos *strip centers*, apesar dos seus 20 anos, ainda hoje é embrionário, contando com um elevado potencial de expansão no mercado nacional. Já a MEC Gestão tem o objetivo de prestar consultoria no desenvolvimento de projetos para as diversas empresas e *players* do mercado, assim como fazer a gestão de empreendimentos dos quais eu participo, ou de terceiros. Desenvolvemos consultoria para alguns projetos isolados, e para empresas como Odebrecht no novo Centro Administrativo do Governo do Distrito Federal (CENTRAD), contribuindo com o projeto de um *shopping* de conveniência e serviços inserido no Centro Administrativo, em estudos para desenvolvimento de operações de varejo no Complexo Maracanã, e para a OAS em uma torre comercial com lojas no piso térreo. Para o êxito destes trabalhos e o sucesso destas novas empresas, foi fundamental a estratégia de trazer alguns profissionais advindos da REP para compor o quadro societário.

Após as diversas experiências vividas, hoje tenho claro que os projetos desenvolvidos neste conceito devem fazer sentido no formato simplificado, ou seja, lojas e vagas no piso térreo, sem subsolo e piso superior, dentro de uma concepção que privilegie a operacionalidade e o conforto do consumidor.

O *mix* dos projetos deve ser composto pelos segmentos de serviço e alimentação, e complementado por segmentos específicos. É fundamental que sejam levantadas as características da população residente e do perfil das operações e concorrência existentes na área de influência primária, dimensionada pela distância gerada de 5 minutos de carro, no sentido do empreendimento, nas diversas direções.

As operações que normalmente se repetem são: banco, mini mercado, drogaria e *fast food*, sendo as demais dependentes de um estudo mais elaborado da região.

Considerada a dimensão de cada projeto, é interessante mesclar redes nacionais com operadores locais e regionais, pois passará a mensagem ao consumidor de um empreendimento voltado a atender ao bairro ou região onde ele se situa.

ERROS E SOLUÇÕES

Um desafio que enfrentamos foi o empreendimento que implantamos no ano de 2003 no Bairro da Vila Formosa, o CCS João XXIII. Este projeto nos gerou um aprendizado importante, na medida em que desconhecíamos os hábitos culturais e de consumo do público residente na região, além da mesma se caracterizar por um nível de renda intermediário.

A maior lição aprendida no desenvolvimento do CCS João XXIII é que, como responsáveis pelo projeto, não devemos apenas nos basear no interesse do varejista mas, acima de tudo, buscarmos a formação do nosso próprio convencimento na formatação do *mix*. Partimos, de forma equivocada, de uma receita onde o *mix* contemplou algumas das mesmas empresas parceiras de outros projetos, localizados em bairros com perfil de renda mais alto. Um exemplo claro disto foi a abertura de uma loja da rede internacional Blockbuster. Apesar do sucesso arrasador demonstrado nos bairros onde as primeiras lojas foram inauguradas, a marca era desconhecida daquele público, e não gerou o mesmo resultado, ocasionando o seu fechamento aproximadamente um ano após sua inauguração. Na sequência, foi aberta neste empreendimento uma loja do mesmo segmento, de uma pequena rede local conhecida do público, gerando um retorno bem superior para o lojista.

A solução final foi implementar um *mix* de lojas do bairro, sem nenhuma rede nacional, diferentemente dos demais empreendimentos. A maior lição, além do respeito à visão do empreendedor, é que alguns lojistas não tem necessariamente a correta percepção da viabilidade de sua operação em todos os segmentos de público.

São estas diversas situações inusitadas: o ambiente extremamente favorável à inovação e ao aprendizado; o "casamento" que os centros comerciais nos impõem (uma vez que nos mantemos ligados aos mesmos de várias formas durante anos ou até décadas), que me levaram a fazer parte do prazeroso mundo dos apaixonados pelo varejo.

PARCERIAS ESTRATÉGICAS

As parcerias com os meios de comunicação, por meio de permutas na concessão de espaços nos jornais e revistas de bairro em troca da permissão de distribuição dos veículos nos empreendimentos, nos permitiu gerar um rodízio de divulgação gratuita para os lojistas e o próprio empreendimento, de forma periódica, proporcionando ao consumidor de cada região informações de novidades, eventos, promoções, etc.

Realizamos recentemente uma parceria com uma empresa de *mall e merchandising* com o objetivo de gerar espaços definitivos e provisórios para anunciantes, quiosques e panfletagem, gerando tráfego e receita complementar para os empreendimentos.

Estamos constantemente antenados com novas redes de destaque no mercado, a fim de ocupar de forma ágil, criativa e inovadora os eventuais espaços vagos, e a nossa parceria com a Radar Brasil, através de seus sócios Renato Abibi e Walter Behr, tem sido importante para atingirmos este objetivo.

Apostamos em empresas antes de se tornarem uma rede, muitas hoje respeitadas no mercado. Cito como exemplos o Supermercado St. Marché e a rede de restaurantes Makis Place.

Os escritórios de arquitetura capitaneados pelo Olegario de Sá e pelo Edison Lopes, foram essenciais na constante evolução dos projetos.

Atravessamos inúmeros períodos de transição e desaquecimento econômico mas, com esta atitude pró ativa na gestão dos empreendimentos, os mesmos não foram impactados com queda substancial de receita para os lojistas e investidores. É fundamental que a gestão da receita condominial, além de exercer uma manutenção preventiva, reduzindo os custos da manutenção corretiva, priorize a criação de um fundo de reserva que permita a realização anual da pintura e revitalização dos empreendimentos, mantendo assim a atração e respeito do lojista e do consumidor, além da conservação dos ativos.

RECEITA DO BOLO

A conscientização dos *players* da importância de realizar as pesquisas e "amarrações" previamente é fundamental para que este segmento de centros comerciais não caia no descrédito, principalmente por parte dos lojistas, muitos dos quais têm tido experiências negativas, levando alguns ao fechamento de lojas.

Para restabelecer a credibilidade, a troca de conhecimentos e para impedir que o quadro supra mencionado se agrave, reunimos no ano de 2016 alguns dos principais *players* do segmento em uma Associação dos desenvolvedores de *Strip Malls*, administrada pela ABRASCE (Associação Brasileira de Shopping Centers), de forma a levantarmos e debatermos os problemas e carências do segmento e, buscarmos as soluções e melhores práticas, através de um trabalho conjunto. A Associação conta, nesta fase inicial, com sete empresas, com algumas outras em fase de adesão. Para viabilizar este projeto foi fundamental a liderança da Adriana Colloca e a competente equipe da ABRASCE.

Certamente este mercado, apesar dos aproximadamente 20 anos de seu surgimento no Brasil, ainda é embrionário devido aos poucos empreendimentos desenvolvidos e o amplo mercado potencial.

Para termos uma ideia, estimamos atualmente, somente na região sudeste, 15 empresas focadas neste produto, com 70 empreendimentos inaugurados e 120 em desenvolvimento.

Considerando que a área de influência primária de cada empreendimento seja de aproximadamente 2 km – ou aproximadamente 5 minutos de carro, constata-se o quanto este volume de empreendimentos é residual diante da enorme dimensão e potencial do território nacional e suas inúmeras metrópoles. Apesar de não existir um estudo específico para este produto, posso afirmar com tranquilidade que o Brasil conta hoje com poucas centenas, tendo espaço para abrigar alguns milhares.

Com o crescimento das cidades, as dificuldades de deslocamento e a valorização do tempo das pessoas, esta modalidade de negócio proporciona agilidade, comodidade e segurança aos consumidores residentes e passantes, em várias situações no cotidiano.

Durante os anos em que atuei na REP, e por sempre termos buscado nichos de mercado, nos dedicamos ao desenvolvimento de alguns *shoppings de vizinhança*. Inauguramos *shoppings* nas cidades de Osasco, Valinhos, Hortolândia, Mogi Guaçú, e adquirimos da empresa Brookfield o Shopping

Bay Market em Niterói. Quando deixei a REP EM 2011, havíamos adquirido o terreno do Shopping de Mogi Guaçu e o Shopping de Hortolândia estava em construção. Desenvolvemos também o Mais Shopping Largo 13, na cidade de São Paulo, na região de Santo Amaro, composto por lojas convencionais e lojas modulares, interligado à estação Largo 13 do Metrô, tendo sido o mesmo vendido no ano de 2015 para um fundo capital israelense, o GAZIT. Foi um grande aprendizado ter trabalhado por alguns anos ao lado do Marcos Romiti, na concepção dos *shoppings* da REP.

AÇÃO SOCIAL

Deixei este tópico para o final do capítulo porque eu e minha esposa somos discretos e nunca buscamos exposição com relação a isso, mas esta questão, desde que passou a fazer parte cotidiana de nossas vidas, nos trouxe inúmeros benefícios.

Desde o ano de 2009 minha esposa vinha se dedicando a buscar uma atividade social, da qual pudesse ter participação direta na gestão, e realizar um antigo desejo. O que não esperávamos é que seriam necessários 6 anos para o Instituto Novos Horizontes obter as licenças necessárias para poder participar de serviços públicos. Foi um longo trabalho e desgaste, o qual nos levou a quase desistir em algumas oportunidades. Além das dificuldades apresentadas pelos diversos órgãos e legislação, e pelo fato de não termos procurado ou aceitado apoio político ou similar, tivemos que caminhar sempre de forma autônoma e através de investimento pessoal e algumas contribuições e doações espontâneas. Após alguns anos de trabalho junto à meninas egressas da Fundação Casa, no início do ano de 2016 vencemos uma licitação para a administração de um abrigo de crianças denominado SAICA (Serviço de Acolhimento Institucional Criança e Adolescente) na cidade de São Paulo, na região do Capão Redondo.

Trata-se de um serviço considerado de alta complexidade, com funcionamento 24 horas, de segunda à domingo. São 20 crianças e 18 funcionários divididos por turnos, englobando crianças desde recém-nascidas até adolescentes de 17 anos. Minha esposa se dedica de forma intensa e diuturna a este trabalho, que muitas vezes se sobrepõe até mesmo à nossa rotina familiar. No entanto, é forçoso admitir que aprendi muito com ela e com esta atividade que, além de nos ter trazido enormes recompensas pessoais, tem nos abençoado com saúde e crescimento patrimonial.

Estamos decididos a buscar a otimização e o crescimento de nossa gestão com o objetivo de aumentar nossa contribuição a este país que tanto fez por nós, e que enfrenta hoje sérias debilidades as quais acreditamos que só serão resolvidas com a participação da iniciativa privada.

Meu principal objetivo em mencionar este nosso trabalho é estimular aos leitores a prosseguirem com sua ações sociais, e para aqueles que ainda não tenham tido esta iniciativa, a buscar formas de atuação, dedicando algumas horas de seu tempo ao terceiro setor.

CONCLUSÃO

Um *slogan* que defendi durante todo o processo de gestão dos centros comerciais, é que *cada empreendimento, aos olhos do lojista e do consumidor, tem que gerar a impressão de ser único*. Para que isto aconteça, é primordial um nível de tolerância baixo com relação à questões envolvendo limpeza, paisagismo, segurança, manutenção, atendimento ao lojista e ao consumidor e qualidade operacional de cada uma das lojas. Cada dia, cada empreendimento, exige uma rotina detalhada de procedimentos na constante busca da otimização da gestão. Sempre que posso visito os empreendimentos, e gero relatórios apontando sugestões de melhorias a serem implantadas e os detalhes que necessitam ser corrigidos ou aprimorados, mantendo toda a equipe desta forma atenta e focada. Busco também sempre incentivar e premiar as iniciativas e idéias que tragam melhores resultados. Construo estas idéias e iniciativas com meus sócios, em especial com o Mario Thurler.

A busca de volume de negócios, pressionada pelo *business plan* dos recentes *players* tem levado à repetição de inaugurações em locais questionáveis, com excesso de vacância, comprometimento do *mix*, projetos inadequados e falta de vagas de estacionamento.

É fundamental que sejam respeitadas as características dos *strip centers*, principalmente na validação dos projetos e adesão dos lojistas antes de sua construção, pois as exigências de cada segmento são muito peculiares.

O meu principal conselho para aqueles que se identificam com este modelo de centro comercial, é que não se deixem iludir pelo seu resultado visual, pois a simples disposição de lojas lado à lado, com vagas de estacionamento em sua testada, proporcionando um ambiente agradável e funcional para os lojistas e consumidores, são o resultado desejável, porém, como todo produto, tem seus desafios e regras a serem respeitados e seguidos.

Enfim, apesar da dificuldade de condensar esta minha prazerosa jornada ao longo de aproximadamente 25 anos junto ao varejo, espero ter contribuído com esta obra, a qual me deixou extremamente realizado, por estar ao lado de expoentes do mercado, com os quais tenho aprendido e confraternizado nos nossos encontros mensais na sede da BG&H, capitaneados pelo incansável colega Marcos Hirai.

Localização, Localização, Localização X Recepção, Interação, Recordação

MÔNICA BARBOZA PAES DE BARROS

Li recentemente, em um dos muitos romances que repousam em minha prateleira (e este é realmente muito bom), que um livro, para ser um sucesso e prender a atenção do leitor, deve ter duas qualidades básicas: o primeiro capítulo deve ser enigmático, provocador, questionador; e o segundo, completamente impactante, arrebatador. Bem, se esta é a regra, estou em apuros aqui, pois me encontro em meio à gente da pesada (entendam, no bom sentido, me refiro aos meus amigos e experts que integram esta obra, nada a ver com Brasília...) que entende barbaridades do assunto e, ainda por cima, tenho um só capítulo para tentar prender a sua atenção entre tantos temas prioritários para nossa profissão. Para piorar, tenho como proposta um assunto que parece ser meramente técnico, preciso, cartesiano. Mas, como dizia minha mãe – e não duvide do que dizem as mães –, em todo fundo de poço tem uma mola. Eis minha sorte: parece, mas na verdade não é "meramente": é parte técnico, preciso, cartesiano; parte subjetivo, ambíguo, sensitivo. Então, vou tentar ser enigmática, provocadora, questionadora, impactante, arrebatadora. Não exatamente nesta ordem...

Podemos pensar no tema proposto sob o prisma da relação humana com o espaço urbano, de como organizamos a nossa vida para realizar as muitas e diferentes tarefas de nosso dia a dia. Vamos começar? Acordar cedo e ir para a academia, voltar pra casa correndo, tomar uma ducha e levar os filhos pra escola para, em seguida, passar na padaria e tomar um cafezinho com um crocante e dourado pãozinho na chapa (ai, que fome). Bom, até aqui já contabilizei - e olha que nem chegamos ao meio dia – 3 deslocamentos e 3 relações de consumo. Bate meio-dia. Saímos para um almoço de negócios, do restaurante seguimos para uma reunião, na volta damos uma paradinha numa lanchonete para tomar um suco – que ninguém é de ferro. Voltamos ao escritório, mais algumas horas de computador e telefonemas. Ufa, hora de ir pra casa relaxar. Relaxar? Trânsito infernal. Aproveitamos que está tudo parado mesmo, passamos no supermercado para comprar o que falta pro dia seguinte e, ao lado, estrategicamente (não por acaso, óbvio), está a lavanderia, onde deixamos as camisas e o vestido de festa (este último, há três semanas no porta malas) pra lavar. E então, finalmente, *home sweet home*. Relaxar? Não, claro que não, ainda não. Falta checar as tarefas de casa do filho (eu, pelo menos, só tenho um...). Xii, acabou o suquinho pra colocar na lancheira do dia seguinte. Correr no mercadinho da rua, que ainda está aberto. Mais uma ducha (muito breve pra não gastar água, tempos difíceis estes), colocar o pimpolho na cama, *Jornal Nacional*, jantar rápido, dar uma passada de olho na *Folha*, escovar os dentes e, agora relaxamos, certo? Sim, mas não perde a hora amanhã que começa tudo de novo, ok? E então, depois desta odisseia cotidiana (é claro que foi inspirada na minha realidade, mas a sua não deve ser muito diferente disto) contabilizamos mais 3 deslocamentos e 4 relações de consumo, o que soma 6 deslocamentos (e olha que estou considerando um deslocamento como ida/volta) e 7 relações de consumo no dia. Considerando que alguns destes itens consumidos não acontecem todos os dias mas podem ser substituídos por outros, podemos multiplicar as idas e vindas e tudo o que se consome de produtos e serviços pelos 5 dias da semana, o que nos daria 35 deslocamentos e 40 relações de consumo. No mês: 140 deslocamentos e 160 relações de consumo. Só nos dias úteis, sem contar lojas de sapatos, cinemas e *shoppings* aos finais de semana. E só você, sem contar mais ninguém da sua família. Não tenho muita destreza com números, mas acho que não errei nas contas (se errei, me perdoe, sou socióloga, é um bom argumento), e juro que não usei a calculadora, nem tenho paciência para tanto. Logicamente, este imbróglio rotineiro fica um pouco menos pesado com a ajuda da tecnologia. Se usarmos o *waze* ou comprarmos pela internet, conseguiremos ganhar alguns pontos no quesito sanidade mental.

Bom, tudo isto para mostrar que, quem se propõe a pensar em localização de qualquer coisa destinada a vender quaisquer outras coisas para pessoas que vivem o cotidiano maluco de um grande centro urbano, precisa entender as transformações constantes na estrutura urbana das cidades e que afetam, direta e impiedosamente, nosso modo de vida e nossa relação com o espaço urbano. Você pode contestar o que digo aqui pensando que este cenário que acabo de descrever se resume aos grandes centros, e que em cidades menores não é assim tão cruel, blá, blá, blá. Acontece, e é fato, que a tendência dos pequenos centros urbanos é crescer, o que significa que esta é uma realidade que tende a se multiplicar mais e mais pelas cidades do país afora. Você pode ainda dizer que "nada, as coisas não mudam assim tão rápido, não." .... Cricri, Cricri, Cricri (é onomatopéia de barulho de grilo sim, consultei o oráculo).

Exemplo clássico dos clássicos, talvez a cidade que tenha se desenvolvido mais rápida e desordenadamente em todo o território nacional e a que mais sofra com isto também. Rezava o primeiro levantamento censitário, lá nos idos de 1872, que a capital paulista não passava de pouco mais de um punhado de 31.300 pobres almas – leia-se habitantes - espalhadas em uma região já àquela época equivocadamente ocupada (em propósito e ordenação espacial). Muito crescimento vegetativo e grandes fluxos migratórios depois, o bom e velho Censo, já renovado em sua edição de 2010 acusava inacreditáveis 11 milhões, 253 mil e 503 almas, só na capital, sem contar a grande São Paulo. Vou me arriscar mais uma vez no campo da matemática: em 138 anos, a cidade ganhou então 11 milhões, 222 mil e 203 novos moradores? É isto mesmo? É isto mesmo, José. Isto significa dizer que, a cada ano vencido, a cada Natal festejado, nosso poderoso varejo passava a contar com 81.320 – e mais uns quebrados – novos consumidores em potencial. De pequena cidade a megalópole em apenas 138 anos. Não que esta sanha seja destinada a todas as pequenas cidades, mas a probabilidade ronda estas terras. Temos então uma realidade onde devemos planejar com muito cuidado e rigor o crescimento do território urbano e sua ocupação. Vale colocar aqui que a pirâmide etária está mudando de formato, de pirâmide clássica está migrando para uma pirâmide invertida, cuja leitura é que a população está envelhecendo, pois cada vez mais as mulheres decidem ter menos filhos e a expectativa de vida aumenta na mesma proporção da tecnologia em prol da medicina. Mas, mesmo assim, a população vai crescer, obviamente não na mesma velocidade, mas vai. As pessoas vão durar mais – você terá uma legião de idosos para atender, pense nisto –, e entrantes virão, mais antenados e exigentes.

DEVAGAR COM O ANDOR QUE O SANTO É DE BARRO

Quando comecei minha carreira na área do desenvolvimento imobiliário, trabalhei em inúmeros projetos de expansão de diferentes segmentos, mas o que me desafiava mais e me dava mais prazer era trabalhar com a expansão do varejo. Estudei o tema, observei muito, vivenciei, treinei o olhar e quando senti que tinha um conteúdo interessante e precioso para aqueles que queriam entender melhor e saber mais sobre o assunto, escrevi um livro chamado "A Cartilha do Ponto Comercial: como escolher o lugar certo para o sucesso do seu negócio", lançado no ano de 2004 pela Editora Clio, do Grupo Laselva. A proposta do livro era a de oferecer um guia prático para que se pudesse, sem a necessidade de se ter às mãos recursos muito sofisticados, avaliar a viabilidade de um ponto comercial para um determinado tipo de negócio, em função da natureza da compra.

Hoje, quando proponho a construção de uma visão crítica sobre um determinado ponto comercial, tenho como foco principal a interação entre o consumidor e o ponto de venda, mais especificamente no que se refere ao tipo de experiência de compra que aquele potencial cliente poderia ter, não perdendo de vista a natureza da compra, claro. E esta experiência começa quando ele, consumidor, decide que precisa de algum produto que é vendido ali e toma a decisão de entrar. Neste momento, começa sua aventura: o ato de comprar. Para decidir se vai entrar, o consumidor precisa ver o estabelecimento (atendido aqui o conceito de *visibilidade*). Ao vê-lo, precisa acessá-lo sem grande dificuldade (*check* na *acessibilidade*). E quanto maior o número de clientes potenciais que enxergarem o negócio e decidirem acessá-lo, melhor para o desempenho do empreendimento. E eis que temos o tripé com a *exposição regional* (aqui, tudo deve ser nesta ordem mesmo, porque se o cliente não puder ver, o resto nem existe...). Então, a experiência de compra começa muito antes de entrar numa loja: chegar até ela faz parte da experiência, ou seja, **o trajeto e como ele é feito faz parte da experiência.**

Porque divago sobre tudo isto? Bem, relendo meu livro, que foi lançado no final do ano de 2004, pude perceber que, por um lado, quando destaca a importância da experiência da compra, ele, o livro, pode ser considerado uma obra atual; mas, por outro, quando pensa nos temas ligados ao trajeto, ele se mostra um tanto anacrônico. Não é culpa dele, ele foi baseado na cidade dos carros, e não na dos homens; não na cidade dos pedestres, que se utilizam dos diferentes modais do transporte público, ou mesmo dos ciclistas, mas na capital dos mais de 8 milhões de veículos que infestam nossas ruas todo santo dia. E a cidade está este caos porque ela foi pensada e estruturada pelo poder público e pelos urbanistas de outrora para servir aos carros. Portanto, não foi coincidência que eu pensasse desta forma há mais de dez anos (não tenho e nunca tive nenhuma participação societária em montadoras, eu juro).

Escrevia eu em 2004 sobre o posicionamento do ponto comercial na via: "o posicionamento do ponto comercial em relação à via onde se encontra é um fator que também influi na visibilidade. Veja o que acontece em cada situação: blá, blá, blá,..." e em seguida inicio um discurso sobre como a visibilidade se apresenta para o motorista. Motorista? Sim, motorista: se a rua é de mão única, de mão dupla, se o ponto está localizado do lado direito ou esquerdo da via ou ainda em um esquina. Falo também da velocidade do carro que altera o cone de visão do motorista e dificulta a visualização da entrada do estacionamento. Mas pouco ou nada discorro sobre a visibilidade do pedestre ou do ciclista. Na sequência, passo a abordar a acessibilidade ao ponto (ao estacionamento do ponto, melhor dizendo): se a entrada fica numa curva, numa reta ou se a rua é congestionada. Fecho com chave de ouro, afirmando que pontos de ônibus, táxi ou lotação, e ainda a presença de árvores em frente ao ponto dificultariam a entrada de veículos! E tudo o que eu disse continua sendo verdade, na agora antiga cidade dos carros. A realidade nua e crua de hoje, a de que este modelo se esgotou e não pode ser replicado no crescimento dos centros urbanos que se desenvolvem na esteira Brasil afora, nos traz o prato principal para a discussão proposta neste capítulo: **a matriz da mobilidade urbana é um dos fatores determinantes no modo de deslocamento das pessoas – o *trajeto*,** o que impacta diretamente na experiência de compra das pessoas e finda por moldar seus hábitos de consumo – **a organização do espaço urbano pressupõe a organização da vida em sociedade,** é nesta realidade que o varejo de rua deve se reinventar. Olha só que solução incrível: imagine que você tem que ir ao supermercado, está de carro, errou a entrada, "ai Deus, vou ter que dar a volta no quarteirão", e daí você descobre que a próxima rua é contramão, vai ter que entrar na outra, que está travada e o semáforo abre e fecha em inacreditáveis 5 segundos. "Ufa, cheguei na entrada do estacionamento, mas não tem vaga!" Fica parado na fila dupla para acessar o estacionamento, e leva pra casa uma multa de recordação. Se você estivesse a pé, e ainda estivesse do outro lado da rua, era só atravessar e entrar no mercado. E não teria mais pontos na carteira.

Não se trata de futurologia. É aceitar o que todo mundo já percebeu. "Ah, balela, vai demorar muito pra tudo isto acontecer", diriam os descrentes. Incautos? Na década de 90, eu trabalhava nos projetos de expansão de ERBs (Estações Rádio Base), as famosas torres que alimentam a rede de telefonia celular, geralmente instaladas em terrenos. A obra era uma coisa de maluco: a fundação feita para sustentar a torre onde seriam apoiadas as antenas era uma verdadeira piscina de concreto e, ao lado da torre, um container com os equipamentos de transmissão e controle de sinais. Pois bem, a coisa de maluco começava na prospecção dos espaços. Os profissionais de campo – os *hunters* (e eu era um deles) recebiam o endereço do centro do *search ring* – o anel de busca, com raio que variava entre 150 e 300 metros – onde se deveria instalar a torre. O endereço? Números de latitude e longitude que eram lidos pelos aparelhos de GPS Garmin. Detalhe: não tínhamos *wase* ou qualquer outra ferramenta de geoprocessamento *on line* (as plataformas de geo como Mapinfo ou ArkGis eram caras e nada amigáveis, eu já tinha a primeira versão do Mapinfo mas operá-lo era uma aventura à parte), e tampouco *smart phones*, que pudessem nos dar alguma noção de onde aquele negócio estava nos levando. Onde caía o centro do anel? Nos mais diversos locais, use a imaginação: no meio do galinheiro de um sítio, no meio da rua em cima da tampa de um bueiro, na horta da senhorinha, no meio de uma padaria. Era um trabalho duro, mas até que bem divertido. A partir do ponto central, tínhamos que alugar qualquer coisa onde pudéssemos instalar a torre. Perdi a conta de quantas hortas e galinheiros e garagens eu desmanchei para colocar antenas. Ah, antes que eu me esqueça, deixa eu contar um "causo" que ficou na memória e do qual me orgulho bastante por ter tido a real possibilidade de ajudar uma família. Sério, aconteceu durante o processo de prospecção das ERBs na Praia Grande, no litoral paulista. Como de costume, meu poderoso GPS Garmin (raridade) me jogou no meio da rua. Raio do *search ring*: 200m. Danou-se, pensei eu. Olhei de um lado, do outro... *Sobradinhos apertados, nenhum espaço ocioso aqui, deixa ver... Opa, um terreno vazio!* Murado, ao lado de uma casa térrea. O muro era alto, não dava pra ver o que tinha dentro do terreno, mas eu imaginava que estivesse vazio. Toquei na casa vizinha. Uma senhora bem magrinha me atendeu. Ah, lembrei: Dona Dulce. Expliquei o que fazia ali e perguntei se ela conhecia o dono do terreno ao lado de sua casa. "Conheço sim, filha, entra aqui, está chovendo, vem tomar um cafezinho". Ela me serviu um café quente com bolo de fubá que tinha acabado de tirar do forno, e que ela fazia para vender na vizinhança. Uma casa simples, simples demais. O marido estava no barracão trabalhando – consertava TVs; o filho, com necessidades especiais, tinha 15 anos, não se movia e estava em sua cadeira de rodas olhando o vazio na sala de estar. O outro filho mais velho, que praticamente sustentava a casa, era pintor amador e reproduzia imagens de santos católicos, e seus quadros pareciam as rebuscadas pinturas espanholas do século XVIII. "Me explica o que é esta antena, filha". Expliquei da forma menos técnica possível. Ela ouvia atentamente. "E eles pagam aluguel?" Sim, pagavam 900 dólares à época. Ela me olhou séria, como me analisando. "Será que essa moça tá falando sério?" Ela se levantou e pediu que eu a seguisse; fomos ao barracão onde estava seu marido, quando ela me perguntou de supetão: "Dá pra por aqui, filha?" Eu disse que voltaria com os técnicos para analisar a viabilidade da implantação da torre. E voltei mesmo, com eles a tiracolo. Na visita, indagaram sobre o terreno ao lado. Argumentei ressaltando que ali na garagem da casa seria perfeito, pois parte da estrutura estava pronta e não teríamos problemas de segurança, pois a família morava ali (naquela época já se roubava a fiação de cobre das torres). O site então foi aprovado, o marido de Dona Dulce não mais precisaria consertar TVs, seu filho deficiente teria uma vida mais confortável. E toda vez que eu passava por perto em busca de outros sites, parava na casa da Dona Dulce pra tomar café com bolo de fubá, que ela seguia vendendo, e tinha até conseguido comprar um fogão maior para aumentar sua produção caseira. E toda vez que eu aparecia lá, eu ganhava um quadro novo de seu filho artista. Ganhei um lindo de Santa Rita, tinha sido pintado pra mim, e que foi roubado de minha casa há uns 10 anos. Mas tudo bem, a Santa está em algum lugar ainda olhando só pra mim, sei disto. Sempre que me lembro desta história, fico com saudades do café com bolo dela. Nunca mais a visitei. Espero que esteja bem.

No final, e sem nos darmos conta, eu e Dona Dulce já estávamos otimizando o uso do solo urbano. PS: E não comentem, porque o dono do terreno vizinho nunca soube da história.

Retomando o assunto do tempo que passa: hoje, não mais se aprova este tipo de construção, ou seja, todas as torres existentes devem ser compartilhadas pelas operadoras, e no futuro estas torres, juntamente com as antenas, vão ser substituídas por uma caixinha. O GPS Garmin que eu usava virou peça de museu, acho eu (nunca mais vi um daqueles por aí), temos celulares, mais inteligentes que nós mesmos, com acesso *full time* a ferramentas como *Google Maps, Earth, Waze* e centenas de aplicativos que transformam a tecnologia da geolocalização em brincadeira de criança. Hoje, até nossos filhos brincam com aplicativos de geolocalização, caçando monstrinhos virtuais...

Estou falando de 1990 pra 2017, portanto um espaço tempo de apenas 27 anos, muito pouco pra mudar tanto assim. E não é que mudou? E vai mudar mais.

FILHO (MAL)CRIADO, TRABALHO DOBRADO

No ano de 2014, mais precisamente no dia 30 de junho, foi aprovado – e sancionado na sequência por nosso então prefeito Fernando Haddad – o novo Plano Diretor Estratégico (PDE) da cidade de São Paulo (http://www.prefeitura.sp.gov.br/cidade/secretarias/desenvolvimento_urbano/legislacao/plano_diretor, vale a pena bisbilhotar e entender o que é, o que propõe e a quantas anda; busque também por "PDE por José Police Neto", o cara entende tudo de PDE!). No começo deste capítulo, eu afirmei que a tendência dos pequenos centros urbanos seria tornarem-se grandes como o centros de uma metrópole como a nossa, e obviamente os problemas tenderiam a ser os mesmos, assim como as boas soluções encontradas (há quem não se lembre, ou ainda não era nascido, mas a grande metrópole paulista já foi pequena um dia, como relatei antes; se o texto não está chato você deve ter prestado atenção, né?). Muito se discutiu ao redor das propostas do novo Plano, que busca harmonizar a vida cotidiana e o espaço onde ela se desenrola. O Plano traçou as diretrizes gerais para a Lei de Zoneamento (parcelamento, uso e ocupação do solo urbano) que foi finalmente aprovada em abril de 2016. Uma nova visão de ordenamento urbano para as próximas duas décadas está em vigor. Muda a relação tempo e espaço na vida cotidiana. Ainda bem.

Voltemos então aos 140 deslocamentos e 160 relações e consumo mensais (foi isto mesmo que eu contei, né?). Estou falando de uma pessoa, lembra? Imagine se cada deslocamento deste fosse feito de carro, numa média – baixa – de 15 minutos cada um deles (e aqui vou ter que usar a calculadora): 2.100 minutos, o que dá 35 horas. Isto significa que você passou um dia e meio dentro do carro, em um mês, para cumprir suas atividades diárias. Dezoito – sim, 18 – dias do ano passados dentro do carro, praquele exemplo de rotina diária que coloquei. E olha que fui muito razoável neste cenário. Se todos os cidadãos fizessem isto todos os dias de carro, a cidade entraria em colapso. Nenhum carro andaria, nem pra frente, nem pra trás; muitos nem sairiam da garagem e, se saíssem, certamente não voltariam. É disto que se trata a mobilidade. Desta forma, o varejo de rua deve se adaptar à realidade destes novos espaços: **as fachadas ativas.** A partir de agora, salvo poucos quarteirões da cidade, os novos edifícios trarão em seus projetos lojas no piso térreo, pensadas para serem acessadas por pedestres, contando com a nova e sustentável forma de deslocamento: caminhar. Evidentemente, teremos ainda por muito tempo presentes em nosso cenário urbano os tradicionais polos de comércio de rua, independente do padrão de público que atendem: na capital paulista, a Rua Oscar Freire, nos Jardins, e na cidade maravilhosa, a Rua Garcia D`Ávila, se consolidam como o reduto do luxo; para as noivas, a Rua São Caetano, também na capital paulista, concentra a maioria das lojas para o dia do "sim", na mesma região central onde a Rua 25 de Março vende de tudo um muito e algo mais. Todos eles, centros de compra que atraem gente de todo o canto, que vêm de carro, ônibus, metrô, uber, bike, moto, lotação, trem, e o que mais servir de modo de locomoção. Por que será que o trânsito ao redor destes centros de compra de rua é tão complicado nos horários de pico e em todos os outros? Porque todo mundo vai lá, e ao mesmo tempo! Agora, imagine poder encontrar o que você procura, com variedade e preço, perto de onde você vive, ao longo dos trajetos que faz todo santo dia? Contabilize o tempo que você vai economizar – para investi-lo em coisas mais prazerosas – evitando longos trajetos e trânsito feroz...

MIROU NO QUE VIU, ATIROU NO QUE NÃO VIU

Os *shoppings* tiveram a sua era de ouro de expansão na década de 80 em grande parte com esta premissa: um templo do consumo e do entretenimento, onde se podia comprar de uma camisa de marca, passando pelo brinquedo, até uma coleira nova pro cachorro no mesmo lugar e, de quebra, ainda comer um hambúrguer numa das muitas lanchonetes da moda. Um centro comercial protegido da chuva, do sol, seguro e com estacionamento farto (cidade dos carros, lembra?). Fluxos e fluxos de clientes provenientes das quatro direções, vindos de longe, para encontrar tudo em um só lugar. Obviamente, ir até um *shopping center* não se resume simplesmente ao ato de comprar algum produto, ele oferece mais e, nestes novos tempos, vai passar a oferecer muito mais (temos um especialista aqui que vai tratar deste assunto com maestria). No entanto, o olhar que busco neste momento não é de confronto do varejo de rua com o clássico centro de compras, eles não competem entre si, pois oferecem experiências diversas. Muito pelo contrário, aprenderam a conviver ao longo dos anos. Rua é rua. Tem a liberdade incondicional da rua, a emoção do risco da chuva de repente, a escolha do trajeto sem ter que seguir a trilha da escada rolante, o desapego do estacionamento (quem já experimentou circular por cidades como Paris, com seu metrô de 214 km de extensão, 16 linhas e 301 estações – detalhe: para pouco mais de 2.300 milhões de habitantes –, sabe do que falo, isto porque a rede da cidade luz ocupa o 10º. lugar entre as 10 maiores linhas de metrô do mundo). Shopping é mesmo outro bicho. Veio com o apelo da praticidade e hoje busca uma nova identidade.

Vamos ver se a conta fecha tomando como exemplo a já tão usada fórmula do bairro planejado. A mais manjada de todas: Alphaville. Depois deles, surgiram inúmeros outros na cidade e em seus arredores. Alphaville não é cidade – a cidade é Santana do Parnaíba; Alphaville é modelo de ocupação, lançado como um novo modo de vida. Com a premissa correta, sim, de abrigar o bem morar, com boa estrutura de comércio e serviços próximos e oportunidade de trabalho nas empresas instaladas nos prédios corporativos, muitos deles com térreos já ativos, e com eficiente incentivo fiscal para arrematar. A fórmula é válida, funcionou por um bom tempo, até que veio a indústria imobiliária sem freios, que habitou fortemente a região, entupindo suas artérias e assustando as empresas já cientes dos problemas de locomoção. Virou uma Zona Leste: muita gente mora por lá mas trabalha e estuda na capital – no Centro, e olha aí os movimentos pendulares ganhando o páreo.

Mas, não podemos desistir. Deve haver outros exemplos. E há. A criação de bairros planejados não nos arredores, e sim dentro da metrópole. Trazendo uma solução que, num primeiro momento, parecia ser bem bacana. Num dos informes publicitários que anunciavam o novo Jardim das Perdizes, bairro planejado no coração de São Paulo, podia-se ler no título: "Mobilidade é destaque em novo bairro de São Paulo". Nossa, fiquei animada! Por pouco tempo, na verdade um segundo (eu leio bem rápido...), pois quando li o subtítulo, percebi que o provérbio que aqui me inspirou era uma faca de dois gumes: *mira-se no errado e acerta-se o certo*, é ao que comumente se aplica a frase que dá nome a este mini capítulo; mas, neste caso, foi o contrário: o alvo era o certo, mas... eis o tal subtítulo: "acesso rápido às principais vias da cidade facilita a vida de paulistanos". Entende-se por vias principais as arteriais e coletoras da cidade, que carregam fluxo pesado todos os dias. O que isto quer dizer: que os moradores das torres que já estão construídas e ocupadas podem acessar estas vias rapidamente para congestiona-las ainda mais, já que as torres corporativas (só duas entre as vinte e oito previstas) e a estrutura comercial anunciada no master plan não virão tão cedo para oferecer, às pessoas que para lá se mudaram, opções de trabalho e consumo dentro do bairro para que tenham o tão almejado "trabalho do lado de casa". E porquê? Porque o empreendedor tem que vender algumas boas dezenas de unidades para viabilizar o todo. Com este exemplo, é possível perceber o equívoco do senso comum quando se fala em bairro planejado. Nossa cidade cresce, infelizmente, pelas bordas: primeiro a ocupação, depois a estrutura. Não foi diferente neste caso. É isto que chamamos de planejamento? E o resto da cidade? E os problemas de mobilidade que permanecerão os mesmos, as dificuldades para se chegar aos centros de consumo de bens e serviços que se estenderão? PDE neles...

Cada vez mais se torna imperativo um novo olhar sobre o que deve ser um bairro ou uma cidade planejada: o modelo de **cidade polinucleada**, aquela composta por núcleos totalmente independentes, onde se possa morar, estudar, consumir, comer, onde haja lazer de diferentes tipos para toda a família, evitando assim os movimentos pendulares, os grandes responsáveis pelo entulhamento das vias expressas e arteriais por trazer fluxo de diferentes regiões para que muitos tenham acesso a alguma coisa que não haja em seus núcleos de residência. Isto é uma cidade planejada.

E não podemos focar somente na opção de criar bairros planejados. Temos uma cidade com uma malha viária complicada, intrincada, um modelo de transporte público que ainda ocupa centenas de metros quadrados de terreno e consome mais muitas outras dezenas de área construída para erigir uma estação (eu nunca entendi por que razão temos estações de metrô com tamanho de aeroportos, quer dizer, todo mundo sabe, mas é duro aceitar que seja assim). Ou seja, uma realidade dada, consumada. Daí a necessidade de recuperação de áreas urbanas degradadas e/ou inutilizadas, e um bom exemplo é o megaprojeto de recuperação e ocupação inteligente do terreno onde ficava o antigo terminal rodoviário da capital paulista (http://www.habitacao.sp.gov.br/noticias/viewer.aspx?Id=5811). Inteligente por legítimas razões: recupera a cidade, é inclusivo, e conta com a parceria do setor privado. E mais profícuo ainda: visa dar opções de moradia para quem hoje habita um bairro periférico mas trabalha no centro da cidade. E mais ainda: creche para duzentas crianças e (esta é boa) uma área de cinco mil metros quadrados para comércios e serviços acessíveis por boulevards nos prolongamentos da rua Santa Ifigênia e da Alameda Cleveland. Uma palhinha do que disse o então secretário de Habitação à época do lançamento do projeto: "A combinação da habitação com os equipamentos culturais e o comércio vai permitir a recuperação da região em poucos anos. É o que ocorreu em áreas de Londres, Nova York e Medellín". Isto é inteligência, planejamento real. Aproximar moradia e trabalho, e na esteira cria-se a possibilidade dos novos espaços para o varejo de rua, que estará perto do trabalho e também da casa de seus consumidores, sem que eles percam preciosas horas de sua existência no deslocamento. Isto melhora a qualidade de vida das pessoas, otimiza tempo, e proporciona uma experiência cotidiana mais agradável, contribuindo para que estas pessoas sejam o que todo mundo deve ser: feliz, não só aos finais de semana, mas a semana toda. Por que será que o gigante do varejo diz que sua loja é um lugar de gente feliz? Este mesmo gênio foi pioneiro em falar de varejo sustentável no Brasil. Peraí, mas ser sustentável no varejo não quer dizer coleta seletiva, reuso de água e equipamentos modernos que consumam menos energia? Isto tudo e mais: colaborar para que as pessoas poupem gasolina e não desgastem os pneus e as peças de seus carros, não poluam nosso ar, andem mais (faz um bem enorme à saúde) e tenham mais tempo para si e sua família e mais um monte de outras coisas que nem preciso escrever aqui, você tem percepção bastante para completar a lista. Tempo não é mais dinheiro; é família, saúde, felicidade, bem estar.

APRENDE, SÃO PAULO; APRENDE BRASIL

Agora, parafraseando Vinícius falando de gestão urbana: os ineptos que me perdoem, mas eficiência é essencial. O exemplo da cidade luz pode muito bem inspirar os projetos de urbanização de todas as cidades, não importando se são metrópoles, chegando lá ou não, querendo ser ou não. "Reinventar Paris" (http://www.reinventer.paris/fr) foi o nome de batismo do projeto, na verdade um concurso para escolher os arquitetos que dariam um novo e profícuo destino a vinte e três propriedades urbanas da cidade, já sem uso. O mais bonito disto tudo é que o critério chave para a escolha do projeto campeão nem passou perto da especulação do milionário mercado imobiliário pelas mãos de um xeique qualquer, mas priorizou o impacto urbano positivo que dali se tiraria do papel, dando oportunidade a talentos da arquitetura para que pudessem criar não somente projetos inovadores e belos, mas longevos e sustentáveis na esfera urbana e social (e não por acaso, a Urbem de Philip Yang foi a única empresa brasileira no páreo). E foi assim que a prefeitura parisiense vendeu os ativos por um preço deveras atraente e arrematou iniciativas privadas para construir o bem social e a saúde urbana em forma de tijolos: moradias acessíveis, mercados, hotéis e muitos espaços de co-working, tudo verdemente adornado por jardins verticais e hortas nos topos dos edifícios. E olha o segundo capítulo: "Reinventando o Sena". O que dizer do Tietê? Da Lagoa Rodrigo de Freitas? Do Rio Piracicaba? É verdade, todo o imobiliário ao longo do Sena e ele próprio vão ser reinventados, mais uma vez abrindo espaço pra gente com cabeça nova e boa vontade social. Eu poderia mencionar o Porto Maravilha, no Rio de Janeiro (http://www.portomaravilha.com.br), o Puerto Madero (http://www.puertomadero.com), em Buenos Aires, o Millenium Park, em Chicago (http://www.cityofchicago.org.com), ou mesmo o Puerto Venecia, em Zaragoza (http://www.puertovenecia.com). Mas estes, até onde vai minha compreensão, são seres distintos, na concepção e na dimensão. Grandes áreas degradadas, desocupadas, inativas, que receberam mega projetos e blaster investimentos. O bonito de se ver é como tem gente que encara o desafio – e consegue – de reinventar, reocupar, *retrofitar*, ressignificar uma realidade dada e que não funciona mais do jeito que está, e mudar tudo com gente morando, carro e metrô passando, comércio rodando, um ecossistema urbano em pleno vapor. E é disto que estamos falando: não começar do zero, e sim começar do 4,5 em uma escala de 0 a 10. Porque não reinventar o Elevado Costa e Silva – o tenebroso Minhocão do Centro de São Paulo – e transformá-lo em algo que chegue perto da inspiração do High Line de Nova York (https://www.nycgovparks.org/parks/the-high-line)? É que nestes mundos, parcerias público-privadas são o que diz o nome: parcerias, e não competição pra ver quem leva a fama (ou tira propina maior). Até que São Paulo tenta com projetos como os Novos Anhangabaú, Luz, e Parque Dom Pedro, mas nossos gestores faltaram na aula de como desengavetar boas ideias. E lá estão todas elas, pelas gavetas deste Brasil afora. Todos amarelando, os papéis e também os homens que detêm a caneta nas mãos.

Então, porque não tomar estas rédeas, entender pra onde a cidade vai - e um dia vai, não tem volta – e sair na frente? Criar os espaços, ocupar os espaços da cidade dos homens, dos pedestres, das bicicletas, dos modais do transporte coletivo. Onde estão estes espaços? Este olhar requer muito mais esforço do que simplesmente ajustar o cone de visão para enxergar o totem de um ponto de rua a uma certa velocidade quando se anda de carro, exige sensibilidade, sagacidade e coragem para fazer o novo.

E O SOL NASCE PRA TODOS...

No mês de setembro de 2016, tive a oportunidade de participar de um evento muito bacana sobre sustentabilidade do varejo. E tive uma ótima surpresa. Os temas não se restringiram à logística reversa, rastreamento de origem, eficiência energética, economia circular ou inclusão de pessoas com deficiência, todos temas cruciais e absolutamente necessários para a manutenção de um varejo consciente e saudável. Uma das primeiras palestras trazia Phillip Yang, mestre em administração pública e fundador do instituto Urbem (http://www.urbem.org.br - vale muito a pena ler os textos), e foi a primeira vez que ouvi um urbanista colocar o tema da racionalidade dos espaços urbanos como parte integrante do cenário de um varejo sustentável. Racionalidade de uso do espaço urbano engloba, além do formato da operação, o cuidado de otimizar cada metro quadrado de área de vendas, a facilidade de acesso e a redução do tempo que os clientes levam para chegar lá. Podemos pensar em uma equação:

$$\frac{ESPAÇO}{TEMPO} = MOBILIDADE / TRAJETO / EXPERIÊNCIA / RECORDAÇÃO$$

Racionalidade no uso do espaço urbano é, sem dúvida, um dos temas mais atuais e ricos quando se discute expansão do varejo, simplesmente porque ninguém abordou o tema até então com o cuidado que ele exige e na extensão que ele tem pela velocidade com a qual ele se multiplica. Pelo ritmo do crescimento da área urbana, estima-se que todo o volume de novas superfícies que vem sendo edificado desde 2001, estendendo-se até o ano de 2030, equivalerá a tudo o que foi construído até 2000.

E o problema não é só a velocidade das transformações, mas também a assimetria, o descompasso, o desequilíbrio entre os diversos equipamentos urbanos que são implantados por toda a cidade, tanto pelo poder público como pela iniciativa privada. Para reforçar ainda mais a idéia de racionalidade em oposição à crença de que se trata de um tema meramente subjetivo ou mesmo interpretativo proposto por sociólogos de esquerda, cito aqui Samuel Pessoa em um de seus muitos textos que escreve para a Folha (Domingo, 2 de outubro de 2016), sobre como a opção de investir no transporte individual, quando a cidade, na década de 40, começou a se desfazer dos mais de 300 quilômetros de trilhos dos bondes urbanos, foi desastrosa. E ele fala como economista que é, sem vestir pele de urbanista. Todos os que razonam sobre o tema (citei dois aqui, mas a discussão habita muitas cabeças pensantes de hoje), são unânimes: calçadas reduzidas e vias alargadas expulsam os pedestres das ruas, nos aprisiona a todos em nossos carros blindados pela espessura do vidro ou por sua película negra, alheios ao que a rua nos mostra ou diz, nos encarcera a todos em nossas casas e escritórios, feudos de clausura e não inclusão murados e arrogantes, comprando comida fake e tudo o mais que se possa imaginar, de calças jeans à virgindade de uma garota de dezoito anos, pela internet. Isto se reflete no tecido social. Sentimos na pele, todos os dias, o crescimento desordenado e a falta de interação e de comunhão entre nosso cotidiano e as ruas. E este reflexo se estende em como moldamos nossos hábitos cotidianos. E terminamos, olha só, nos meus devaneios sobre os deslocamentos diários. Volta a equação, muito mais óbvia: o varejo é sustentado por estes deslocamentos, meus, seus, de todos. Só que, a partir de agora, a lógica dos deslocamentos deve ser projetada não mais na cidade dos carros, mas na nossa cidade: minha, sua, de todos.

O FUTURO? NOSSO BAIRRO, NOSSO PEDAÇO, ELE É O CENTRO!

"A encruzilhada é o lugar onde se cruzam dois ou mais caminhos. Metaforicamente, simboliza os dilemas de uma travessia, a dúvida quanto ao melhor caminho e, no limite, a esperança de chegar ao destino pretendido. Dadas as incertezas que nos cercam como sociedade urbana, a metáfora parece se aplicar bem às expectativas quanto ao futuro da cidade. São Paulo na encruzilhada... Para onde vamos? Que rumo tomar?"

Philip Yang

Já ouviu falar em um tal de *overshoot day*? O dia da sobrecarga da Terra? É um conceito relativamente simples, mas a sua metodologia de apuração é bem complexa. Vou tentar explicar o que eu mesma tive dificuldade de entender: a medição é anual, quanto mais cedo chega o dia do overshoot no ano, mais ferozmente se está consumindo os recursos que temos na terra. E a má noticia é que a cada ano, este dia chega mais cedo. Veja o histórico:

ANO VIGENTE X SOBRECARGA DA TERRA

2000	5 de outubro
2001	4 de outubro
2002	30 de setembro
2003	21 de setembro
2004	13 de setembro
2005	6 de setembro
2006	4 de setembro
2007	2 de setembro
2008	4 de setembro
2009	8 de setembro
2010	31 de agosto
2011	27 de agosto
2012	25 de agosto
2013	22 de agosto
2014	19 de agosto
2015	13 de agosto
2016	**08 de agosto**

Considerando 2016 – ano em que este texto começou a ser escrito – entramos no cheque especial em 08 de agosto (nem consultei os dados de 2017 pra não ficar de mau humor). Caso abandonemos todas as ações e políticas públicas de proteção ao meio ambiente – ainda que insuficientes – e nada mais seja criado neste sentido, teremos consumido o planeta em

20 anos. Ou seja, em 20 anos, mais ou menos, a previsão *do overshoot day* será 01 de janeiro. O ano começaria e não teríamos mais nem comida. Isto é assustador. Então, não significa que iremos consumir menos, mas sim obrigatoriamente **consumir diferente**. Isto quer dizer que as pessoas vão comprar diferente, logo você vai produzir e vender diferente. Não temos plano B, só o A, e ele tem que dar certo.

Novo arranjo, nova proposta, coragem para assumir novas posições. Só assim se cria novas – e valiosas - experiências. Sabemos que rumo tomar. O mundo pede, a cidade tem pressa e precisa que seus equipamentos – e o varejo de rua tem, sim, papel de equipamento urbano – caminhem a seu lado, em comunhão e sinergia, e não contra ela.

INSIGHTS?

1. **A HISTÓRIA É O PRESENTE:** Prestigiar o patrimônio histórico ocupando com criatividade as edificações que têm história pra contar e estão lá, precisam ser revitalizadas, restauradas, utilizadas. Sei das dificuldades para se locar um imóvel tombado pelo Condephaat e da dor de cabeça que é aprovar qualquer intervenção. Mas a quebra de paradigmas começa por nós. Pode não fazer sentido se pararmos para pensar que cidades como Paris, Istambul, Madri, Barcelona, entre muitas outras, têm muito mais patrimônio histórico vivo nas ruas; mais um motivo para brigarmos em prol do nosso e lutar por marcos regulatórios que permitam esta mudança. Cada estado da federação tem o seu órgão responsável por este assunto, busque nos sites sempre em temas referentes a patrimônio histórico, bens protegidos e tombados; tomemos como exemplo a cidade de São Paulo. No site do Condephaat www.**condephaat**.sp.gov.br, você encontra todas as informações sobre o que é o órgão, seus objetivos, a lista de imóveis tombados na cidade, como funciona o processo de tombamento, as possibilidades de intervenção em bens tombados, que setores procurar e muito mais. São imóveis que fazem parte do edificado urbano, devem ser revitalizados e integrados a novos projetos urbanísticos. Ouse reinventar você também.
2. **O MURO DE BERLIM JÁ CAIU FAZ TEMPO:** Procurar, usar e abusar das fachadas ativas, vivas. Muros matam a vida nas ruas, segregam, apartam. Esqueça os muros. Convide os pedestres a entrar em sua casa: ofereça um bicicletário – nem que seja para duas bicicletas, mas tem que ter; um local para seus clientes lavarem as mãos ao chegar, uma

água fresca, isto não custa nada, absolutamente nada. Incorporadores e construtores são capitalistas na acepção própria da palavra, se movem pela demanda, nós devemos ser os catalizadores da mudança, e pedir, solicitar, exigir estes novos espaços e literalmente ocupa-los.

A fachada ativa não vem somente com a tarefa de resgatar a mobilidade perdida, mas também com a esperança de corrigir uma disfunção social. No senso comum, muros protegem quem e o que mais estiver dentro (nossa casa, nossas joias, nossa varanda *gourmet*, nosso carro, nosso espaço *fitness*, nossa piscina, nosso *lounge bar* privado, nosso espaço *pet* com os *petzinhos* dentro, e por aí vai...) e exclui quem e tudo o mais que estiver fora. Será que alguém ainda tem a falsa ilusão de que muros protegem? Nunca soube de ninguém que tenha conseguido viver a vida toda cercado por muros...

Nunca me esqueço do que aconteceu durante o lançamento de um grande e luxuoso empreendimento construído num bairro da Zona Sul da cidade de São Paulo. Na época, eu trabalhava como gerente de vendas em uma conhecida imobiliária do mercado, que iria comercializar as torres (sim, eram mais de uma, com apartamentos de dois milhões de Reais pra mais, construídas em cima de um dos *shoppings* mais elitizados da capital paulista). O empreendimento era cercado por muros altíssimos, todo ele. A vizinhança? Uma favela, e das grandes. Quem estava fora, não podia enxergar o luxo que habitava lá dentro; quem estava dentro, mesmo que soubesse da pobreza que cercava a ilha da fantasia, podia fingir tranquilamente que aquilo não existia pois, mesmo que tentasse, não conseguiria enxergar por detrás da muralha. Pois bem, a cegueira proposital causou um mal estar dos dois lados. Durante o evento, os moradores das cercanias vieram para a entrada do empreendimento protestar e indagar o porquê dos muros. E obviamente, os incorporadores e organizadores do evento não estavam preparados para enfrentar aquela situação, e tampouco sabiam o que dizer. Ah, se àquela época eu tivesse tido a sensibilidade e a perspicácia de buscar saber o que na realidade estava rolando, eu teria descido do salto (literalmente) e ido até eles para saber o que estavam sentindo e qual era sua reivindicação, e contaria hoje com um material valioso para citar. Mas não, eu segui o senso comum, aceitando a máxima de que eram os muros que deveriam determinar quem teria acesso a tudo aquilo que seria construído ali. Não saí da caixa. Sim, é um tema delicado e que requer muita discussão e reflexão. Mas, de antemão, ouso dizer que quem deveria perceber o que está ao seu alcance e julgar o que é acessível e o que faz sentido em suas vidas somos cada um de nós. Moremos em favelas ou em mansões, ainda moramos na mesma cidade, caminhamos pelas mesmas calçadas e bebemos a mesma água. E, se não tivermos grana para pagar um bom plano de saúde, vamos todos terminar no SUS. Teremos que aprender a conviver, de uma forma ou de outra. E muros são obstáculos a qualquer tentativa de diálogo. Não protegem, não trazem segurança, trazem sim indiferença para quem está dentro e cobiça para aqueles que o observam do lado de fora.

3. **DE ROUPA NOVA:** Verticalização de imóveis térreos com potencial construtivo inutilizado. Um *retrofit* pode criar lajes para ocupação comercial e residencial, fachadas ativas (térreos) para o comércio, aumentando significativamente o aproveitamento e a produtividade do bem. Senso comum: isto deve partir do proprietário do imóvel ou do poder público, não do ocupante. Errado. A responsabilidade e iniciativa podem e devem ser de todos. Isto potencializa ganhos e oferta de moradia e trabalho, enriquece o *cluster*. É possível, é factível, é mudança de paradigma. "Hum, já ouvi uma história parecida antes, de um cara que fez um sobrado e depois construiu mais dois andares, é isto?" Não, não é. A grande maioria dos casos acontece desta forma: o sujeito aprova uma área menor, porque o zoneamento não permite edificar mais, depois vai lá e levanta mais dois ou três andares. Ou até o zoneamento permite, mas ele quer economizar nos tributos. Daí, ele paga uma propina pro fiscal de obras da prefeitura fingir que não viu que a construção está diferente do projeto aprovado, e assim consegue comprar a emissão de um habite-se (e depois ainda reclama de corrupção na Petrobrás...). Não, estou falando de fazer as coisas certas. E ainda falando nisto, me lembrei de um caso espinhoso que aconteceu mais ou menos em 2002, quando eu geria a expansão de uma grande rede de varejo de eletrodomésticos e eletroeletrônicos. A loja da vez deveria ser aberta no extremo leste da capital paulista, mais precisamente em São Mateus. Obviamente, o ponto deveria estar na Avenida Mateo Bei. E lá fui eu atrás de mais uma loja. Subi, desci, subi, desci, entrei em todas as lojas que poderiam fazer sentido em termos de localização e metragem – a Mateo Bei é tradicional, e abriga o comércio pujante do distrito de São Mateus, que é vasto e populoso, e por lá os bons pontos nunca estão vazios. Negociei

as melhores oportunidades e, por fim, decidimos por aquele que somava as qualidades de bom ponto comercial, valores dentro do negociável e documentação regular. Por "documentação regular" leia-se: projeto aprovado, Habite-se e AVCB (auto de vistoria do corpo de bombeiros). Tudo certo, pelo menos era o que eu achava. Só que não. Para a implantação, seria necessário aumentar a área do térreo. O terreno era grande, o zoneamento permitia, então era só entrar com o modificativo de acréscimo de área. E não é que, ao darmos entrada no novo projeto, descobrimos que o projeto anterior – com a planta que havia sido aprovada – estava diferente do real edificado? O proprietário, para economizar, aprovou uma área menor e construiu a mais depois de tirar o habite-se e o AVCB. Ou seja, tudo errado. Àquela altura, Inês estava morta: contrato assinado, profissionais e recursos mobilizados para a implantação da nova loja, não dava pra voltar atrás. Conclusão: o proprietário gastou o triplo em multas para regularizar a bobagem que havia feito. Um *retrofit* às avessas. Agora, imagine se a própria prefeitura propusesse um aproveitamento maior do terreno, criando talvez mais áreas no térreo e pisos superiores com apartamentos e escritórios – dependendo da carência da região – com incentivos fiscais para os proprietários, em prol de um uso mais inteligente? É óbvio que não podemos esperar que todos tenham esta consciência, mas não somos todos, não podemos ser todos: temos é que sair do lugar comum e levar todo mundo conosco. Devemos cobrar do poder público um projeto de avaliação das edificações afim de identificar terrenos subutilizados para a proposição de um uso mais eficaz e inteligente dos espaços urbanos. Mas, para cobrar alguma coisa de alguém, é preciso saber fazer.

PS: A loja continua lá, e vendendo bem, obrigado!

4. **YES, IN MY BACKYARD:** É do *cluster* que viveremos, é pra ele que devemos direcionar nossos olhares. E a nova legislação de parcelamento, uso e ocupação do solo – LPUOS (http://www.prefeitura.sp.gov.br/cidade/secretarias/desenvolvimento_urbano/legislacao/zoneamento) já abre a possibilidade de instalação de atividades de varejo em vias locais e coletoras, em sua grande maioria vetadas ao comércio pela legislação anterior. O objetivo: criar a estrutura de comércio e serviço no bairro, nos *clusters* até então de moradia. Não é nem preciso citar nomes aqui, basta observar o que acontece hoje em bairros adensados onde antes havia somente prédios e casas. Nos miolos dos bairros, começam a ser

instalados comércios que atendem as pessoas no dia a dia da manutenção da casa, especialmente farmácias e minimercados. Lavanderias, costureiras e escolas infantis já eram atividades permitidas por se tratar de prestação de serviços, agora chegou a vez de oferecer produtos. Tá bom, vou citar um exemplo: o bairro onde eu mesma moro. Quer exemplo melhor? Posso vivenciar isto na pele. Também sou dona de casa, tenho que fazer compras pra casa, lavanderia, costureira, sapateiro, farmácia, papelaria, um presente rápido, loja de materiais de construção, e tudo o mais que se utiliza para manter uma casa com uma família dentro em ordem. E consigo fazer tudo isto sem sair dos quarteirões imediatos e sem tirar o carro da garagem. Andar é sustentável: economiza gasolina e evita emissão de mais CO^2, ajuda a manter a forma e o ar que respiramos, promove a socialização e nos dá a chance de ver coisas que normalmente não notamos quando estamos dentro de um carro. Já teve experiência de olhar a cidade sob a ótica da rua? É incrível o que conseguimos enxergar a olho nu, sem os filtros dos vidros filmados de nossos automóveis. E como o meu bairro, existem outros da cidade que começam a experimentar as mesmas mudanças. Os efeitos da alteração das leis de uso e ocupação do solo, ampliando a possibilidade de atividades permitidas em miolos de bairros, são rapidamente percebidos em pontos de rua, pois é uma questão burocrática, altera-se o uso de algo estabelecido. Mas nem todos têm espaço físico para as adaptações que acabam acontecendo como um movimento natural da expansão dos negócios e da oferta de serviços e produtos para bairros em franco adensamento. Muitos necessitam de um esforço redobrado da iniciativa privada do mercado imobiliário e da gestão pública para transformar as edificações existentes e pensar nos novos projetos sob outra ótica. E tudo isto tem relação com o fechar a conta para uns, vender facilidades para outros e afastar gente que não tem o mesmo padrão. Reconhece estes papéis? É impensável em termos de gestão do espaço urbano a existência de comunidades de moradores de bairros elitizados que dificultam a aproximação de estrutura de transporte público e outros equipamentos urbanos – incluo como equipamentos urbanos as muitas atividades comerciais, com disse anteriormente – de suas casas pelo fato de atraírem mais movimento para perto de suas ilhas de tranquilidade. Este é um fenômeno atual e ao mesmo tempo anacrônico. Existem associações de bairros que defendem esta posição por acreditarem, erroneamente, estar defendendo seu bairro, "seu" território. A cidade é de todos, vamos ter que aprender a conviver, por bem ou por mal.

5. **PRATA DA CASA:** Na esteira de todas as perspectivas que se abrem neste novo pensar, viabilizar uma cadeia produtiva no *cluster* é politicamente correto e economicamente sustentável: gera oportunidades e distribuição de ganhos e renda, ganhos tributários, simplifica a logística e trabalha em prol da mobilidade, tirando carros, vans e caminhões das ruas. Estamos falando de novos fornecedores, funcionários, terceirizados e clientes em potencial, abre-se o leque para si e para os outros. Pode-se perder em escala, já que esta representa elevação no poder de compra de insumos e matérias primas, de produção e de vendas também. Muitas atividades ganham na escala. E no conceito de *vida em clusters*, a escala passa a não fazer sentido. Viabilizar novos fornecedores pode ser muito difícil, é verdade. Mas nada do que digo aqui é teórico, dá pra fazer, é só pensar por onde começar e realmente *começar*. Tenho um exemplo pra te dar, e é atualíssimo. Uma moderna rede de restaurantes que oferece um cardápio muito bacana e saudável, em franca expansão, já começou a fazer isto. As lojas são tão descoladas e adaptáveis que existem sob vários formatos, até em containers. Hoje, a cadeia já tem os alimentos frescos que constam de seus cardápios fornecidos pelos hortifrútis da região, e está negociando a ampliação do fornecimento de outros insumos com mercados regionais também. Pode ser que sua atividade viabilize mais facilmente este movimento, mas isto não quer dizer que não se encaixe em outros negócios. O aprendizado aqui é que ele pesquisou novos fornecedores que atendessem o conceito da rede e suas necessidades, criou processos e colocou o plano em prática. Com certeza, está descobrindo que ajustes serão necessários, mas viu que dá pra fazer, e todos ganham com isto. É hora de sair da caixa e pensar por onde o seu negócio pode avançar neste novo conceito.

Pense que a visibilidade deverá ser explorada em um espaço bem mais exíguo e uniforme, pouco se poderá fazer para se destacar do vizinho nas lojas de fachada ativa; a acessibilidade para itens de compra por impulso não poderá contar com as vagas na fachada: este formato não prevê vagas, a fruição pelos quatro lados da calçada é para acesso livre dos pedestres; a exposição regional se restringirá ao bairro – esta é a ideia. Muitos podem pensar que isto inviabilizará os negócios, que faltarão números no faturamento final para fechar a contas, mas eu vejo uma oportunidade, uma enorme janela: estabelecer uma linguagem de proximidade com o consumidor, construir um verdadeiro relacionamento pessoal e intrasferível, muito diferente das "centrais de relacionamento" que temos hoje e que têm a pretensão de conhecer o cliente simplesmente rastreando o que ele consome. Somos realmente aquilo que compramos, aquilo que comemos? Fomos reduzidos a isto? Não, claro que não. Temos novas formas de nos relacionar, pessoal ou virtualmente e, no limite, estamos falando de extensão dos relacionamentos: qual é o caminho para se chegar ao cliente e como fazê-lo, por sua vez, vir até você? O que ele experimentará em sua loja? Neste novo modelo, onde tudo fica mais próximo, mais acessível, ele estará cada vez mais perto, morando e trabalhando no bairro, vai chegar na sua loja rapidinho, a pé ou de bicicleta, vestido de maneira informal, em horários inesperados, e principalmente aos finais de semana. Ele não mais vai cruzar a cidade para ir até o consumo: o consumo vai até ele, e isto já acontece no mundo virtual, está chegando no mundo físico. O modelo das lojas de rua deverá ser mais enxuto, com operação eficiente com a ajuda das muitas tecnologias disponíveis, menor metragem, menos funcionários, grande capilaridade e a roupagem da proximidade, que é um conceito diferente de conveniência: conveniência está no caminho, no trajeto, à mão com mais facilidade, mas nem sempre próximo de nossa base; proximidade é o conceito de estar próximo da base, do domicílio, onde se permanece mais tempo (casa ou trabalho), este sim sempre conveniente quando se fala de pedestres. Por fim, novos números, novas viabilidades, novas projeções de faturamento, e baseados em microrregião, não macro. Neste cenário futuro – e o tempo passa muito rápido, o futuro está logo ali – a leitura do que é a qualidade da localização de um ponto de rua traz o desafio do título: localização, localização, localização era a palavra de ordem do século XX; gire o botão para um novo tempo e pense na recepção que ele terá, na interação que experimentará e na recordação que levará consigo para voltar muitas e muitas vezes.

Tudo isto é mudança cultural, e o varejo tem papel central nesta transformação, pois ele é nada mais nada menos que a terceira força motriz neste processo de transformação da cidade: a política define marcos regulatórios; a social representa a conscientização de uma sociedade que busca melhor qualidade de vida; e a econômica é integrada por seus muitos agentes, das construtoras que literalmente erguem as cidades aos comércios e serviços que giram a economia. Todas estas forças conversando, trabalhando juntas.

Se eu pudessse desenhar (e graças a Deus existem recursos gráficos para isto), seria assim:

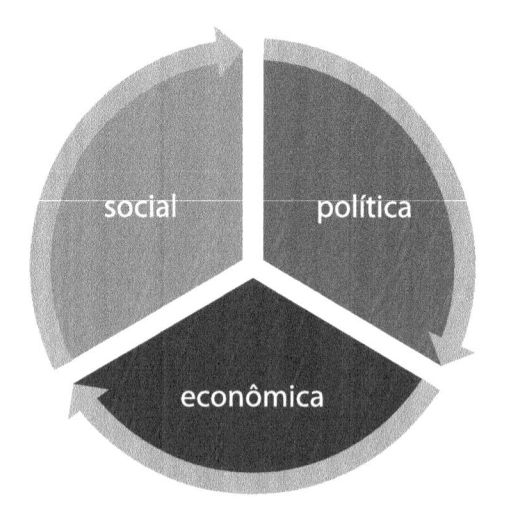

(Diagrama circular dividido em três partes: social, política, econômica)

Mind set. Isto leva tempo, exige perseverança, paciência e amor à causa.

Gerir um processo de expansão nos dias atuais pensando na longevidade do negócio requer, antes de qualquer coisa, uma nova postura perante o mundo em que vivemos hoje e o de amanhã, que chega rápido demais. Muito mais que conhecimento técnico, temos que buscar o conhecimento do ser humano, da sociedade; exige espírito corajoso, olhar atento e muita, muita criatividade. Tudo, desde a decisão de compra, passando pelo ato da compra em si até a solução na mão, se resume a uma experiência de consumo, que pode ser boa a ponto de ser colocada em uma de nossas caixinhas cerebrais, ou insípida, insossa, inodora e por muitas vezes desagradável, que vai para a caçamba com tudo o mais que deve ser esquecido. Eu quero sempre ficar na primeira parada. E se tenho certeza de algo, é a de que você também quer.

OUTRAS FONTES:

http://www.wwf.org.br/natureza_brasileira/especiais/pegada_ecologica/overshootday/

VAREJO, FRANQUIAS E SHOPPING CENTERS

A Simbiose entre Varejo, Franquias e Shopping Centers e sua Interdependência

MARCOS HIRAI

Pretendo traçar um percurso entre três indústrias: varejo, *franchising* e *shopping centers*. Quero mostrar como cada uma foi essencial para o desenvolvimento mútuo, a importância dessa simbiose para a evolução de cada segmento. Isto mostra que, quando um cresce, impulsiona os demais, e a desaceleração de um mexe com toda a cadeia. Além de traçar uma linha do tempo, vou sinalizar o futuro dessa relação, considerando um mundo cada vez mais conectado e ameaçando as lojas físicas.

PICADO PELO MOSQUITO DO VAREJO

Dizem que quando o mosquito do varejo pica, nunca mais se consegue abandoná-lo. É como uma droga que vicia. Creio que sou um desses casos. Desde os 12 anos, quando ajudava meu pai no pequeno comércio que ele possuía no bairro da Vila Madalena, em São Paulo, comecei a gostar de varejar. Diariamente, ficava atrás do balcão, recebendo vendedores, que se tornavam colegas, e atendendo clientes frequentes, que também se tornavam amigos. O desafio de refazer vitrines "vendedoras", recrutar funcionários, treiná-los, criar promoções, eventos, compras, me fascinava. Mas também atuava no *back office* da loja – entre outras coisas, também era o *office boy* e diariamente tinha de cumprir o rito de ir aos bancos (me recordo das filas intermináveis) –, acompanhar meu pai em reuniões com gerentes de bancos (sempre faltavam créditos), fiscais corruptos, com o proprietário do imóvel (as renegociações de aluguel eram duríssimas) e demissões de funcionários. Vivenciei o período de hiperinflação e todos os planos econômicos – tablitas, URV, confisco e demais invencionices criadas à época. Momentos muito difíceis, já que o dinheiro possuía um valor pela manhã e derretia ao longo do dia.

Bom, mas eram épocas românticas. Minhas lembranças de visitas a lojas inesquecíveis, como a suntuosa Sears, a sofisticada Dillard´s, a *fashion* Mesbla, a grandiosa Mappin, a internacional Yaohan, o Eldorado Plaza e tantas outras redes que fizeram minha época e que ficaram registradas na minha memória: Ducal, Casa José Silva, Super G, Casa Centro, G.Aronson, Arapuã, Casas da Banha, Jumbo e Eletroradiobrás, Well´s, Jack in the Box, que fizeram história no varejo brasileiro. Adorava sentir a atmosfera, as gôndolas, o atendimento, a arquitetura, as vitrines. Tudo era maravilhoso e marcante para um jovem como eu. Uma pena que todas essas marcas citadas sucumbiram e alguns modelos de varejo não possuem similares até hoje, deixando um vazio em nosso mercado, como é o caso das lojas de departamentos que praticamente desapareceram do mercado brasileiro. Recordo que eram lojas que vendiam de tudo – de barcos a roupas, perfumes importados, eletroeletrônicos, barracas de *camping* –, tudo com atendimento de primeira. Eram lojas com atmosfera romântica, quantidade de itens e estoques impensáveis nos dias de hoje.

Recordo-me também dos primeiros *shopping centers*. Sendo paulistano, lembro-me entrando pela primeira vez no Shopping Eldorado, um local majestoso, como se fosse um grande castelo encantado, muito luxuoso e à frente na sua época; o Shopping Ibirapuera, com lojas inéditas e produtos idem; o Iguatemi, com seu relógio d´água e suas decorações natalinas de cair o queixo; sem falar no Center Norte, com grandiosidade e um pé direito que parecia que o *shopping* se tornava imenso.

Minha experiência profissional é marcada por uma forte atuação em três mercados que se integram de forma quase que simbiótica: varejo, *franchising* e *shopping centers*. Nos dois primeiros, participei também como empreendedor, além de também ter assumido funções executivas em empresas do segmento.

Mas, nos meus últimos 13 anos, parti para a carreira de consultor e confesso que é uma grande honra poder conviver e trabalhar com grandes mestres do *franchising* e varejo, como Marcelo Cherto, Cláudia Bittencourt e Marcos Gouvêa de Souza, os dois últimos como sócios.

O *franchising* brasileiro é dos mais desenvolvidos do mundo e, graças a esse modelo, muitas empresas brasileiras se beneficiaram, expandindo seus negócios por todo o país e, algumas, até internacionalmente. De alguma forma, posso dizer que colaborei para que algumas dessas marcas dessem seus primeiros passos e hoje marcam presença nas cidades e nos *shopping centers* de todo o Brasil. Comecei no segmento como franqueado (rede Video IN), além de ter participado como executivo nas franqueadoras Nipomed e Livrarias Siciliano.

Posteriormente, tive a honra de poder trabalhar no projeto da FranchiseStore – a primeira loja de venda de franquias no Brasil – e posteriormente fundar minha empresa especializada em pontos comerciais: a BG&H – iniciais dos sobrenomes dos meus atuais sócios (Bittencourt, Gouvêa e Hirai, meu sobrenome). Nesse interim, tive a oportunidade de ser instrutor da Associação Brasileira de Franchising (ABF) e de dar aulas na Franchising University. Calculo que até hoje tenha participado em projetos de mais de 700 empresas, totalizando mais de 2 mil lojas abertas em todo o País. Quero neste capítulo passar um pouco dessa experiência, relatando alguns episódios importantes que ajudarão a entender esse período, compreendido entre 1995 e 2015 (inicio da consolidação do Plano Real, criado pelo governo Fernando Henrique Cardoso, e da manutenção dos fundamentos econômicos pelo governo Lula).

UM POUCO SOBRE O VAREJO NO BRASIL

Fundamentalmente, o Brasil começou a entrar na órbita dos investidores internacionais durante esse período recente. Antes disto, vivemos praticamente duas décadas no limbo do mundo, com um país mergulhado em crises sucessivas, reservas de mercado, restrição às importações, ditadura militar e hiperinflação. Um verdadeiro caos econômico e político.

O varejo no Brasil tem sua história marcada com a evolução da própria sociedade brasileira. Inicialmente baseado no oferecimento de itens básicos de subsistência, ficou marcado por um longo tempo pelo comércio varejista em ruas, representado por pequenas lojas e vendedores ambulantes.

Casas Pernambucanas, Mappin e Mesbla foram as primeiras grandes redes varejistas que surgiram no início do século 20. O varejo internacional desembarca por aqui em grande estilo no final da década de 1940 – a Sears abre sua primeira loja de departamentos em 1949 e foi muito importante para estabelecer um padrão internacional, revolucionando o mercado varejista de grandes cidades, como São Paulo e Rio de Janeiro (chegaram a ter 11 filiais por aqui).

A década de 1950 foi marcada pela abertura dos primeiros supermercados, inaugurando o conceito de autosserviço. Até os anos 1980, o varejo brasileiro, em geral, caracterizava-se por concorrência regional, lojas especializadas operando em âmbito local, cadeias de médio porte atuando regionalmente e poucas redes de lojas no contexto nacional. As maiores empresas e seus fornecedores estavam nas regiões sudeste e sul do país.

A partir dos anos 1990 ocorre um grande processo de reestruturação e concentração no mercado supermercadista e novas bandeiras internacionais passam atuar no Brasil, como os grupos Ahold e Casino – que se associa ao Pão de Açúcar – e a vinda do gigante Walmart, em 1995. Em 2004, para fortalecer a representação de empresas varejistas de diferentes setores de atuação nacional, surge o Instituto para Desenvolvimento do Varejo (IDV), hoje, a entidade mais representativa do setor.

As primeiras franquias no Brasil surgiram na década de 1960, no segmento de idiomas, e o setor foi crescendo de forma tímida até a década de 1980. A entrada do McDonald´s no Brasil, em 1979, foi uma espécie de marco da popularização do *franchising* por aqui.

A ABF foi fundada em 1987 e ajudou a profissionalizar o setor. Em 1992, o mercado de franquias foi aberto à competição internacional e, em 1994, foi promulgada legislação específica para o setor, que passou a reger as relações entre franqueados e franqueadores. Durante a década de 1990, o setor passou a atingir taxas de crescimento impressionantes.

UM POUCO SOBRE OS SHOPPING CENTERS NO BRASIL

A era de *shopping centers* no Brasil formalmente começou em novembro de 1966, com a inauguração do Shopping Center Iguatemi, em São Paulo. Na década de 1970, foram inaugurados oito novos espaços. Mas, apesar do conceito novo e moderno de organização varejista, a maioria dos *shoppings* inaugurados nesse período não foi exatamente um sucesso de público e vendas. Mesmo que nesse período o progresso tenha sido lento e, às vezes, não muito animador, as bases para a verdadeira indústria do setor no país estavam sendo firmemente formadas e os hábitos de consumo de milhares de brasileiros, radicalmente mudados.

Em 1976, a indústria passou a ser representada oficialmente no Brasil. Nesse ano, foi criada a Associação Brasileira de Shopping Centers (Abrasce), com o objetivo de fortalecer e colaborar com o desenvolvimento do segmento no País. Assim, iniciavam-se o planejamento e desenvolvimento de projetos que formariam o núcleo de uma verdadeira explosão de *shopping centers* durante a década de 1980.

Mesmo com todos os contratempos, ocasionados pelos sucessivos planos econômicos malogrados, o segmento amadureceu durante essa década. Nos anos 1990, os *shoppings* deixaram de ser idealizados para atender somente as classes A e B, e a indústria desenvolveu empreendimentos para as classes C e D, mais populosas.

As inaugurações de novos centros diminuíram seu ímpeto no final dos anos 1990, quando as grandes cidades começaram a sinalizar uma saturação do mercado, somada à uma diminuição do poder aquisitivo do país e do crescimento do Produto Interno Bruto (PIB). Nesse período, o perfil da concorrência mudou e os *shoppings*, além de concorrerem com os varejos de rua, passaram a concorrer entre si, em virtude do grande número de inaugurações.

> **O boom do varejo, do franchising e dos shopping centers (ciclo de 1995 a 2015)**
>
> O ciclo de 1995 até 2015 foi considerado o de anos de ouro no consumo recente no Brasil. Por que 1995? Porque, após o lançamento do Plano Real, em 1994, os efeitos, um ano depois, já começaram a ter resultado entre consumidores e na economia. O Plano Real entrou para a história como o episódio que acabou com a hiperinflação e inaugurou um novo ciclo de desenvolvimento econômico. A hiperinflação corroía o poder aquisitivo das pessoas. Quando veio a estabilidade, o consumo explodiu.
>
> Existia muita demanda reprimida entre os brasileiros, que até então foram privados de produtos e serviços que já estavam disseminados nos outros países e que, por aqui, ainda soavam distantes. Viagens de avião, automóveis importados, eletroeletrônicos, eletrodomésticos, universidades

> particulares e telefones celulares foram alguns dos itens que começaram a fazer parte da rotina de cerca de 80 milhões de brasileiros, que passaram a integrar a nova classe média brasileira. Ao lado da abertura comercial promovida antes, no governo Collor, o Plano Real permitiu forte crescimento da quantidade e da qualidade do consumo do brasileiro, com inclusão de classes mais pobres no mercado de consumo de massa.

76 *ROAD SHOWS* PELO BRASIL

O ano era 2007, Lula foi reeleito presidente e Guido Mantega era o ministro da Fazenda. Logo após, o mundo vive uma das maiores crises financeiras, por conta da quebra do Lehman Brothers, nos EUA, mas nós vivemos apenas uma "marolinha". Nos anos que se seguiram, vivemos a euforia da descoberta dos poços de petróleo do pré-sal e sabíamos que seríamos o país sede de duas das maiores competições mundiais – a Copa do Mundo, em 2014, e o Rio de Janeiro como sede da Olimpíada, em 2016.

Entre 2007 e 2011, cem novos *shoppings* foram abertos no Brasil. No período, trabalhava como executivo de uma grande consultoria de *franchising* e comercializava franquias. O *portfólio* à época beirava 30 redes de franquias. Por conta disso, naturalmente recebia a visita de executivos comerciais incumbidos de trazer marcas para rechearem seus empreendimentos. Creio que acompanhei, de fato, a simbiose natural entre *shopping centers* e franquias. Qual a lógica? Um *shopping center* precisa de marcas fortes e consagradas para recheá-lo. Quanto maior a quantidade de marcas novas e inéditas em um empreendimento novo, maior será o impacto entre a população, pois assim não existe uma comparação direta com as lojas de rua tradicionais na região. Como atrair essas marcas?

Road show de franquias combina com eventos de lançamentos de *shopping centers*? Sim, faz muito sentido. Foi com essa premissa que me lancei a percorrer o Brasil inteiro, promovendo as franquias do nosso *portfólio* em eventos em conjunto com os inúmeros empreendimentos que estavam em fase de comercialização pré-inauguração. Viajei por todo o Brasil, de Norte a Sul, de Leste a Oeste (ou de centro-oeste a sudeste). Foi uma experiência muito rica, conhecendo realidades bastante distintas e as diferentes características deste país. Ao mesmo tempo, creio que estava participando ativamente da consolidação de dois mercados que se provaram sólidos e representantes da economia brasileira – o sistema de franquias e a indústria. Foi justamente nessa época que se consolidaram os grandes grupos de *shopping centers* (BrMalls, Ancar, Multiplan, Iguatemi, Sonae, Aliansce, General Shopping etc.), redes de franquias (MMartan, Hope Lingerie, ChillyBeans, Hering Store, Chopp da Brahma, Cacau Show, Imaginarium, Spoleto, Morana, World Tennis, entre outras), redes (Bob´s, Boticário, Casa do Pão de Queijo, Arezzo e outras) e lojas âncoras (como Ri-Happy, Centauro, Fast Shop, LeLisBlanc, Cinemark e Magic Games).

Alguns desses *road shows* foram inesquecíveis. Recordo-me de um evento realizado em Cascavel, no Paraná. Tinha em mente fazer uma palestra sobre franquias para um grupo de, no máximo, 50 pessoas. Ao chegar ao *shopping*, descobri que os organizadores resolveram fazer um comercial na televisão, divulgando a palestra, e mais de 600 pessoas compareceram. Tivemos que nos deslocar até uma sala de cinema do próprio *shopping* e dividir em duas sessões para 300 pessoas cada. Enquanto palestrava para a primeira turma, 300 pessoas ficaram de fora esperando o término da sessão. Outra em Parauapebas, no Pará, cidade distante 800 km da capital Belém, reuniu cerca de 70 pessoas, mas, para minha surpresa, após o término, fui entrevistado pelas retransmissoras das redes Globo, SBT, Record e Bandeirantes. Virei o astro momentâneo da cidade! Em contrapartida, uma em Blumenau, Santa Catarina, organizada para cem pessoas, foi um fiasco, pois apareceu apenas uma pessoa! Um constrangimento total para os organizadores.

No total, foram mais de 500 franquias vendidas no período. Empresas pequenas se tornaram grandes redes, empregando pessoas, desenvolvendo mercados e levando progresso para todo o país. *Shoppings* se consolidaram e levaram crescimento econômico para médias e grandes cidades.

BUSCAR 88 PONTOS COMERCIAIS EM APENAS TRÊS MESES

Em 2007 recebi certamente meu maior desafio da carreira – buscar 88 pontos comerciais para a abertura de lojas próprias de telefonia celular para uma das grandes operadoras que estreava no mercado de São Paulo. Prazo: três meses!

Imagine a cena. Um dos executivos dessa operadora me fez o seguinte desafio: "é pegar ou largar!". Racionalmente falando, essa tarefa era quase impossível de realizar. Mas o desafio de participar de um projeto assim foi algo que me seduziu. Aceita a missão, a racionalidade veio à tona. Como fazer tanto em tão pouco tempo? Bom, a primeira providencia foi mobilizar a equipe e trazer parceiros de confiança para ajudar. O uso racional do tempo, cortando férias e folgas, e solicitando sacrifício adicional de todos, abdicando talvez de alguns finais de semana, era necessário. Dividir o Estado de São Paulo entre imóveis de rua e lojas em *shopping centers* foi outra providência.

O *briefing* era claro: buscar a melhor localização considerando a concorrência. Nesse mercado de telefonia celular ficar perto do concorrente é a norma. Portanto, fosse na rua ou em *shopping*, tínhamos que encontrar uma loja que ficasse no campo de visão de quem adentra na concorrência. A grande questão é que muitas vezes não existem lojas disponíveis. Na verdade, dos 88 pontos, encontramos apenas oito lojas vagas. Mas como encontrar lojas em locais que não têm espaço disponível? A primeira atitude foi bater literalmente na porta das lojas que estavam dentro do *briefing*. O desafio foi encontrar com os proprietários ou locatários, pois normalmente eles não têm expediente no local. Ao localizá-los, muitos não tinham o mínimo interesse de ouvir uma proposta. Muitos se ofendiam e nos tratavam de forma rude. Algumas vezes fomos expulsos e tirados à força do local da reunião... são os ossos do ofício!

Claro que uma condição que impomos ao aceitar esse serviço foi a confirmação que tudo tinha o seu preço. Querer uma loja que não estava disponível para locação, sem uma contrapartida financeira, era impossível de ser realizado. E foi isso o que ocorreu. Muitos imóveis e lojas começaram a ceder seus pontos comerciais mediante o pagamento de um adicional pelo ponto comercial. Em média, foi desembolsado cerca de 30% do valor de mercado. Não tinha como, o lojista estava com seu negócio se desenvolvendo quando, de repente, surge alguém pedindo para comprar seu ponto comercial. Ele precisa decidir em apenas uma semana, fechar a loja em 20 dias e buscar em paralelo outro ponto comercial para reabrir sua loja. Complexo, não? Foi muito difícil. Na execução desse trabalho, dois membros da equipe pediram demissão, cerca de seis finais de semana foram emendados, quase 18 horas diárias de trabalho e, no final, os 88 pontos comerciais foram entregues, dentro do prazo. Missão cumprida!

Bom, mas a história não acabou aí. A rede celular não foi implantada em tempo e foi postergada por seis meses. Todos os contratos deveriam ser renegociados. Mas aí, é uma história para outro livro.

A FUNDAÇÃO DA PRIMEIRA EMPRESA BRASILEIRA ESPECIALIZADA EM RETAIL REAL ESTATE

Em 2011, tive a honra de me associar a dois ícones do mercado em seus segmentos: Cláudia Bittencourt – fundadora da consultoria de *franchising* Bittencourt – e Marcos Gouvêa de Souza – fundador do Grupo GS& Gouvêa de Souza. Dois mestres por excelência, desbravadores do *franchising* e do varejo brasileiro, trazendo uma série de contribuições para o desenvolvimento desses dois mercados.

Tê-los ao meu lado deu-me a oportunidade de me desenvolver como profissional e amadurecer meus conhecimentos. Foi a chance de montar uma empresa especializada em *Retail Real Estate*, aproveitando meu grande *network* dentro do mercado de *shopping centers* e *franchising*.

Assim, fomos atrás dos nossos primeiros clientes. Começamos do zero, sem um cliente sequer. As primeiras abordagens ocorreram com amigos e conhecidos. Queríamos ser uma extensão da área de expansão de uma rede de varejo. Nossa proposta era a busca de pontos comerciais, sendo remunerados por varejistas e não pelo mercado imobiliário. Ocorre que tradicionalmente esse mercado sempre teve sua remuneração pelo locador e nunca pelo locatário, por isso tivemos dificuldades iniciais para vender o conceito. As empresas não estão acostumadas a pagar para obterem pontos comerciais das suas lojas. Inovamos nesse quesito, pois a lógica é que sejamos um complemento da área de expansão de uma rede de varejo ou franquias, assumimos assim uma área de forma terceirizada.

Aos poucos, fomos conquistando nosso mercado. De inicio, pequenas redes de franquias, seguidas de *startups* nacionais e internacionais e varejistas adquiridas por fundos de investimentos. Foi assim que conseguimos atingir mais de 70 empresas nos primeiros anos.

Observamos, porém, que ser uma empresa especializada em *Retail Real Estate* abria o leque de atividades no segmento. Dessa forma, viramos os representantes do evento MAPIC, no Brasil, maior evento de *Retail Real Estate* da Europa. Criamos evento similar aqui no Brasil, o congresso "Retail Real Estate" e a "Expo Retail Real Estate", que já é uma das principais expos do segmento. Editamos uma revista especializada; fundamos o Núcleo de Desenvolvimento de Expansão Varejista (NDEV); lançamos o primeiro MBA de Expansão de Varejo, em parceria com a Universidade Mackenzie; produzimos o "Market View", o primeiro boletim de acompanhamento de valores de aluguéis e luvas de imóveis comerciais; viramos representantes da maior empresa de atrações temáticas e aquários do mundo, a americana ICM; e recentemente fizemos parceria com o grupo chileno Sonda, dentro da divisão de Visual Solutions, levando soluções de mídias digitais em *shopping centers*. Já abrimos mais de 500 pontos de vendas para nossos clientes em todo o Brasil, entre lojas de *shoppings*, ruas, quiosques e atendemos mais de 80 redes em todos os segmentos.

UM CONVITE INÉDITO E OUSADO

Por toda essa experiência tangenciando as indústrias do varejo, *franchising* e *shopping center*, desbravando este imenso Brasil e criando conexões com outros executivos tão apaixonados pelo varejo, *franchising* e *shopping center* como eu, resolvi fazer um convite inédito e ousado aos amigos e experts do NDEV – Núcleo de Desenvolvimento de Expansões Varejistas: reunir nossos "causos" e *"cases"* ao longo de nossa carreira para inspirar e motivar você, caro leitor, a apaixonar-se por essa indústria pulsante e dinâmica.

QUEM SOMOS

NDEV
NÚCLEO DE DESENVOLVIMENTO DE EXPANSÕES VAREJISTAS

Um grupo de amigos que tinham um sonho: disseminar conhecimento para as novas gerações, deixando legados. Mas não eram apenas amigos, eram pessoas que admirávamos, pessoas que o tempo se encarregou de trazer consenso e respeito pelas suas histórias de vida, pelas suas realizações, por estarem no momento certo, nas horas certas e nos projetos certos. São pessoas que tiveram suas carreiras seladas no varejo, no *franchising*, no mercado imobiliário e nos *shopping centers*.

Incentivados por Marcos Gouvea de Souza, CEO do grupo GS& e sócio da GS&BGH, o NDEV foi finalmente fundado no dia 23 de maio de 2014, inicialmente com 15 membros. Desde o início, decidimos que o grupo seria pequeno e coeso, para que tivéssemos um ambiente de discussões ricas e com ágil troca de conhecimentos.

Nosso propósito:
"Promover o contínuo desenvolvimento e disseminação de conhecimento para a expansão do varejo brasileiro"

Desde então, vimos desenvolvendo uma série de atividades, uma infinidade de palestras, com muito conteúdo, visitas técnicas de *benchmark* nas sedes de cada membro e de empresas parceiras. Um grande destaque foi a mobilização do grupo, no ano de 2015, para o desenvolvimento do 1º MBA de Expansão do Varejo do Brasil, quiçá do mundo, em parceria com a Universidade Presbiteriana Mackenzie. Foram meses de trabalho árduo para formar um grupo de professores, conteúdo, programação pedagógica e material didático. A grave crise política, seguida de uma profunda recessão que já dava as caras por aqui, foram os responsáveis pelo adiamento do projeto. Mas o ciclo de produção deste curso, que contou com mais de 100 consultas e 12 inscritos efetivos (número este que, infelizmente, não fechava a conta para o lançamento do MBA, que precisava de 20 alunos), mostrou o valor do grupo e o espírito de união que sempre marcou os componentes do NDEV, e também que não estávamos errados. O projeto será retomado.

Hoje, somos um grupo com 18 pessoas, com 4 integrantes que se juntaram ao grupo original. Motivo de orgulho, nestes 3 anos, conseguimos nos manter unidos. Temos integrantes que residem em todo o Brasil e até no exterior, e que estão sempre nos prestigiando presencialmente em nossos encontros mensais.

Próximas etapas (e são muitas!): disseminar conhecimento através das mídias sociais, com cursos e *workshops*, lançar novos livros e artigos em nosso *site*. Ainda ouvirão falar muito de nós...

E esta obra é fruto deste notável grupo.

Marcos Hirai é membro fundador, e desde o início vem se dedicando em liderar o NDEV

Email para contato: contato@ndevbrasil.com.br
Sede atual: Av Paulista, 854 – 9º andar – Bela Vista
CEP 01310-913 - São Paulo – Brasil

Acessem nossas mídias sociais:
Facebook - https://www.facebook.com/ndevbrasil/
Twitter - https://twitter.com/ndevbrasil
LinkedIn - https://www.linkedin.com/company-beta/11107554/

MEMBROS
NDEV

ADRIÁN AGUILERA

- Engenheiro de produção e negócios internacionais pelo Tec de Monterrey, México. Estudos no Politécnico de Torino na Itália.
- Cinépolis, Kaiser Associates Latam e UK, Baker Hughes.
- Líder da expansão da Cinépolis, realizou 50 cinemas em 7 anos. Acumula experiência internacional em consultoria e multinacionais. No Brasil desde 2004, casado, gosta de um bom jazz.

ALBERTO OYAMA

- Multifranqueado L'Occitane au Brésil e MrCat, diretor de franqueados da ABF - Associação Brasileira de Franchising.

- Especialização em varejo, *franchising* e gestão de pessoas, com 15 anos de experiência profissional nos segmentos de cosméticos, moda e alimentação.

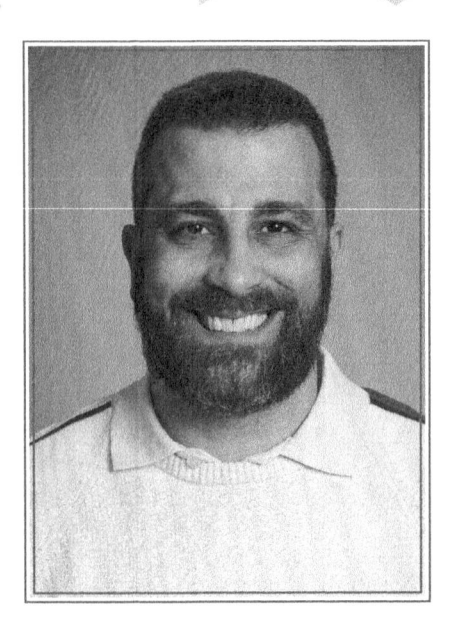

ALEXANDRE LUERCIO

- Economista pela Universidade do Estado do Rio de Janeiro (UERJ), com MBA em gestão de *shopping centers* pela Fundação Getúlio Vargas e executive MBA pela Fundação Dom Cabral.

- Atualmente é sócio-diretor de vendas e marketing da Happy Code. Foi diretor de operações da Terral Shopping Centers; superintendente do Shopping Recife e Shopping da Bahia / Shopping Taboão (Aliansce Shopping Centers) e gerente comercial e de marketing da Ambev.

- 20 anos de carreira executiva na indústria de bebidas e *shopping centers*. Desde 2016 se dedica a empreender nas áreas de tecnologia, educação e inovação.

CARLOS LUZZI

- Engenheiro civil formado pela FAAP-SP e pós-graduação em administração pela FGV-SP.
- Foi diretor de expansão da Vivara e Etna e gerente de engenharia das Lojas Brasileiras. Atualmente é consultor de expansão.
- Atuação em gerenciamento de projetos e gerente de obras nas Lojas Marisa e Lobrás.

CLAUDIA BITTENCOURT

- Graduada em administração de empresas pela Pontifícia Universidade Católica de Goiás; pós-graduada em marketing pela ESPM, São Paulo, e especializada em estratégia competitiva, pela Fundação Getúlio Vargas, São Paulo.

- Sócia-fundadora do Grupo Bittencourt desde 1985, empresa com atuação em desenvolvimento e expansão de redes de franquias e negócios.

- À frente dos negócios desde sua fundação, é palestrante sobre temas ligados ao desenvolvimento do *franchising* no Brasil, participou como co-autora no livro *Data & Varejo* (2010) e *A Transformação dos Negócios na Omniera* (2015), com artigos publicados nos principais veículos de comunicação do país.

FAUSTO SEVERINI

- Graduado em engenharia civil pela Unicamp, especialista em galpões industriais e comerciais.

- Sócio-diretor de expansão do Grupo Tenda Atacado, gerente de expansão e infraestrutura no Atacado Vila Nova, empresa distribuidora em Poços de Caldas, MG. Foi engenheiro de desenvolvimento de pré moldado industrial na Lix da Cunha Construtora.

- Carreira voltada ao desenvolvimento do comércio e do varejo, com foco na expansão do Grupo Tenda Atacado, fundado em 2001.

GUSTAVO FEHLBERG

- Engenheiro civil (PUC-Rio) | MBA Executivo em gestão estratégica de negócios (FGV) | MBA em marketing (Ibmec).

- Burger King | Outback | BRMALLS | Equatorial Energia.

- Executivo com mais de 20 anos de experiência em gestão e desenvolvimento de negócios. Exerceu papéis de liderança em diversos projetos de transformações organizacionais, destacando o *turn-around* na Equatorial Energia e *start-up* das marcas de varejo Outback e Burger King no Brasil.

LUIS FELIPE SALLES

- MBA em gestão de varejo com ênfase em *e-commerce* pela Fundação Getúlio Vargas - Rio de Janeiro.

- É empreendedor sócio do Lages Garden Shopping, e sócio da Mix Retail Malls, planejamento de *shopping centers*, comercialização de lojas e expansão de varejo. Foi consultor de operações e marketing do Jin Com. Alimentos, de 4 lojas McDonald's em BSB. Atuou em cargos de liderança na Ancar Ivanhoe Shopping Centers, foi diretor comercial na Multiplan Gestão de Shopping Centers e diretor comercial da Almeida Junior Shopping Centers, até a criação de sua própria empresa.

- Atuou 9 anos no McDonald's nas áreas de operações e marketing. Com 21 anos em *shopping centers*, sendo destes 8 como diretor comercial, absorveu grande *expertise* em desenvolvimento e comercialização. Liderou vários casos de sucesso como: Shopping Centers Rio Design Barra e Leblon (RJ), Pantanal Shopping (MT), Porto Velho Shopping (RO), Vila Olímpia (SP), em Santa Catarina, Joinville Garten, Continente Shopping, Lages Garden e Nações Shopping.

MARCOS HIRAI

- Publicitário, com pós-graduação em marketing pela ESPM e MBA em administração de *shopping centers* pela FGV-SP.
- Lojas Riachuelo, Livrarias Siciliano, PlugUse, Fast Shop, Grupo Cherto.
- Ex-lojista de shopping, ex-franqueado, ex-franqueador, ex-professor, ex-conselheiro de empresas, abriu mais de 1.500 lojas em todo o Brasil em 30 anos de carreira. Atual sócio de Marcos Gouvêa e Claudia Bittencourt na GS&BGH Retail Real Estate.

MARCOS AJAJ SAAD

- Formado em direito na PUC/SP, pós-graduado em negócios imobiliários na FAAP-SP, e no Shopping Center Managment Program no INSPER.
- 25 anos de experiência em expansão de redes varejistas e desenvolvimento e gestão de *strip centers*. Ex-sócio e co-fundador da REP, e atualmente sócio-diretor da MEC, especializada em desenvolvimento, consultoria e gestão de *strip centers*.

MARCOS TADEU DE PAULA MARQUES

- Formado em administração de empresas com MBA em varejo pela FIA USP.
- Atua no varejo de moda desde 1993 na Riachuelo.
- Iniciou sua carreira executiva no varejo de moda em 1993 como *trainee*, depois gerente de loja e gerente regional. Em 2005 assumiu a cadeira de gerente de expansão, tendo estado à frente do maior plano de expansão da empresa. Ocupa atualmente a posição de diretor de expansão. Teve passagens por Mcdonald´s, C&A e Varig.

MARILENE ARAÚJO

- Formada em publicidade e propaganda pela PUC-RJ, com MBA em marketing pelo IAG PUC e em gestão empresarial pela UFRJ, além de pós-graduada em varejo e serviços pela Universidade Veiga de Almeida.

- 30 anos de experiência na área comercial, sendo 15 deles em comercialização e planejamento de *shopping centers* nas maiores empresas do setor: Multiplan, Ancar e Aliansce. Consultora em projetos de varejo há oito anos, com foco em expansão e negociações contratuais, tendo como principais clientes Animale, Farm, Loungerie, Zinzane, Cantão, Redley, entre outros.

MAURICIO ANDRADE DE PAULA

- Graduado em engenharia elétrica pela Faculdade de Engenharia da Fundação Armando Alvares Penteado (FEFAAP), pós-graduação em criatividade e inovação pela Central de Cursos FAAP (CECUR-FAAP) e MBA em tecnologia pela pós-graduação FAAP.

- Senior business consultant da Teradata C&LA, gerente geral sênior de soluções de negócio do Grupo Pão de Açúcar, coordenador e professor de cursos de graduação e pós-graduação na Fundação Armando Alvares Penteado (FAAP), empreendedor e sócio-diretor da Digitalbrain - Consultoria, Treinamento e Soluções em Tecnologia.

- 17 anos de experiência nas áreas de tecnologia, planejamento, operações e marketing. Há 10 anos atuando como provedor de serviços e soluções inovadoras nas áreas estratégica, administrativa, operacional e tecnológica no varejo brasileiro e latino americano.

MÔNICA BARBOZA PAES DE BARROS

- Socióloga pela Fundação Escola de Sociologia e Política de São Paulo, administradora e escritora de livros técnicos e romances, com especialização em marketing e MBA em negócios imobiliários e gestão de projetos pela ESPM-SP.

- SiteHunters Consultoria, Coelho da Fonseca, SAD Grupo Carrefour, Cyrela, GPA Grupo Pão de Açúcar, GS&BGH Retail Real Estate, Porte Engenharia e Urbanismo, Cushman & Wakefield.

- Autora dos livros *A Cartilha do Ponto Comercial: como escolher o lugar certo para o sucesso do seu negócio*, Editora Clio, 2004; e *IN VITRO*, Aldeia dos Livros, 2017.

- *Expertise* em projetos de expansão do varejo, empreendimentos comerciais e inteligência de mercado, colaboradora na produção de conteúdo da Geofusion/OnMaps.

PAULO MATOS

- Graduado em administração de empresas pela PUC-SP, pós-graduado em comércio exterior de vestuário pela Trevisan + ABIT, MBA de branding pela Anhembi Morumbi e MBA de varejo pela FIA USP/SP.

- Diretor da Tommy Hilfiger Brasil, diretor comercial da America Latina da "Levi's Footwear & Accessories", gerente comercial e de novos negócios da Lacoste.

- Especializado em inserção e administração de marcas internacionais no Brasil: como entrar e operar no Brasil, lidar com a diferença cultural de executivos e de companhias europeias, americanas e sul-americanos.

RENATA BOOCK DE FREITAS ROUCHOU

- Graduação em administração de empresas pela Fundação Armando Alvares Penteado (FAAP), com pós-graduação em marketing pelo IAG-PUC Rio de Janeiro e em gestão pela FGV - Rio de Janeiro.

- Casa Bauducco, Havanna, Starbucks, Grupo Trigo - Dominos, Spoleto e Koni Store e Casa do Pão de Queijo.

- Experiência na área de varejo de alimentação, notadamente em expansão de redes, incluindo projetos e obras civis. Negociação com empreendedores de *shopping centers*. Marketing de varejo e gestão de redes de franquia.

SANDRA T. CORTE REAL COELHO

- Engenharia civil – Univ. Est. de Londrina/PR e Univ. do Oeste Paulista (UNOESTE) Pres. Prud./SP / gestão de obras em grandes superfícies (varejo) embasada na área econômica – Bruxelas (Bélgica: Solvay Brussels School Economics & Management) / mestrado em finanças corporativas – PUC-RJ / MBA em planejamento e gestão organizacional (Universidad Autónoma de Madrid) / project manager (Fundação Vanzolini - USP-SP).
- Leroy Merlin Companhia Brasileira de Bricolagem - ADEO, Carrefour Comércio e Indústria Ltda., Atacadão – Grupo Carrefour, Grupo WTorre, Cabeza & Sastre Assessoria e Projetos Ltda.
- Expansão, projetos, obras e administração de projetos nacionais e internacionais em diferentes culturas. Foco na proposta da adesão a projetos inovadores e autossustentáveis.

SÉRGIO IUNIS CITRANGULO DE PAULA

- Graduado em economia pela Universidade Mackenzie, MBA pela USP – Universidade de São Paulo/FIA com ênfase no varejo e Mestrado em administração pela PUC / SP com ênfase em planejamento estratégico.

- Habib's, BFFC (Bob's, Pizza Hut, KFC, Yoggi e Doggis), Shell Brasil S.A., CSN – Companhia Siderúrgica Nacional e Parmalat.

- 27 anos de experiência nas áreas de expansão, desenvolvimento, planejamento, operações e marketing, nos setores de franquia, alimentação, siderurgia e petróleo.

260 - FACES DO **VAREJO**

DVS EDITORA

www.dvseditora.com.br